普通高等教育“十三五”规划教材

大数据统计基础

主 编 周 慧
参 编 任海平 王美能 袁新梅

北 京
冶 金 工 业 出 版 社
2019

内 容 提 要

本书详细介绍了大数据统计基础理论与方法。全书共分10章，第1、2章为概率论部分，第3、4章为随机过程部分，第5~10章为数理统计部分。主要内容包括随机事件与概率、随机变量及其数字特征、泊松过程、马尔可夫链模型、数理统计的基本概念、参数估计、假设检验、方差分析、线性回归分析、机器学习常用统计分析方法等。

本书可供高等院校大数据专业、计算机专业及其他理工类专业的本科生使用，也可供相关专业从业人员参考。

图书在版编目(CIP)数据

大数据统计基础/周慧主编．—北京：冶金工业出版社，2019.10

普通高等教育“十三五”规划教材

ISBN 978-7-5024-8237-4

Ⅰ.①大… Ⅱ.①周… Ⅲ.①统计学—高等学校—教材 Ⅳ.①C8

中国版本图书馆CIP数据核字(2019)第205305号

出 版 人　谭学余

地　　址　北京市东城区嵩祝院北巷39号　邮编　100009　电话　(010)64027926

网　　址　www.cnmip.com.cn　电子信箱　yjcbs@cnmip.com.cn

责任编辑　杨　敏　美术编辑　吕欣童　版式设计　禹　蕊

责任校对　王永欣　责任印制　牛晓波

ISBN 978-7-5024-8237-4

冶金工业出版社出版发行；各地新华书店经销；三河市双峰印刷装订有限公司印刷

2019年10月第1版，2019年10月第1次印刷

787mm×1092mm　1/16；9.75印张；234千字；146页

29.00元

冶金工业出版社　投稿电话　(010)64027932　投稿信箱　tougao@cnmip.com.cn

冶金工业出版社营销中心　电话　(010)64044283　传真　(010)64027893

冶金工业出版社天猫旗舰店　yjgycbs.tmall.com

（本书如有印装质量问题，本社营销中心负责退换）

前　言

发展大数据技术是国家重大战略需求，也是统计学、数据科学、信息科学和管理科学等学科研究的国际前沿。目前，概率论与数理统计方面的教材在高校应用广泛，但专门为大数据技术服务的统计学教材却很少，网络上仅“炼数成金”平台有中山大学黄志洪教授、何翠仪教授提供的“大数据的统计学基础”视频15讲。对于学习大数据技术的理工类学生而言，亟需一本适合专业实际需求和未来发展的概率统计学教材。

分析近几年高考数学试卷可知，高中阶段对概率统计知识的学习有所深入，因此为大学生编写的传统概率论与数理统计教材有些内容显得重复，如随机事件的运算、期望与方差等。这些内容的重复大大增加了课时少的压力，导致后面统计学的内容教学只能粗略带过，但这恰恰是数据分析最重要的基础知识。其次，很多计算机专业的学生学完这门课后都会对这门课的作用产生疑惑。事实上概率统计尤其是离散概率论对计算机专业的学生来说有特殊的重要性，例如贝叶斯定理可以为网页搜索引擎提供算法、泊松过程可以对新开发的软件进行可靠性估计等。最后，大数据时代的到来，使得现有计算机专业学生的统计知识素养必须紧跟时代需求。机器学习、人工智能、数据挖掘等日益被整个社会和学术界所关注，而机器学习需要概率论、随机过程做理论支撑，数据挖掘则离不开概率统计方法。但是，由于课时少等现实情况，很多想学习大数据技术的理工类大学生对于统计知识的学习还远远不够。

基于以上原因，编者在阅读大量国内外著作后决定坚持“够用、实用”的原则，编写一本适合大数据专业的教材，使之与大数据专业的时代特点和培养面向大数据、计算机软件开发等方面人才的目标定位相一致。

本书由宜春学院周慧担任主编，任海平、王美能、袁新梅参与了部分章节的编写。

本书的编写和出版得到了宜春学院、宜春学院数学与计算机科学学院、宜春学院应用数学研究中心的大力支持，以及宜春学院教材出版基金（3320851902）、江西省教育厅科学研究项目（GJJ180829）、宜春学院一流学科“管理科学与工程”、校级教改课题（3320151633）、国家自然科学基金（71661012）的资助，在此表示衷心感谢！在编写过程中参考了有关文献，在此向文献作者表示谢意！

由于编者水平有限，书中难免有疏漏和不足之处，恳请读者多提宝贵意见，以便今后进一步修改与完善。

编　者

2019 年 6 月

目　　录

1 随机事件与概率

概率论与数理统计是研究和揭示随机现象统计规律性的一门数学学科. 它几乎在各种领域都有涉及，例如气象预报、水文、地震预报、寻求最佳生产条件的试验设计等，而且它与其他学科相结合发展了许多边缘学科，如生物统计、数学地质、环境数学等. 概率论与数理统计也是一些重要学科如可靠性理论、控制论、人工智能等的理论基础.

1.1 随机事件及其运算

1.1.1 随机试验

为了研究随机现象的统计规律性，我们把各种科学试验和对某一事物的观测统称为试验. 在高中我们所学的随机试验（random trial），通常用字母 E 或 E_1，E_2，… 表示. 例如：

E_1：工商管理部门抽查市场某些商品的质量，检查商品是否合格；

E_2：记录某段时间内收银台前顾客的人数，可能是0，1，2，…；

E_3：在一批灯泡中任取一只，观察其使用寿命.

1.1.2 随机事件及其运算

我们将随机试验 E 的所有可能结果组成的集合称为样本空间，记为 Ω. 样本空间的元素称为样本点，记为 ω.

随机试验 E 的样本空间 Ω 的子集称为 E 的随机事件. 特别地，由一个样本点组成的单点集，称为基本事件.

（1）事件的包含. 若事件 A 发生必有事件 B 发生，则称事件 A 包含于事件 B，或事件 B 包含事件 A，记为 $A\subset B$，或 $B\supset A$.

$A\subset B$ 的一个等价说法是，若事件 B 不发生，则事件 A 必然不会发生.

对于任一事件 A，有：

1）$A\subset A$；2）$\phi\subset A\subset\Omega$；3）若 $A\subset B$，$B\subset C$，则 $A\subset C$.

若 $A\subset B$，且 $B\subset A$，则称 A 与 B 相等，记为 $A=B$.

（2）事件的并（和）. 表示“事件 A 与 B 中至少有一个发生”的事件，称为事件 A 与事件 B 的并（和），记为 $A\cup B$. 对于任一事件 A 和 B，有：

1）$A\cup A=A$；2）$A\subset A\cup B$，$B\subset A\cup B$；3）若 $A\subset B$，则 $A\cup B=B$；4）$A\cup\Omega=\Omega$，$A\cup\phi=A$.

事件之间的和运算可以推广到有限个和可列无穷多个事件的情形.

$$A=\bigcup_{i=1}^{n}A_i=A_1\cup A_2\cup\cdots\cup A_n$$

表示“A_1，A_2，…，A_n中至少有一个事件发生”这一事件.

$$A=\bigcup_{i=1}^{\infty}A_i=A_1\cup A_2\cup\cdots$$

表示“A_1，A_2，…，A_n，… 中至少有一个事件发生”这一事件.

(3) 互不相容事件（互斥事件）. 表示“事件 A 与 B 不能同时发生”的事件，称事件 A 与 B 为互不相容，或互斥，记为 $AB=\phi$.

显然有：1）基本事件是两两互不相容的；2）ϕ 与任意事件是互不相容的.

以后把互斥的事件 A 与 B 的并，记为 $A+B$.

若 n 个事件 A_1，A_2，…，A_n 中任意两个事件互斥，即 $A_iA_j=\phi$（$1\leqslant i<j\leqslant n$），则称这 n 个事件互斥．以后把 n 个互斥的事件 A_1，A_2，…，A_n 的并记作 $A_1+A_2+\cdots+A_n$.

(4) 事件的交（积）. 表示“事件 A 与 B 同时发生”的事件，称为事件 A 与事件 B 的交（积），记为 $A\cap B(AB)$. 对于任一事件 A 和 B，有：

1）$A\cap B\subset A$，$A\cap B\subset B$；

2）若 $A\subset B$，则 $A\cap B=A$，特别地 $A\Omega=A$；

3）若 A 与 B 互斥，则 $AB=\phi$，特别地 $\phi A=\phi$.

事件之间的积运算也可以推广到有限个和可列无穷多个事件的情形.

$$A=\bigcap_{i=1}^{n}A_i \quad 或 \quad A_1\cap A_2\cap\cdots\cap A_n \quad 或 \quad A_1A_2\cdots A_n$$

表示“A_1，A_2，…，A_n n 个事件同时发生”这一事件.

$$A=\bigcap_{i=1}^{\infty}A_i \quad 或 \quad A_1\cap A_2\cap\cdots \quad 或 \quad A_1A_2\cdots$$

表示“A_1，A_2，…，A_n，…可数无穷多个事件同时发生”这一事件.

(5) 事件的差. 表示“事件 A 发生而事件 B 不发生”的事件，称为事件 A 与事件 B 的差，记为 $A-B$. 显然有：

1）若 $A\subset B$，则 $A-B=\phi$；

2）若 A 与 B 互斥，则 $A-B=A$，$B-A=B$；

3）$A-B=A-AB$（证明：利用 $A-B\subset A-AB$ 且 $A-AB\subset A-B$）；

4）$A-(B-C)\neq A-B+C$(左边为 A 的子事件，而右边不是).

(6) 事件的逆（对立事件）. 当 $AB=\phi$ 且 $A\cup B=\Omega$，则称事件 A 与 B 互为逆事件（对立事件）. A 的对立事件记为 $\overline{A}$，$\overline{A}$ 是由所有不属于 A 的样本点组成的事件，它表示“A 不发生”这样一个事件．显然有：

1）$A\cup\overline{A}=\Omega$，$A\cap\overline{A}=\phi$；

2）$\overline{\overline{A}}=A$，$A\overline{A}=\phi$，$A+\overline{A}=\Omega$；

3）$A-B=A\overline{B}$（证明：$A-B=A-AB=A(\Omega-B)=A\overline{B}$）.

(7) 随机事件的运算规律.

1）交换律：$A\cup B=B\cup A$，$A\cap B=B\cap A$；

2）结合律：$A\cup(B\cup C)=(A\cup B)\cup C$，$A\cap(B\cap C)=(A\cap B)\cap C$；

3）分配律：$A\cup(B\cap C)=(A\cup B)\cap(A\cup C)$，$A\cap(B\cup C)=(A\cap B)\cup(A\cap C)$；

4）$A-B=A\overline{B}=A-AB$；

5）对有限个或可数无穷多个 A_i，恒有：

$\overline{\bigcup_{i=1}^{n} A_i} = \bigcap_{i=1}^{n} \overline{A_i}$，

$\overline{\bigcup_{i=1}^{\infty} A_i} = \bigcap_{i=1}^{\infty} \overline{A_i}$（和的逆 = 逆的积）；

$\overline{\bigcap_{i=1}^{n} A_i} = \bigcup_{i=1}^{n} \overline{A_i}$，

$\overline{\bigcap_{i=1}^{\infty} A_i} = \bigcup_{i=1}^{\infty} \overline{A_i}$（积的逆 = 逆的和）.

例 1-1 设 A，B，C 为任意三个事件，试写出它们所有的关系运算.

例 1-2 以 A，B，C 分别表示某城市居民订阅日报、晚报和体育报．试用 A，B，C 表示以下事件：

（1）只订阅日报；（2）只订日报和晚报；

（3）只订一种报；（4）正好订两种报；

（5）至少订阅一种报；（6）不订阅任何报；

（7）至多订阅一种报；（8）三种报纸都订阅；

（9）三种报纸不全订阅．

解 （1）$A\overline{B}\,\overline{C}$；（2）$AB\overline{C}$；（3）$A\overline{B}\,\overline{C} + \overline{A}B\overline{C} + \overline{A}\,\overline{B}C$；

（4）$AB\overline{C} + A\overline{B}C + \overline{A}BC$；（5）$A + B + C$；（6）$\overline{A}\,\overline{B}\,\overline{C}$；

（7）$\overline{A}\,\overline{B}\,\overline{C} + \overline{A}\,\overline{B}C + \overline{A}B\overline{C} + A\overline{B}\,\overline{C}$ 或 $\overline{A}\,\overline{B} + \overline{A}\,\overline{C} + \overline{B}\,\overline{C}$；

（8）ABC；（9）$\overline{A} + \overline{B} + \overline{C}$.

1.2 随机事件的概率

我们首先回顾一下频率的概念.

定义 1 设在相同的条件下，重复进行了 N 次试验，若随机事件 A 在 N 次试验中发生了 n 次，则比值 $\frac{n}{N}$ 称为事件 A 在这 N 次试验中发生的频率，记为 $f_N(A) = \frac{n}{N}$.

频率有如下性质：

（1）非负性：对任意事件 A，有 $f_N(A) \geqslant 0$；

（2）规范性：$f_N(\Omega) = 1$；

（3）可加性：若事件 A 与 B 互不相容，则

$$f_N(A \cup B) = f_N(A) + f_N(B)$$

一般地，若事件 A_1，A_2，…，A_n 两两互不相容，则

$$f_N(\bigcup_{i=1}^{n} A_i) = \sum_{i=1}^{n} f_N(A_i) \tag{1-1}$$

大家都知道频率在一定程度上反映了随机事件发生的可能性的大小. 频率具有“稳定性”这一事实，说明了刻画事件 A 发生的可能性大小的数——概率具有一定的客观存在性.

频率具有随机波动性，即对同样的 N 所得的 $f_N(A)$ 不尽相同. 但随着 N 的增大，频率 $f_N(A)$ 呈现出“稳定性”，如掷硬币，若 A 代表出现正面，则当 N 逐渐增大时，$f_N(A)$ 总是在 0.5 附近摆动，并逐渐稳定于 0.5.

1.2.1 概率的公理化定义

定义 2 设 E 为随机试验，Ω 是它的样本空间，对于 E 的每一个事件 A 赋予一个实数，记为 $P(A)$，如果集合函数 $P(\cdot)$ 满足下列条件：

公理 1 非负性：对于每一个事件 A，$P(A)\geqslant 0$；

公理 2 规范性：$P(\Omega)=1$；

公理 3 可列可加性：对于两两互斥的事件 A_1，A_2，…，A_n，…，即 $A_iA_j=\phi(i\neq j)$，有

$$P(\bigcup_{n=1}^{\infty}A_n)=\sum_{n=1}^{\infty}P(A_n)$$

则称实数 $P(A)$ 为事件 A 的概率（probability）.

由概率的公理化定义，可以推出概率的一些性质.

性质 1 不可能事件 ϕ 的概率为 0，即 $P(\phi)=0$.

证明 令 $A_n=\phi(n=1,2,\cdots)$，则

$$\bigcup_{n=1}^{\infty}A_n=\phi,\ \text{且}\ A_iA_j=\phi(i\neq j,i,j=1,2,\cdots)$$

由概率的可列可加性，得

$$P(\phi)=P(\bigcup_{n=1}^{\infty}A_n)=\sum_{n=1}^{\infty}P(A_n)=\sum_{n=1}^{\infty}P(\phi)$$

而由 $P(\phi)\geqslant 0$，故 $P(\phi)=0$.

性质 2 有限可加性，若 $A_1,A_2,\cdots,A_n$ 为两两互斥事件，即 $A_iA_j=\phi(i\neq j)$，则有

$$P(\bigcup_{i=1}^{n}A_i)=\sum_{i=1}^{n}P(A_i)$$

证明 令 $A_{n+1}=A_{n+2}=\cdots=\phi$，则 $A_iA_j=\phi(i\neq j,i,j=1,2,\cdots)$ 时，因为 $\bigcup_{i=1}^{n}A_i=\bigcup_{i=1}^{n}A_i\cup\phi\cup\phi\cup\cdots$，由可列可加性，得

$$\begin{aligned}P(\bigcup_{i=1}^{n}A_i)&=P(\bigcup_{i=1}^{n}A_i\cup\phi\cup\cdots)=P(\bigcup_{i=1}^{\infty}A_i)\\&=\sum_{i=1}^{\infty}P(A_i)=P(A_1)+\cdots+P(A_n)+P(\phi)+\cdots\\&=\sum_{i=1}^{n}P(A_i)\end{aligned}$$

性质 3 设 A,B 是两个事件,$P(B-A)=P(B)-P(BA)$.

证明 由 $B=(B-A)\cup BA$ 且 $(B-A)\cap BA=\phi$，得

$$P(B)=P((B-A)\cup BA)=P(B-A)+P(BA)$$

若 $A\subset B$，则有 $P(B-A)=P(B)-P(A)$；$P(B)\geqslant P(A)$.

由 $A\subset B$，得 $B=A\cup(B-A)$，且 $A(B-A)=\phi$，由概率的有限可加性，得

$$P(B)=P(A\cup(B-A))=P(A)+P(B-A)$$

即
$$P(B-A)=P(B)-P(A)$$

又由 $P(B-A)\geqslant 0$，得 $P(B)\geqslant P(A)$.

性质 4 对于任一事件 A，有 $P(A)\leqslant 1$.

因为 $A\subset\Omega$，由性质 3 得 $P(A)\leqslant P(\Omega)=1$.

性质 5 对于任一事件 A，有 $P(\bar{A})=1-P(A)$.

证明 因为 $A\cup\bar{A}=\Omega$，$A\cap\bar{A}=\phi$，由有限可加性，得

$$P(A)+P(\bar{A})=P(A\cup\bar{A})=P(\Omega)=1$$

即

$$P(\bar{A})=1-P(A)$$

性质 6 对于任意的两个事件 A，B 有

$$P(A\cup B)=P(A)+P(B)-P(AB) \tag{1-2}$$

特别地，若 A 与 B 互斥，则有 $P(A\cup B)=P(A)+P(B)$.

证明 因为 $A\cup B=A\cup(B-AB)$，且 $A\cap(B-AB)=\phi$，$AB\subset B$，故

$$P(A\cup B)=P(A)+P(B-AB)=P(A)+P(B)-P(AB)$$

上述公式通常称为概率加法公式，概率加法公式可以推广到多个事件的情形. 如对于任意三个事件 A，B，C，有

$$P(A\cup B\cup C)=P(A)+P(B)+P(C)-P(AB)-P(BC)-P(AC)+P(ABC)$$

一般地，若 $A_i(i=1,2,\cdots,n)$ 为任意 n 个事件，则有

$$P(\bigcup_{i=1}^{n}A_i)=\sum_{i=1}^{n}P(A_i)-\sum_{1\leqslant i<j\leqslant n}P(A_iA_j)+\sum_{1\leqslant i<j<k\leqslant n}P(A_iA_jA_k)+\cdots+(-1)^{n-1}P(A_1A_2\cdots A_n)$$

例 1-3 设 $P(A)=\frac{1}{3}$，$P(B)=\frac{1}{2}$，试就以下三种情况分别求 $P(B\bar{A})$：(1) $AB=\phi$；(2) $A\subset B$；(3) $P(AB)=\frac{1}{8}$.

解 (1) $P(B\bar{A})=P(B-AB)=P(B)-P(AB)=\frac{1}{2}$；

(2) $P(B\bar{A})=P(B-A)=P(B)-P(A)=\frac{1}{6}$；

(3) $P(B\bar{A})=P(B-AB)=P(B)-P(AB)=\frac{1}{2}-\frac{1}{8}=\frac{3}{8}$.

例 1-4 设 A，B 为随机事件，且 $P(A)=0.7$，$P(A-B)=0.3$，求 $P(\overline{AB})$.

解

$$\begin{aligned}P(\overline{AB})&=1-P(AB)=1-[P(A)-P(A-B)]\\&=1-[0.7-0.3]=0.6\end{aligned}$$

例 1-5 设 A，B，C 为三事件，且 $P(A)=P(B)=\frac{1}{4}$，$P(C)=\frac{1}{3}$，$P(AB)=P(BC)=0$，$P(AC)=\frac{1}{12}$. 求 A，B，C 至少有一事件发生的概率.

解

$$\begin{aligned}P(A\cup B\cup C)&=P(A)+P(B)+P(C)-P(AB)-P(BC)-P(AC)+P(ABC)\\&=\frac{1}{4}+\frac{1}{4}+\frac{1}{3}-\frac{1}{12}=\frac{3}{4}\end{aligned}$$

1.2.2 条件概率

定义 3 设 A，B 是两个随机事件，且 $P(B)>0$，则称$\frac{P(AB)}{P(B)}$为事件 B 已发生的条件下事件 A 发生的条件概率，记为 $P(A|B)$，即

$$P(A \mid B)=\frac{P(AB)}{P(B)} \tag{1-3}$$

易验证，当 $P(B)>0$ 时，条件概率 $P(A \mid B)$ 满足概率的公理化定义中的 3 条公理，即

（1）非负性：对于任一事件 A，$P(A \mid B) \geqslant 0$；

（2）规范性：$P(\Omega \mid B)=1$；

（3）可列可加性：对于两两互斥的事件 $A_1, A_2, \cdots, A_n, \cdots$，即 $A_iA_j=\phi(i \neq j)$，有

$$P\left(\bigcup_{n=1}^{\infty} A_n \mid B\right)=\sum_{n=1}^{\infty} P(A_n \mid B)$$

例 1-6 甲、乙两条生产线生产同一种元件，已知甲生产线生产 8 个元件，其中 2 个次品，乙生产线生产 9 个元件，其中 1 个次品. 现在从全部 17 个元件中任取一个元件，设事件 A 表示“这个元件是甲生产线的产品”，事件 B 表示“这个元件是次品”.

求：（1）$P(A)$；（2）$P(B)$；（3）$P(AB)$；（4）$P(A \mid B)$.

解 （1）$P(A)=\frac{8}{17}$；（2）$P(B)=\frac{3}{17}$；（3）$P(AB)=\frac{2}{17}$；

（4）$P(A \mid B)=\frac{P(AB)}{P(B)}=\frac{2}{3}$.

显然 $P(A \mid B) \neq P(A)$，这说明事件 B 的发生对事件 A 的发生有影响.

1.2.3 乘法公式

由条件概率的定义 $P(B \mid A)=\frac{P(AB)}{P(A)}$，$P(A)>0$，两边同乘以 $P(A)$ 可得 $P(AB)=P(A)P(B \mid A)$，由此可得下述定理.

定理 1 （乘法公式）设 $P(A)>0$，则有

$$P(AB)=P(A)P(B \mid A)$$

易知，若 $P(B)>0$，则有

$$P(AB)=P(B)P(A \mid B)$$

乘法公式也可推广到 3 个事件的情况，例如，设 A，B，C 为任意 3 个事件，且 $P(AB)>0$，则有

$$P(ABC)=P(C \mid AB)P(AB)=P(C \mid AB)P(B \mid A)P(A)$$

一般地，对任意 n 个事件 A_1，$\cdots$，A_n，若 $P(A_1 \cdots A_{n-1})>0$，则有

$$P(A_1A_2 \cdots A_n)=P(A_1)P(A_2 \mid A_1)P(A_3 \mid A_1A_2) \cdots P(A_n \mid A_1 \cdots A_{n-1}) \tag{1-4}$$

事实上，由 $A_1 \supset A_1A_2 \supset \cdots \supset A_1A_2 \cdots A_{n-1}$，有

$$P(A_1) \geqslant P(A_1A_2) \geqslant \cdots \geqslant P(A_1A_2 \cdots A_{n-1})>0$$

故公式右边的条件概率每一个都有意义，由条件概率定义可知

$$\begin{aligned}
&P(A_1)P(A_2 \mid A_1)P(A_3 \mid A_1A_2) \cdots P(A_n \mid A_1 \cdots A_{n-1}) \\
&=P(A_1)\frac{P(A_1A_2)}{P(A_1)}\frac{P(A_1A_2A_3)}{P(A_1A_2)} \cdots \frac{P(A_1A_2 \cdots A_n)}{P(A_1A_2 \cdots A_{n-1})} \\
&=P(A_1A_2 \cdots A_n)
\end{aligned}$$

例 1-7 设在 10 个同一型号的元件中有 7 个一等品，从这些元件中不放回地连续取三次，每次取一个元件. 求（1）三次都取得一等品的概率；（2）三次中至少有一次取得一

等品的概率.

解 设 A_i 表示“第 i 次取得一等品”这一事件，$i=1,2,3$，则

(1) $P(A_1A_2A_3)=P(A_1)P(A_2|A_1)P(A_3|A_1A_2)=\frac{7}{10}\cdot\frac{6}{9}\cdot\frac{5}{8}=\frac{7}{24}$

(2) $P(A_1\cup A_2\cup A_3)=1-P(\overline{A_1\cup A_2\cup A_3})=1-P(\overline{A_1}\,\overline{A_2}\,\overline{A_3})$

$$=1-P(\overline{A_1})P(\overline{A_2}|\overline{A_1})P(\overline{A_3}|\overline{A_1}\,\overline{A_2})=1-\frac{3}{10}\cdot\frac{2}{9}\cdot\frac{1}{8}$$

$$=\frac{119}{120}$$

1.3 贝叶斯（Bayes）定理

为建立两个用来计算概率的重要公式，我们先引入样本空间 Ω 的划分的定义.

定义 4 设 Ω 为样本空间，$A_1,A_2,\cdots,A_n$ 是 Ω 的一组事件，若：

(1) $A_iA_j=\phi$, $i\neq j$, $i,j=1,2,\cdots,n$;

(2) $\bigcup_{i=1}^{n}A_i=\Omega$.

则称 $A_1,A_2,\cdots,A_n$ 为样本空间 Ω 的一个划分，或者称为完备事件组.

显然，任一事件 A 与 $\overline{A}$ 是 Ω 的一个划分.

若 $A_1,A_2,\cdots,A_n$ 为样本空间 Ω 的一个划分，那么，对每次试验，事件 $A_1,A_2,\cdots,A_n$ 中必有一个且仅有一个发生.

1.3.1 全概率公式

设 B 为样本空间 Ω 的事件，$A_1,A_2,\cdots,A_n$ 为 Ω 的一个划分，且 $P(A_i)>0(i=1,2,\cdots,n)$，如果 $B\subset\bigcup_{i=1}^{n}A_i$，则

$$P(B)=\sum_{i=1}^{n}P(A_i)P(B|A_i) \tag{1-5}$$

公式（1-5）称为全概率公式.

证明 由 $B=B\Omega=B\cap(\bigcup_{i=1}^{n}A_i)=\bigcup_{i=1}^{n}A_iB$，且

$(A_iB)\cap(A_jB)=(A_iA_j)B=\phi$, $i\neq j$，由有限可加性及乘法公式有

$$P(B)=P(\bigcup_{i=1}^{n}A_iB)=\sum_{i=1}^{n}P(A_iB)$$

$$=P(A_1)P(B|A_1)+P(A_2)P(B|A_2)+\cdots+P(A_n)P(B|A_n)$$

$$=\sum_{i=1}^{n}P(A_i)P(B|A_i)$$

全概率公式的直观意义：某一事件 B 的发生有各种可能的原因 $A_i(i=1,2,\cdots,n)$，如果 B 是原因 A_i 所引起的，则 B 发生的概率与 $P(BA_i)$ 有关（$i=1,2,\cdots,n$），且等于它们的总和，即 $P(B)=\sum_{i=1}^{n}P(A_iB)$.

例 1-8 盒子中有 a 个黄色三角形，b 个蓝色三角形，从中任意取一个，不放回，再取第二次，求第二次取到黄色三角形的概率.

解 设 $B=\{$第二次取到黄色三角形$\}$，$A=\{$第一次取到黄色三角形$\}$，则 $\bar{A}=\{$第一次取到蓝色三角形$\}$，由于 $A\cup\bar{A}=\Omega$，$B=B\cap\Omega=B\cap(A\cup\bar{A})=BA\cup B\bar{A}$，且 $BA\cap B\bar{A}=\phi$，则

$$P(B)=P(BA\cup B\bar{A})=P(BA)+P(B\bar{A})=P(A)P(B\mid A)+P(\bar{A})P(B\mid\bar{A})$$

$$=\frac{a}{a+b}\frac{a-1}{a+b-1}+\frac{b}{a+b}\frac{a}{a+b-1}=\frac{a}{a+b}$$

例 1-9 有两个箱子，甲箱中有 3 只白球和 2 只黑球，乙箱中有 2 只白球和 5 只黑球，任选一个箱子，并从中任取一球，求此球是白球的概率.

解 设 $B_1=\{$取到甲箱$\}$，$B_2=\{$取到乙箱$\}$，$A=\{$取到白球$\}$，则由全概率公式得

$$P(A)=P(B_1)P(A\mid B_1)+P(B_2)P(A\mid B_2)$$

$$=\frac{1}{2}\cdot\frac{3}{5}+\frac{1}{2}\cdot\frac{2}{7}=\frac{3}{10}+\frac{1}{7}=\frac{31}{70}$$

例 1-10 牛奶厂有三个基地生产同一奶制品，甲基地的次品率为 0.05，乙基地的次品率为 0.3，丙基地的次品率为 0.01，各基地的奶品数量分别为 2500 件，2000 件，1500 件，出基地时，三基地的奶制品完全混合，现从中任取一奶制品，求该奶制品是次品的概率.

解 设 $B=\{$取到次品$\}$，$A_i=\{$取到第 i 个车间的产品$\}$，$i=$ 甲、乙、丙，则 $A_1\cup A_2\cup A_3=\Omega$，且 $A_1\cap A_2=\phi$，$A_1\cap A_3=\phi$，$A_2\cap A_3=\phi$，利用全概率公式得

$$P(B)=\sum_{i=1}^{3}P(A_i)P(B\mid A_i)=P(A_1)P(B\mid A_1)+P(A_2)P(B\mid A_2)+P(A_3)P(B\mid A_3)$$

$$=\frac{2500}{6000}\cdot 5\%+\frac{2000}{6000}\cdot 3\%+\frac{1500}{6000}\cdot 1\%=3.3\%$$

1.3.2 贝叶斯（Bayes）公式

设 B 为样本空间 Ω 的事件，$A_1,A_2,\cdots,A_n$ 为 Ω 的一个划分，且 $P(B)>0$，$P(A_i)>0(i=1,2,\cdots,n)$. 则有

$$P(A_i\mid B)=\frac{P(A_i)P(B\mid A_i)}{\sum_{j=1}^{n}P(A_j)P(B\mid A_j)},\ i=1,2,\cdots,n \tag{1-6}$$

称式（1-6）为贝叶斯公式，也称为逆全概率公式.

证明 由条件概率公式有

$$P(A_i\mid B)=\frac{P(A_iB)}{P(B)}=\frac{P(A_i)P(B\mid A_i)}{\sum_{j=1}^{n}P(A_j)P(B\mid A_j)},\ i=1,2,\cdots,n$$

例 1-11 已知男人中有 5% 是色盲患者，女人中有 0.25% 是色盲患者，今从男女人数相等的人中随机地挑选一人，恰好是色盲患者，问此人是男性的概率.

解 设 $B_1=$“选中男性”，$B_2=$“选中女性”，$A=$“此人为色盲”. 则由贝叶斯公式

$$P(B_1|A)=\frac{P(B_1)P(A|B_1)}{P(B_1)P(A|B_1)+P(B_2)P(A|B_2)}$$

$$=\frac{\frac{1}{2}\times 0.05}{\frac{1}{2}\times 0.05+\frac{1}{2}\times 0.0025}=\frac{20}{21}$$

例 1-12 根据以往的记录，某种诊断肝炎的试验有如下效果：对肝炎病人的试验呈阳性的概率为 0.95；非肝炎病人的试验呈阴性的概率为 0.95. 对自然人群进行普查的结果为：有千分之五的人患有肝炎. 现有某人做此试验结果为阳性，问此人确有肝炎的概率.

解 设 $A=\{$某人做此试验结果为阳性$\}$，$B=\{$某人确有肝炎$\}$，则

$$P(A|B)=0.95,\ P(\bar{A}|\bar{B})=0.95,\ P(B)=0.005$$

$$P(\bar{B})=1-P(B)=0.995,\ P(A|\bar{B})=1-P(\bar{A}|\bar{B})=0.05$$

由贝叶斯公式，有

$$P(B|A)=\frac{P(BA)}{P(A)}=\frac{P(B)P(A|B)}{P(B)P(A|B)+P(\bar{B})P(A|\bar{B})}=0.087$$

本题的结果表明，虽然 $P(A|B)=0.95$，$P(\bar{A}|\bar{B})=0.95$，这两个概率都很高. 但若将此试验用于普查，则有 $P(B|A)=0.087$，即其正确性只有 8.7%. 如果不注意到这一点，将会经常得出错误的诊断. 这也说明，若将 $P(A|B)$ 和 $P(B|A)$ 搞混了会造成不良的后果.

1.4 事件的相互独立性

定义 5 若两事件 A，B 满足 $P(AB)=P(A)P(B)$，则称事件 A 与 B 是相互独立的.

容易知道，若 $P(A)>0$，$P(B)>0$，则如果 A，B 相互独立，就有 $P(AB)=P(A)P(B)>0$，故 $AB\neq\phi$，即 A，B 相容. 反之，如果 A，B 互不相容，即 $AB=\phi$，则 $P(AB)=0$，而 $P(A)P(B)>0$，所以 $P(AB)\neq P(A)P(B)$，即 A 与 B 不独立. 这就是说，若 $P(A)>0$ 且 $P(B)>0$，则 A，B 相互独立与 A，B 互不相容不能同时成立. 事件的独立性是从概率的意义下来定义的，是指一个事件的发生与否不影响另一事件发生的概率，不要把它与"两个事件不相容"混淆. 事件的相容性是由事件的运算关系描述的，说两个事件不能同时发生，与概率无关.

定理 2 若事件 A，B 相互独立，且 $P(B)>0$，则

$$P(A|B)=P(A|\bar{B})=P(A)$$

定理 3 若事件 A，B 相互独立，则下列各对事件也相互独立：(1) A 与 $\bar{B}$；(2) $\bar{A}$ 与 B；(3) $\bar{A}$ 与 $\bar{B}$.

证明

$$\begin{aligned}P(A\bar{B})&=P(A-B)=P(A-AB)\\&=P(A)-P(A)P(B)\\&=P(A)(1-P(B))=P(A)P(\bar{B})\end{aligned}$$

由对称性，$\bar{A}$ 与 B 也相互独立.

$$\begin{aligned}P(\bar{A}\bar{B}) &= P(\overline{A\cup B}) = 1 - P(A\cup B)\\ &= 1 - P(A) - P(B) + P(AB)\\ &= 1 - P(A) - P(B) + P(A)P(B)\\ &= (1-P(A))(1-P(B)) = P(\bar{A})P(\bar{B})\end{aligned}$$

即$\bar{A}$ 与$\bar{B}$ 相互独立.

定义 6 对于 3 个事件 A，B，C，若满足下面 4 个等式：

$$P(AB) = P(A)P(B)$$

$$P(AC) = P(A)P(C)$$

$$P(BC) = P(B)P(C)$$

$$P(ABC) = P(A)P(B)P(C)$$

则称 A，B，C 为相互独立的事件.

这里要注意，若事件 A，B，C 仅满足定义中前 3 个等式，则称 A，B，C 是两两独立的. 由此可见，A，B，C 为相互独立，则 A，B，C 是两两独立的. 但反过来，则不成立.

定义 7 设有 n 个事件 $A_1,A_2,\cdots,A_n(n\geqslant 3)$，若对其中任意两个事件 A_i 与 $A_j(1\leqslant i<j\leqslant n)$ 有

$$P(A_iA_j) = P(A_i)P(A_j)$$

则称这 n 个事件是两两相互独立的.

定义 8 对于任意 n 个事件，$A_1,A_2,\cdots,A_n$，若下面 2^n-n-1 个等式成立：

$$P(A_iA_j) = P(A_i)P(A_j),\ 1\leqslant i<j\leqslant n$$

$$P(A_iA_jA_k) = P(A_i)P(A_j)P(A_k),\ 1\leqslant i<j<k\leqslant n$$

$$\vdots$$

$$P(A_1A_2\cdots A_n) = P(A_1)P(A_2)\cdots P(A_n)$$

则称 $A_1,A_2,\cdots,A_n$ 是相互独立的事件.

由上述定义可知，若 n 个事件 $A_1,A_2,\cdots,A_n$ 相互独立，则 n 个事件一定是两两相互独立；反之，却不一定成立.

例 1-13 甲、乙、丙三人独立地破译一份密码，已知各人能译出的概率分别为$\frac{1}{5}$，$\frac{1}{3}$和$\frac{1}{4}$，问将此密码译出的概率.

解 设 A = {三人中至少有一人能译出密码}，则 $\bar{A}$ = {三人中无人能译出密码}，再设 B_1 = {甲能译出密码}，B_2 = {乙能译出密码}，B_3 = {丙能译出密码}.

$A = B_1\cup B_2\cup B_3, \bar{A} = \overline{B_1\cup B_2\cup B_3} = \overline{B_1}\ \overline{B_2}\ \overline{B_3}$，由题可判断 B_1,B_2,B_3 相互独立，故

$$\begin{aligned}P(A) &= 1 - P(\bar{A}) = 1 - P(\overline{B_1})P(\overline{B_2})P(\overline{B_3})A_3\\ &= 1 - \frac{4}{5}\times\frac{2}{3}\times\frac{3}{4} = \frac{3}{5}\end{aligned}$$

习　题

1-1 设 A_1，A_2，A_3 为 3 个事件，试用 A_1，A_2，A_3 的运算关系式表示下列事件：

(1) A_1 发生，A_2，A_3 都不发生；

(2) A_1 与 A_2 发生，A_3 不发生；

(3) A_1，A_2，A_3 都发生；

(4) A_1，A_2，A_3 至少有一个发生；

(5) A_1，A_2，A_3 都不发生；

(6) A_1，A_2，A_3 不都发生；

(7) A_1，A_2，A_3 至多有 2 个发生；

(8) A_1，A_2，A_3 至少有 2 个发生.

1-2 设 A，B 为随机事件，且 $P(A) = 0.7$，$P(A-B) = 0.3$，求 $P(\overline{AB})$.

1-3 甲、乙两人约定上午 9：00 ~ 10：00 在公园会面，求一人等待 15min 以上的概率.

1-4 假设一批产品中一、二、三等品各占 60%、30%、10%，从中任取一件，结果不是三等品，求取到的是一等品的概率.

1-5 为了防止意外，在矿内同时装有两种报警系统 Ⅰ 和 Ⅱ. 两种报警系统单独使用时，系统 Ⅰ 和 Ⅱ 有效的概率分别为 0.92 和 0.93，在系统 Ⅰ 失灵的条件下，系统 Ⅱ 仍有效的概率为 0.85，求：

(1) 两种报警系统 Ⅰ 和 Ⅱ 都有效的概率；

(2) 系统 Ⅱ 失灵而系统 Ⅰ 有效的概率；

(3) 在系统 Ⅱ 失灵的条件下，系统 Ⅰ 仍有效的概率.

横线下习题为部分往届考研题.

1-6 (89 研考) 已知随机事件 A 的概率 $P(A) = 0.5$，随机事件 B 的概率 $P(B) = 0.6$ 及条件概率 $P(B|A) = 0.8$，则和事件 $A \cup B$ 的概率 $P(A \cup B) =$ ____________.

1-7 (92 研考) 已知 $P(A) = P(B) = P(C) = \frac{1}{4}$，$P(AB) = 0$，$P(AC) = P(BC) = \frac{1}{16}$，则事件 A，B，C 全不发生的概率为____________.

1-8 (96 研考) 设工厂 A 和工厂 B 的产品的次品率分别为 1% 和 2%，现从由 A 厂和 B 厂的产品分别占 60% 和 40% 的一批产品中随机抽取一件，发现是次品，则该次品是 A 厂生产的概率是____________.

1-9 (00 研考) 设两个相互独立的事件 A 和 B 都不发生的概率为 $\frac{1}{9}$，A 发生 B 不发生的概率与 B 发生 A 不发生的概率相等，则 $P(A) =$ ____________.

1-10 (88 研考) 玻璃杯成箱出售，每箱 20 只，设各箱含 0，1，2 只残次品的概率分别为 0.8，0.1 和 0.1. 一顾客欲购买一箱玻璃杯，由售货员任取一箱，而顾客开箱随机地察看 4 只；若无残次品，则买下该箱玻璃杯，否则退回. 试求：

(1) 顾客买此箱玻璃杯的概率；

(2) 在顾客买的此箱玻璃杯中，确实没有残次品的概率.

1-11 (95 研考) 某厂家生产的每台仪器，以概率 0.7 可以直接出厂，以概率 0.3 需进一步调试，经调试后以概率 0.8 可以出厂，以概率 0.2 定为不合格产品不能出厂. 现该厂新生产了 $n(n \geqslant 2)$ 台仪器（假设各台仪器的生产过程相互独立），求：

(1) 全部能出厂的概率 α;

(2) 恰有两台不能出厂的概率 β;

(3) 至少有两台不能出厂的概率 θ.

1-12 (96 研考) 考虑一元二次方程 $x^2+Bx+C=0$，其中 B，C 分别是将一枚骰子连掷两次先后出现的点数，求该方程有实根的概率 p 和有重根的概率 q.

1-13 (98 研考) 设有来自三个地区的各 10 名、15 名和 25 名考生的报名表，其中女生的报名表分别为 3 份、7 份和 5 份. 随机地取一个地区的报名表，从中先后抽出两份，(1) 求先抽到的一份是女生表的概率 p；(2) 已知后抽到的一份是男生表，求先抽到的一份是女生表的概率 q.

2 随机变量及其数字特征

在随机试验中，随机事件和实数之间存在着某种客观的联系. 其试验结果可以用数值来描述，并且随着试验的结果不同而取不同的数值. 例如：

（1）掷一颗骰子，出现的点数 X 是一个变量，它可能取值为 $1,2,\cdots,6$；

（2）某商场一天内来的顾客数 Y 是一个变量，它可能取值为 $0,1,2,\cdots$；

（3）某种型号电视机的寿命 Z 是一个变量，它的可能取值是 $[0, +\infty)$ 上的任意实数.

然而，有些初看起来与数值无关的随机现象，随机事件与实数之间虽然没有上述那种“自然的”联系，但是我们常常可以人为地给它们建立起一个对应关系. 例如：抛掷一枚均匀的硬币，可能出现正面朝上，也可能出现反面朝上，用实数“1”表示“正面朝上”，用“0”表示“反面朝上”，则

$$X = X(\omega) = \begin{cases} 1, & \omega \text{ 表示“正面朝上”} \\ 0, & \omega \text{ 表示“反面朝上”} \end{cases}$$

于是，试验结果出现｛正面朝上｝就用 $\{X=1\}$ 表示，试验结果出现｛反面朝上｝就用 $\{X=0\}$ 表示.

2.1 随机变量

2.1.1 随机变量的定义

定义 1 设随机试验 E 的样本空间为 $\Omega = \{\omega\}$，若对于每一个样本点 $\omega \in \Omega$，变量 X 都有确定的实数值与之对应，则 X 是定义在 Ω 上的实值函数，即 $X = X(\omega)$，我们称这样的变量 X 为随机变量（random variable）. 通常用大写字母 X，Y，Z，…表示随机变量，而以小写字母如 x，y，z，ω，…表示实数.

要注意随机变量与普通变量的区别. 首先，随机变量的取值带有随机性，它的取值随着试验结果的不同而不同；其次，随机变量的取值带有统计规律性，即随机变量取各值有一定的概率；再次，随机变量是定义在样本空间上的函数.

随机试验中的各种事件可以通过随机变量的取值表达出来. 如：①抛掷一枚均匀的硬币，观察出现正、反的情况. 用 $\{X=1\}$ 表示出现“正面朝上”这一事件，$\{X=0\}$ 表示出现“反面朝上”这一事件；②若 X 表示掷一颗骰子出现的点数，则 $\{X=1.5\}$ 表示不可能事件；③若 X 为随机变量，则 $\{X=k\}$，$\{a<X\leqslant b\} = \{\omega \mid a<X(\omega)\leqslant b\} \subset \Omega$，均表示随机事件. 随机变量的分类：

$$
r.v.\begin{cases}\text{离散型 } r.v. & \begin{matrix}X_i\text{ 的可能取值只有有限个或可数无限个}\\ \text{前例中的 } X,Y \text{ 为离散型随机变量}\end{matrix}\\ \text{非离散型 } r.v. \begin{cases}\text{连续型 } r.v. & \begin{matrix}X\text{ 的可能取值充满某个区间}\\ \text{例:}a < X \leqslant b\text{;前例中的 } Z \text{ 为连续型随机变量}\end{matrix}\\ \text{其他}\end{cases}\end{cases}
$$

本书只讨论离散型随机变量和连续型随机变量.

2.1.2 分布函数及性质

由前可知，若 X 是随机变量，对 $\forall x \in \mathbf{R}$，则 $\{X \leqslant x\}$ 表示随机事件，所以 $P\{X \leqslant x\}$ 有意义. 对于 $\forall a<b \in \mathbf{R}$ 时，有

$$P\{a < X \leqslant b\} = P\{X \leqslant b\} - P\{X \leqslant a\}$$

$P\{X \leqslant x\}$ 的值常随不同的 x 而变化，它是 x 的函数，我们称这函数为分布函数.

定义 2 设 X 是 Ω 上的随机变量，对 $\forall x \in \mathbf{R}$，函数

$$F(x) = P\{X \leqslant x\} \tag{2-1}$$

称为 X 的分布函数（distribution function）.

由定义知，分布函数 $F(x)$ 是一个定义在实数轴上的普通函数，它可以完整地描述随机变量的取值规律，也就是说，若已知随机变量的分布函数，则任意随机事件的概率就可以用分布函数表示出来.

对于 $\forall x_1 < x_2 \in \mathbf{R}$，有

$$\begin{aligned} P(x_1 < X \leqslant x_2) &= P(X \leqslant x_2) - P(X \leqslant x_1) \\ &= F(x_2) - F(x_1) \end{aligned} \tag{2-2}$$

下面给出随机变量 X 的分布函数的基本性质：

(1) 分布函数单调不减，即 $\forall x_1 < x_2 \in \mathbf{R}$，有 $F(x_1) \leqslant F(x_2)$；

事实上，若 $\forall x_1 < x_2 \in \mathbf{R}$，有 $\{X \leqslant x_1\} \subset \{X \leqslant x_2\}$，$\{X \leqslant x_2\} - \{X \leqslant x_1\} = \{x_1 < X \leqslant x_2\}$，则 $F(x_2) - F(x_1) = P\{x_1 < X \leqslant x_2\} \geqslant 0$，因此 $F(x_1) \leqslant F(x_2)$.

(2) $F(x)$ 是有界的，即 $0 \leqslant F(x) \leqslant 1$，且

$$F(-\infty) = \lim_{x\to-\infty} F(x) = 0,\ F(+\infty) = \lim_{x\to+\infty} F(x) = 1$$

(3) $F(x)$ 是右连续性的函数，即

对 $\forall x_0 \in \mathbf{R}$，有 $F(x_0+0) = F(x_0)$（或 $\lim\limits_{x\to x_0^+} F(x) = F(x_0)$）.

为了便于计算 X 在某些范围内取值的概率，下面给出公式：

$F(x)$ 是随机变量 X 的分布函数，对于 $\forall a<b \in \mathbf{R}$，有

$$P(X < a) = F(a-0) = \lim_{x\to a^-} F(x)$$

$$P(X = a) = P(X \leqslant a) - P(X < a) = F(a) - F(a-0)$$

$$P(X > a) = 1 - P(X \leqslant a) = 1 - F(a)$$

$$P(X \geqslant a) = 1 - P(X < a) = 1 - F(a-0)$$

$$P(a < X < b) = P(X < b) - P(X \leqslant a) = F(b-0) - F(a)$$
$$P(a < X \leqslant b) = P(X \leqslant b) - P(X \leqslant a) = F(b) - F(a)$$
$$P(a \leqslant X < b) = P(X < b) - P(X < a) = F(b-0) - F(a-0)$$
$$P(a \leqslant X \leqslant b) = P(X \leqslant b) - P(X < a) = F(b) - F(a-0)$$

例 2-1 已知 X 的分布函数为

$$F(x) = \begin{cases} 0, & x < 0 \\ x/2, & 0 \leqslant x < 1 \\ 2/3, & 1 \leqslant x < 2 \\ 11/12, & 2 \leqslant x < 3 \\ 1, & x \geqslant 3 \end{cases}$$

求：$P\{X \leqslant 3\}$；$P\{X = 1\}$；$P\{X > 1/2\}$；$P\{2 < X < 4\}$.

解

$$P\{X \leqslant 3\} = F(3) = 1$$
$$P\{X = 1\} = F(1) - F(1-0) = 2/3 - 1/2 = 1/6$$
$$P\{X > \frac{1}{2}\} = 1 - P\{X \leqslant \frac{1}{2}\} = 1 - F(\frac{1}{2}) = 1 - \frac{1}{2} = \frac{1}{2}$$
$$P\{2 < X < 4\} = P\{X < 4\} - P\{X \leqslant 2\} = F(4-0) - F(2) = 1 - \frac{11}{12} = \frac{1}{12}$$

2.2 离散型随机变量

2.2.1 概率质量函数

若随机变量 X 只能取有限个数值 $x_1, x_2, \cdots, x_n$ 或可列无穷多个数值 $x_1, x_2, \cdots, x_n, \cdots$，则称 X 为离散型随机变量.

定义 3 设离散型随机变量 X 所有可能的取值为 $x_i(i = 1,2,\cdots)$，X 取各个可能值的概率，即事件 $\{X = x_i\}$ 的概率为

$$P\{X = x_i\} = p_i, \quad i = 1,2,\cdots \tag{2-3}$$

则称式（2-3）为离散型随机变量 X 的分布律或分布列，分布律也常用表2-1 的形式表示.

表 2-1 离散型随机变量 X 的分布律

X	x_1	x_2	$\cdots$	x_i	$\cdots$
p_i	p_1	p_2	$\cdots$	p_i	$\cdots$

由概率的性质容易推得，任一离散型随机变量 X 的分布律 $\{p_i\}$ 都具有下列两个基本性质：

（1）非负性：

$$P\{X = x_i\} = p_i \geqslant 0, \quad i = 1,2,\cdots \tag{2-4}$$

（2）规范性：

$$\sum_{i=1}^{+\infty} p_i = 1 \tag{2-5}$$

证明 因为 p_i 是概率，即 $p_i = P\{X = x_i\}$，故 $p_i \geqslant 0$；

由于 $x_1, x_2, \cdots, x_n, \cdots$ 是 X 的一切可能取值，故有 $\Omega = \bigcup_{i=1}^{+\infty}\{X = x_i\}$，注意到对任意的 $i \neq j$，有 $\{X = x_i\} \cap \{X = x_j\} = \phi$，由概率的可列可加性得

$$1 = P(\Omega) = P\{\bigcup_{i=1}^{+\infty}\{X = x_i\}\} = \sum_{i=1}^{+\infty} P\{X = x_i\} = \sum_{i=1}^{+\infty} p_i$$

设 $F(x)$ 是离散型随机变量 X 的分布函数，则当 X 有分布律

$$P\{X = x_i\} = p_i \geqslant 0, \quad i = 1, 2, \cdots$$

易得
$$F(x) = P\{X \leqslant x\} = \sum_{x_i \leqslant x} P\{X = x_i\} = \sum_{x_i \leqslant x} p_i \tag{2-6}$$

其中和式是对所有满足 $x_i \leqslant x$ 的 i 求和.

例 2-2 设离散型随机变量 X 的分布律如表 2-2 所示.

表 2-2 X 的概率分布律

X	-1	2	3
p_i	$\frac{1}{4}$	$\frac{1}{2}$	$\frac{1}{4}$

求：(1) X 的分布函数；(2) $P(X \leqslant \frac{1}{2})$，$P\left(\frac{3}{2} < X \leqslant \frac{5}{2}\right)$，$P(2 \leqslant X \leqslant 3)$.

解 (1) 由 $F(x) = P\{X \leqslant x\} = \sum_{x_i \leqslant x} P\{X = x_i\}$，得

$$F(x) = \begin{cases} 0, & x < -1 \\ p(-1), & -1 \leqslant x < 2 \\ p(-1) + p(2), & 2 \leqslant x < 3 \\ p(-1) + p(2) + p(3), & x \geqslant 3 \end{cases} = \begin{cases} 0, & x < -1 \\ \frac{1}{4}, & -1 \leqslant x < 2 \\ \frac{3}{4}, & 2 \leqslant x < 3 \\ 1, & x \geqslant 3 \end{cases}$$

(2) $P\left(X \leqslant \frac{1}{2}\right) = F\left(\frac{1}{2}\right) = \frac{1}{4}$

$$P\left(\frac{3}{2} < X \leqslant \frac{5}{2}\right) = F\left(\frac{5}{2}\right) - F\left(\frac{3}{2}\right) = \frac{3}{4} - \frac{1}{4} = \frac{1}{2}$$

$$P(2 \leqslant X \leqslant 3) = F(3) - F(2) + P(X = 2) = 1 - \frac{3}{4} + \frac{1}{2} = \frac{3}{4}$$

离散型随机变量的分布函数 $F(x)$ 是一个右连续、单调非降的分段阶梯函数，它在 X 的可能取值 x_i 处发生间断，间断点为第一类跳跃间断点，在每个间断点 x_i 处有跳跃，其跃度值为 $p_i = P\{X = x_i\}$.

2.2.2 常见的离散型随机变量的概率分布

下面介绍 3 种常见的离散型随机变量.

2.2.2.1 两点分布

若随机变量的 X 分布律为

$$P\{X=x\}=p^x(1-p)^{1-x},\quad x=0,1,\quad 0<p<1 \tag{2-7}$$

则称 X 服从参数为 p 的两点分布或 (0 - 1) 分布，记为 $X \sim B(1,p)$.

写成分布律表形式见表 2-3.

表 2-3　两点分布的概率分布律

X	1	0
p_i	p	$1-p$

对于任何一个只有两种可能结果的随机试验 E，例如，产品抽检中“合格品”与“不合格品”；观察射击目标“命中”与“没命中”；种子是“发芽”与“不发芽”等试验均可用服从两点分布的随机变量来描述.

2.2.2.2　二项分布

若随机变量的 X 分布律为

$$P\{X=k\}=C_n^k p^k(1-p)^{n-k},\quad k=0,1,2,3,\cdots,n \tag{2-8}$$

则称 X 服从参数为 $n,p(0<p<1)$ 的二项分布 (binomial distribution)，记为 $X\sim B(n,p)$.

若 $X\sim B(n,p)$，显然满足：

(1) 非负性：$P\{X=k\}=C_n^k p^k(1-p)^{n-k}\geqslant 0,\quad k=0,1,2,3,\cdots,n$;

(2) 规范性：$\sum\limits_{k=0}^{n}P\{X=k\}=\sum\limits_{k=0}^{n}C_n^k p^k(1-p)^{n-k}=[p+(1-p)]^n=1$.

在 n 重伯努利试验中，事件 A 发生 k 次的概率计算公式为

$$P_n(k)=C_n^k p^k(1-p)^{n-k},\quad k=0,1,2,3,\cdots,n$$

可知，若 $X\sim B(n,p)$，X 就可以用来表示 n 重伯努利试验中事件 A 发生次数的数学模型. 例如，从一批足够多的产品中任意抽取 n 件，其中“废品”件数的概率分布；随机抛掷硬币 n 次，落地时出现“正面”的次数等.

顺便指出，两点分布可看作 $n=1$ 时的二项分布.

在 n 重伯努利试验中，若

$$X_i=\begin{cases}1,\text{第 } i \text{ 次 } A \text{ 发生},\\0,\text{第 } i \text{ 次 } A \text{ 不发生},\end{cases}\quad i=1,2,\cdots,n$$

则 $X_i\sim B(1,p)$，显然有 $X_i=\sum\limits_{i=1}^{n}X_i\sim B(n,p)$.

例 2-3　设某抽奖活动中参与奖的概率是 80%，小明抽了 5 次，用 X 表示抽到参与奖的次数，求 X 的概率分布.

解　抽 5 次可以看作同样条件下的 5 次重复独立试验，故 $X\sim B(5,0.8)$，则

$$P\{X=k\}=C_5^k 0.8^k 0.2^{5-k},\quad k=0,1,2,3,4,5$$

算出具体数值如表 2-4 所示.

表 2-4　例 2-3 中随机变量 X 的分布律

X	0	1	2	3	4	5
p	0.00032	0.0064	0.0512	0.2048	0.4096	0.32768

2.2.2.3 泊松分布

定理1（泊松（Poisson）定理） 设$\lambda>0$是一常数，n是正整数，若$np_n=\lambda$，则对任一固定的非负整数k，有

$$\lim_{n\to\infty}C_n^k p_n^k(1-p_n)^{n-k}=\frac{\lambda^k}{k!}e^{-\lambda}$$

证 令$p_n=\dfrac{\lambda}{n}$，有

$$C_n^k p_n^k(1-p_n)^{n-k}=\frac{n(n-1)\cdots(n-k+1)}{k!}\left(\frac{\lambda}{n}\right)^k\left(1-\frac{\lambda}{n}\right)^n\left(1-\frac{\lambda}{n}\right)^{-k}$$

$$=\left(1-\frac{1}{n}\right)\left(1-\frac{2}{n}\right)\cdots\left(1-\frac{k-1}{n}\right)\frac{\lambda^k}{k!}\left(1-\frac{\lambda}{n}\right)^n\left(1-\frac{\lambda}{n}\right)^{-k}$$

对任意固定的$k(0\leqslant k\leqslant n)$，当$n\to\infty$时，

$$\left(1-\frac{1}{n}\right)\left(1-\frac{2}{n}\right)\cdots\left(1-\frac{k-1}{n}\right)\to 1,\quad \left(1-\frac{\lambda}{n}\right)^{-k}\to 1$$

及

$$\lim_{n\to\infty}\left(1-\frac{\lambda}{n}\right)^n=\lim_{n\to\infty}\left(1-\frac{\lambda}{n}\right)^{-\frac{n}{\lambda_n}(-\lambda_n)}=e^{-\lambda}$$

所以

$$\lim_{n\to\infty}C_n^k p^k(1-p)^{n-k}=\frac{\lambda^k}{k!}e^{-\lambda}\quad(k=1,2,\cdots)$$

定理说明，若$X\sim B(n,p)$，当n很大而p很小时，有

$$C_n^k p^k(1-p)^{n-k}\approx\frac{\lambda^k}{k!}e^{-\lambda}\ （其中\lambda=np）\tag{2-9}$$

在实际应用中，当n很大（$n\geqslant 10$），且p很小（$p\leqslant 0.05$）时，近似效果就很好. 而关于$\dfrac{\lambda^k}{k!}e^{-\lambda}$的值，可以查本书后面附表.

例2-4 设$X\sim B(0.08,100)$，利用泊松定理近似计算$P(X\geqslant 2)$.

解 因为

$$P(X=k)\approx\frac{\lambda^k}{k!}e^{-\lambda},\quad \lambda=np=8,\ k=0,1,\cdots$$

于是

$$P(X=0)\approx e^{-8},\quad P(X=1)\approx 8e^{-8}$$

因此

$$P(X\geqslant 2)=1-P(X<2)\approx 1-e^{-8}-8e^{-8}$$
$$=1-9e^{-8}=1-0.003=0.997$$

若随机变量X的分布律为

$$P\{X=k\}=\frac{\lambda^k}{k!}e^{-\lambda},\quad k=0,1,2,\cdots\ （\lambda>0为常数）\tag{2-10}$$

则称X服从参数为λ的泊松分布（poisson distribution），记为$X\sim P(\lambda)$.

显然：(1) $P\{X=k\}>0$;

(2) $\displaystyle\sum_{k=0}^{\infty}p\{X=k\}=\sum_{k=0}^{\infty}\frac{\lambda^k}{k!}e^{-\lambda}=e^{-\lambda}\sum_{k=0}^{\infty}\frac{\lambda^k}{k!}=e^{-\lambda}e^{\lambda}=1.$

对于泊松分布$P(\lambda)$，通常也记为$X\sim p(k;\lambda)$.

$$p(k;\lambda)=P\{X=k\}=\frac{\lambda^k}{k!}e^{-\lambda},\quad k=0,1,2,\cdots$$

Poisson 分布在各领域中有着广泛的应用，它常与单位时间（或单位面积、单位产品等）上的计数过程相联系. 如某单位时间内电话机接到的呼唤次数；某单位时间内候车的乘客数；某页书上的印刷错误的个数；1 平方米内玻璃上的气泡数等，都近似服从 Poisson 分布.

例 2-5 设有 2000 台计算机，其中有 40 台是次品. 随机抽取 100 台作有放回抽样，求样品中次品数 X 的概率分布.

解 方法 1 样品中的次品数 X 服从二项分布，即 $X\sim B(100,0.02)$，

$$P\{X=k\}=C_{100}^{k}0.02^{k}0.98^{100-k},\quad k=0,1,\cdots,100$$

方法 2 因为抽取样品数 $n=100$ 较大，且 $p=0.02$ 较小，所以可由泊松分布来计算，其中 $\lambda=100\times0.02=2$，故有

$$P\{X=k\}=\frac{2^k}{k!}e^{-\lambda},\quad k=0,1,2,\cdots,100$$

为了便于同学们对这两种计算结果进行比较，现将两种计算结果列于表 2-5 中.

表 2-5 两种计算结果

次品数 X	二项分布 $B(100,0.02)$	泊松分布 $P(2)$	次品数 X	二项分布 $B(100,0.02)$	泊松分布 $P(2)$
0	0.1326	0.1353	5	0.0353	0.0361
1	0.2707	0.2707	6	0.0114	0.0120
2	0.2734	0.2707	7	0.0031	0.0034
3	0.1823	0.1804	8	0.0007	0.0009
4	0.0902	0.0902	9	0.0002	0.0002

从表 2-5 中可以看出，两种分布对应的概率计算是相当近似的.

例 2-6 设手机被某病毒感染的概率为 0.001，试确定 2000 台手机中有 3 台以及多于 2 台手机被感染的概率.

解 设 X 表示被感染的手机数，则 $X\sim B(n,p)$，由于假设“被感染”是小概率事件，所以 X 可假定服从 $p(k;\lambda)=\frac{\lambda^k}{k!}e^{-\lambda}$，其中 $\lambda=np=2000\times0.001=2$，

从而可得 $$p\{X=3\}=\frac{2^3}{3!}e^{-2}=0.180$$

$$p\{X>2\}=1-P\{X=0\}-P\{X=1\}=1-e^{-2}-2e^{-1}=0.323$$

2.3 连续型随机变量

2.3.1 概率密度函数

上一节我们讨论了离散型随机变量，下面我们将研究另一类重要的随机变量——连续型随机变量.

定义 4 设 X 是随机变量，$F(x)$ 是它的分布函数，若存在一个非负可积函数 $f(x)$，使得对任意的 $x \in \mathbf{R}$，有

$$F(x) = P\{X \leqslant x\} = \int_{-\infty}^{x} f(t)\,\mathrm{d}t \tag{2-11}$$

则称 X 为连续性随机变量，其中 $f(x)$ 称为 X 的概率密度函数，简称概率密度或密度函数 (density function).

由定义显然可知，连续性随机变量 X 的分布函数 $F(x)$ 是连续函数.

密度函数具有如下性质：

（1）非负性：$f(x) \geqslant 0,\ x \in \mathbf{R}$.

（2）规范性：$\int_{-\infty}^{+\infty} f(x)\,\mathrm{d}x = 1$.

（3）$p\{a < X \leqslant b\} = F(b) - F(a) = \int_{a}^{b} f(x)\,\mathrm{d}x\ (a < b)$.

由式（2-11）知道，$F(x)$ 的值等于以 $(-\infty, x]$ 为底，以曲线 $y = f(x)$ 为顶的曲边梯形的面积. 由性质（2）知道，介于曲线 $y = f(x)$ 与 x 轴之间的平面图形的面积为 1；由性质（3）知道，X 落在区间 $(a, b]$ 的概率 $P(a < X \leqslant b)$ 等于以曲线 $y = f(x)$ 为曲边，底为区间 $(a, b]$ 的曲边梯形的面积.

（4）若 $f(x)$ 在 x 处是连续的，则有 $F'(x) = f(x)$.

由性质（4）知，在 $f(x)$ 连续点 x 处有

$$f(x) = \lim_{\Delta x \to 0^+} \frac{F(x + \Delta x) - F(x)}{\Delta x} = \lim_{\Delta x \to 0^+} \frac{P\{x < X \leqslant x + \Delta x\}}{\Delta x}$$

这种形式恰与物理学中的线密度的定义相类似，这也就是为什么称 $f(x)$ 为概率密度的缘故.

（5）若 X 是连续型随机变量，对 $\forall a \in \mathbf{R}$，有 $P\{X = a\} = 0$.

事实上，$\forall \Delta x > 0$，有 $0 \leqslant P\{X = a\} \leqslant P\{a - \Delta x < X \leqslant a\} = \int_{a-\Delta x}^{a} f(x)\,\mathrm{d}x$

由于 $\lim\limits_{\Delta x \to 0} \int_{a-\Delta x}^{a} f(x)\,\mathrm{d}x = 0$

则 $P\{X = a\} = 0$

由于连续型随机变量取单点值的概率为 0，因此，计算连续型随机变量 X 落在某区间的概率时，区间是否包含端点是无需考虑的. 因此，对于连续型随机变量 X，若 $a < b$，有

$$P\{a < X \leqslant b\} = P\{a \leqslant X < b\} = P\{a < X < b\} = P\{a \leqslant X \leqslant b\} = \int_{a}^{b} f(x)\,\mathrm{d}x$$

$$P\{x \geqslant a\} = P\{x > a\} = \int_{a}^{+\infty} f(x)\,\mathrm{d}x$$

$$P\{x \leqslant a\} = P\{x < a\} = \int_{-\infty}^{a} f(x)\,\mathrm{d}x$$

例 2-7 设随机变量 X 的密度函数为 $f(x) = \begin{cases} kx(1-x), & 0 < x < 1 \\ 0, & \text{其他} \end{cases}$（其中常数 $k > 0$），试求：（1）k 的值；（2）$P\{X > 0.3\}$；（3）X 的分布函数.

解 （1）由 $1 = \int_{-\infty}^{+\infty} f(x)\,\mathrm{d}x = \int_{0}^{1} kx(1-x)\,\mathrm{d}x = k\int_{0}^{1} (x - x^2)\,\mathrm{d}x = k/6$，得 $k = 6$；

(2) $P\{X > 0.3\} = \int_{0.3}^{+\infty} f(x)\,dx = \int_{0.3}^{1} 6x(1-x)\,dx = 0.784$;

(3) 由 $F(x) = P\{X \leqslant x\} = \int_{-\infty}^{x} f(t)\,dx$, 则

$$F(x) = \begin{cases} 0, & x \leqslant 0 \\ \int_0^x 6t(1-t)\,dx, & 0 < x \leqslant 1 \\ 1, & x > 1 \end{cases}$$

$$= \begin{cases} 0, & x \leqslant 0 \\ 3x^2 - 2x^3, & 0 < x \leqslant 1 \\ 1, & x > 1 \end{cases}$$

例 2-8 设某随机变量 X 的分布函数为

$$F(x) = A + B\arctan x \quad (-\infty < x < +\infty)$$

试求：(1) 系数 A 与 B;

(2) X 落在 $(-1,1]$ 内的概率;

(3) X 的密度函数 $f(x)$.

解 (1) 由 $F(-\infty) = \lim\limits_{x \to -\infty} F(x) = \lim\limits_{x \to -\infty}(A + B\arctan x) = A - \frac{\pi}{2}B = 0$

$$F(+\infty) = \lim_{x \to +\infty} F(x) = \lim_{x \to +\infty}(A + B\arctan x) = A + \frac{\pi}{2}B = 1$$

得 $A = 1/2$, $B = \frac{1}{\pi}$;

(2) 由 (1) 得 $F(x) = \frac{1}{2} + \frac{1}{\pi}\arctan x \quad (-\infty < x < +\infty)$

则

$$P(-1 < x \leqslant 1) = F(1) - F(-1)$$
$$= \left[\frac{1}{2} + \frac{1}{\pi}\arctan 1\right] - \left[\frac{1}{2} + \frac{1}{\pi}\arctan(-1)\right]$$
$$= \frac{1}{2} + \frac{1}{\pi} \cdot \frac{\pi}{4} - \frac{1}{2} - \frac{1}{\pi}\left(-\frac{\pi}{4}\right) = \frac{1}{2}$$

(3) $$f(x) = F'(x) = \left(\frac{1}{2} + \frac{1}{\pi}\arctan x\right)' = \frac{1}{\pi(1 + x^2)}$$

例 2-9 设某随机变量的分布函数为

$$F(x) = \begin{cases} 0, & x \leqslant -a \\ A + B\arcsin\left(\frac{x}{a}\right), & -a < x \leqslant a \quad (a > 0) \\ 1, & x > a \end{cases}$$

试求：(1) A, B; (2) $p\left(|X| < \frac{a}{2}\right)$; (3) 概率密度 $f(x)$.

解

(1) 由 $\begin{cases} 0 = F(-a) = \lim\limits_{x \to -a^-} F(x) = \lim\limits_{x \to -a^-}\left(A + B\arcsin\left(\dfrac{x}{a}\right)\right) = A + B\arcsin(-1) = A - \dfrac{\pi}{2}B \\ 1 = \lim\limits_{x \to a^+} F(x) = F(a) = A + B\arcsin\left(\dfrac{x}{a}\right) = A + \dfrac{\pi}{2}B \end{cases}$

得 $A = \dfrac{1}{2}, B = \dfrac{1}{\pi}$

(2) $P\left(|X| < \dfrac{a}{2}\right) = P\left(-\dfrac{a}{2} < X < \dfrac{a}{2}\right) = F\left(\dfrac{a}{2}\right) - F\left(-\dfrac{a}{2}\right) = \dfrac{1}{3}$

(3) $f(x) = F'(x) = \begin{cases} \dfrac{1}{\pi\sqrt{a^2 - x^2}}, & |x| < a \\ 0, & |x| \geqslant a \end{cases}$

2.3.2 常见的连续型随机变量的概率分布

2.3.2.1 均匀分布

若随机变量 X 的概率密度为

$$f(x) = \begin{cases} \dfrac{1}{b - a}, & a \leqslant x \leqslant b \\ 0, & \text{其他} \end{cases} \tag{2-12}$$

则称 X 在区间 $[a,b]$ 上服从均匀分布，记为 $X \sim U[a,b]$.

上述闭区间 $[a,b]$ 可改为开区间 (a,b) 或半开半闭区间 $[a,b)$，$(a,b]$，易知 $f(x) \geqslant 0$，并且 $\int_{-\infty}^{+\infty} f(x)\mathrm{d}x = 1$.

如果 $X \sim U[a,b]$，则 X 具有下列性质：

(1) 落在区间外的概率为零，即

$$P\{X < a\} = P\{X > b\} = 0$$

事实上，

$$P\{X < a\} = \int_{-\infty}^{a} f(x)\mathrm{d}x = \int_{-\infty}^{a} 0\mathrm{d}x = 0$$

$$P\{X > b\} = \int_{b}^{+\infty} f(x)\mathrm{d}x = \int_{b}^{+\infty} 0\mathrm{d}x = 0$$

(2) 落入 $[a,b]$ 的任意等长子区间的概率相同，与子区间长度成正比，与子区间的位置无关，即若 $[c,d] \subset [a,b]$，则 $P\{c \leqslant X \leqslant d\} = k(d - c)$，其中 k 是比例系数.

事实上，

$$P\{c \leqslant X \leqslant d\} = \int_{c}^{d} f(x)\mathrm{d}x = \int_{c}^{d} \frac{\mathrm{d}x}{b - a} = \frac{d - c}{b - a}$$

令 $k = \dfrac{1}{b - a}$

得 $P\{c \leqslant X \leqslant d\} = k(d - c)$

上述两点是服从均匀分布随机变量的特征性质，在实际问题中，如果依据客观经验判断出某随机变量具备这两个特征，就认为它服从均匀分布. 例如，在数值计算中，某位上的数字按“四舍五入”处理时引起的舍入误差；班车按固定时间间隔运行时乘客的候车时间等，都服从均匀分布.

例 2-10 设公共汽车站从上午 7 时起，每 15min 来一班车，即 7：00，7：15，7：30，7：45 等时刻有汽车到达此站，如果乘客到达此站时间 X 是 7：00 ~ 7：30 之间的均匀随机变量，试求他候车时间少于 5min 的概率.

解 以 7：00 为起点 0，以分为单位，依题意，$X \sim U[0,30]$，

$$f(x)=\begin{cases}\dfrac{1}{30}, & 0 \leqslant x \leqslant 30\\ 0, & \text{其他}\end{cases}$$

为使候车时间 X 少于 5min，乘客必须在 7：10 ~ 7：15 或 7：25 ~ 7：30 之间到达车站，故所求概率为

$$P\{10 \leqslant X \leqslant 15\}+P\{25 \leqslant X \leqslant 30\}=\int_{10}^{15}\frac{1}{30}\mathrm{d}x+\int_{25}^{30}\frac{1}{30}\mathrm{d}x=\frac{1}{3}$$

例 2-11 设随机变量 K 服从 (0,5) 上的均匀分布，求方程 $4x^2+4Kx+K+2=0$ 有实根的概率.

解 当 $\Delta=16K^2-16(K+2) \geqslant 0$ 时，即 $K^2-K-2 \geqslant 0$，方程 $4x^2+4Kx+K+2=0$ 有实根，因此所求概率为

$$P\{K^2-K-2 \geqslant 0\}=P\{K \leqslant -1\}+P\{K \geqslant 2\}$$

而 K 的概率密度函数为

$$f(k)=\begin{cases}\dfrac{1}{5}, & 0 \leqslant k \leqslant 5\\ 0, & \text{其他}\end{cases}$$

所以 $P\{K \geqslant 2\}=\int_{2}^{5}\frac{1}{5}\mathrm{d}k=\frac{3}{5}$，而 $P\{K \leqslant -1\}=0$，因此所求概率为

$$P\{K^2-K-2 \geqslant 0\}=\frac{3}{5}$$

2.3.2.2 指数分布

若随机变量 X 的概率密度为

$$f(x)=\begin{cases}\lambda \mathrm{e}^{-\lambda x}, & x>0\\ 0, & x \leqslant 0\end{cases} \tag{2-13}$$

其中 $\lambda>0$ 为常数，则称随机变量 X 服从参数为 λ 的指数分布 (exponentially distribution)，记为 $X \sim E(\lambda)$.

显然 $f(x) \geqslant 0$，且 $\int_{-\infty}^{+\infty} f(x)\mathrm{d}x=\int_{0}^{+\infty}\lambda \mathrm{e}^{-\lambda x}\mathrm{d}x=1$.

例 2-12 设某电子管的使用寿命 X（以小时为单位）服从参数 $\lambda=0.0002$ 的指数分布. 求电子管的使用寿命超过 3000h 的概率.

解 $P\{X > 3000\} = \int_{3000}^{+\infty} 0.0002\mathrm{e}^{-0.0002x}\mathrm{d}x = \mathrm{e}^{-0.6} \approx 0.5488$

2.3.2.3 正态分布 $X \sim N(\mu,\sigma^2)$

若随机变量 X 的概率密度为

$$f(x) = \frac{1}{\sqrt{2\pi}\sigma}\mathrm{e}^{-\frac{(x-a)2}{2\sigma^2}} \quad (-\infty < x < +\infty) \tag{2-14}$$

其中$\mu,\sigma(\sigma>0)$为常数，则称 X 服从参数为μ，σ 的正态分布，或高斯（Gauss）分布，记为 $X \sim N(\mu,\sigma^2)$.

显然$f(x)\geqslant 0$，下面来证明$\int_{-\infty}^{+\infty} f(x)\mathrm{d}x = 1$.

$$\int_{-\infty}^{+\infty} f(x)\mathrm{d}x = \int_{-\infty}^{+\infty} \frac{1}{\sqrt{2\pi}\sigma}\mathrm{e}^{-\frac{(x-\mu)2}{2\sigma^2}}\mathrm{d}x \quad \left(\text{令}\frac{x-\mu}{\sigma} = t\right)$$

$$= \frac{1}{\sqrt{2\pi}}\int_{-\infty}^{+\infty} \mathrm{e}^{-\frac{t2}{2}}\mathrm{d}t = 1 \quad \left(\int_{-\infty}^{+\infty} \mathrm{e}^{-\frac{t2}{2}}\mathrm{d}t = \sqrt{2\pi}\right)$$

$$\left(\int_{-\infty}^{+\infty} \mathrm{e}^{-\frac{t2}{2}}\mathrm{d}t\right)^2 = \int_{-\infty}^{+\infty} \mathrm{e}^{-\frac{t2}{2}}\mathrm{d}t\int_{-\infty}^{+\infty} \mathrm{e}^{-\frac{v2}{2}}\mathrm{d}v$$

$$= \int_{-\infty}^{+\infty}\int_{-\infty}^{+\infty} \mathrm{e}^{-\frac{t2+v2}{2}}\mathrm{d}t\mathrm{d}v \quad (t = r\cos\theta;\ v = r\sin\theta)$$

$$= \int_0^{2\pi}\left(\int_0^{+\infty} \mathrm{e}^{-\frac{r2}{2}}r\mathrm{d}r\right)\mathrm{d}\theta$$

$$= 2\pi$$

其相应的分布函数为

$$F(x) = \frac{1}{\sqrt{2\pi}\sigma}\int_{-\infty}^{x} \mathrm{e}^{-\frac{(t-\mu)2}{2\sigma^2}}\mathrm{d}t \quad (-\infty < x < +\infty)$$

设随机变量 $X \sim N(\mu,\sigma^2)$，有以下性质：

(1) 当$x=\mu$时，$f(x)$达到最大值$\frac{1}{\sqrt{2\pi}\sigma}$；在$x=\mu\pm\sigma$处，曲线$y=f(x)$有拐点（见图 2-1）；

(2) $f(x)$的图形对称于直线$x=\mu$，当$x<\mu$时单调上升，当$x>\mu$时单调下降；

(3) $f(x)$以x轴为渐近线（即$y=0$为水平渐近线）；

(4) 若固定σ，改变μ值，则曲线$y=f(x)$沿x轴平行移动，曲线的几何图形不变（见图 2-2）；

(5) 若固定μ，改变σ值，由$f(x)$的最大值可知，当σ越大，$f(x)$的图形越平坦；当σ越小，$f(x)$的图形越陡峭（见图 2-3）.

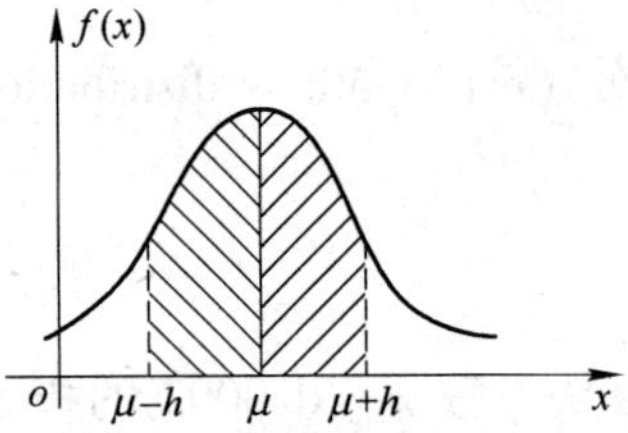

图 2-1

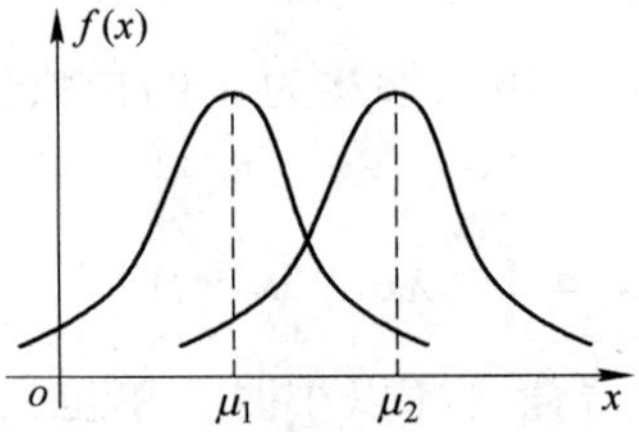

图 2-2

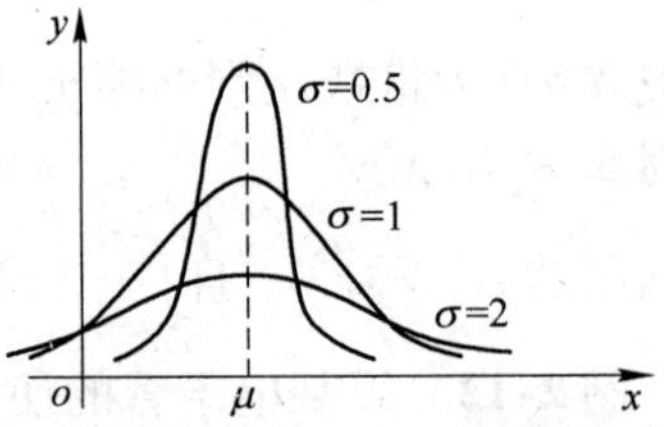

图 2-3

特别地，当$\mu=0$，$\sigma^2=1$时，称X服从标准正态分布，即$X\sim N(0,1)$，密度函数为

$$\varphi(x)=\frac{1}{\sqrt{2\pi}}e^{-\frac{x^2}{2}}\quad(-\infty<x<+\infty)\tag{2-15}$$

标准正态分布的分布函数为

$$\Phi(x)=\int_{-\infty}^{x}\varphi(x)\mathrm{d}x=\int_{-\infty}^{x}\frac{1}{\sqrt{2\pi}}e^{-\frac{t^2}{2}}\mathrm{d}t\tag{2-16}$$

由于正态分布在概率计算中的重要性，而$\Phi(x)$不是初等函数，计算它的值比较复杂，为了使用方便，书后附有$\Phi(x)$的函数值（附表）可供查用.

由标准正态分布的对称性易知，对任意x有：

$$\Phi(-x)=1-\Phi(x)\tag{2-17}$$

所以表中只对正的x给出$\Phi(x)$的数值.

定理2 若$X\sim N(\mu,\sigma^2)$，则

(1) $Y=aX+b\sim N(a\mu+b,a^2\sigma^2)$，其中$a(a\neq0)$，$b$为常数；

(2) $Y=\dfrac{X-\mu}{\sigma}\sim N(0,1)$（标准化）.

即：正态随机变量的线性函数也服从正态分布．对于一般的$N(\mu,\sigma^2)$分布函数，可以通过线性变换转换为标准正态分布来获取.

标准正态分布表的使用方法如下：

(1) 表中给出了$x>0$时$\Phi(x)$的数值，当$x<0$时，利用$\Phi(-x)=1-\Phi(x)$；

(2) 若$X\sim N(0,1)$，则$P\{x_1<X\leqslant x_2\}=\Phi(x_2)-\Phi(x_1)$；

(3) $F(x)=P\{X\leqslant x\}=P\left\{\dfrac{X-\mu}{\sigma}\leqslant\dfrac{x-\mu}{\sigma}\right\}=\Phi\left(\dfrac{x-\mu}{\sigma}\right)$；

(4) $P\{x_1<X\leqslant x_2\}=P\left(\dfrac{x_1-\mu}{\sigma}<X\leqslant\dfrac{x_2-\mu}{\sigma}\right)=\Phi\left(\dfrac{x_2-\mu}{\sigma}\right)-\Phi\left(\dfrac{x_1-\mu}{\sigma}\right)$.

由上面的公式和标准正态分布函数$\Phi(x)$的函数值表，可以方便地求一般正态变量落在任意区间上的概率.

特别地，若$X\sim N(\mu,\sigma^2)$，则

$$P\{\mu-\sigma<X\leqslant\mu+\sigma\}=\Phi(1)-\Phi(-1)=68.26\%$$

$$P\{\mu-2\sigma<X\leqslant\mu+2\sigma\}=\Phi(2)-\Phi(-2)=95.44\%$$

$$P\{\mu-3\sigma<X\leqslant\mu+3\sigma\}=\Phi(3)-\Phi(-3)=99.74\%$$

3σ规则：服从正态分布$N(\mu,\sigma^2)$的随机变量X落在区间$(\mu-3\sigma,\ \mu+3\sigma)$内的概率为0.9974，落在该区间外的概率只有0.0027，在实际问题中常常认为它是不会发生的．也就是说，X几乎不可能在区间$(\mu-3\sigma,\ \mu+3\sigma)$之外取值，基本上可以认为有$|X-\mu|\leqslant3\sigma$，这种近似的说法被一些实际工作者称作是正态分布的“3σ规则”.

例2-13 设$X\sim N(500,60)$，求：

(1) $P\{X>560\}$；(2) $P\{|X-500|>200\}$；(3) 若$P(X>x)\geqslant0.1$，则x的值.

解 (1) $P\{X>560\}=1-P\{X\leqslant560\}=1-P\left(\dfrac{X-500}{60}\leqslant\dfrac{560-500}{60}\right)$

$$=1-\Phi\left(\frac{560-500}{60}\right)=1-\Phi(1)=1-0.8413=0.1587$$

(2) $P\{|X-500|>200\}$

$$=1-P\{|X-500|\leqslant 200\}$$

$$=1-P\{-200\leqslant X-500\leqslant 200\}=1-P\{300\leqslant X\leqslant 700\}$$

$$=1-P\left\{\frac{300-500}{60}\leqslant X\leqslant\frac{700-500}{60}\right\}=1-\left[\Phi\left(\frac{10}{3}\right)-\Phi\left(-\frac{10}{3}\right)\right]$$

$$=1-\left[2\Phi\left(\frac{10}{3}\right)-1\right]=2\left[1-\Phi\left(\frac{10}{3}\right)\right]=2(1-0.9996)=0.0008$$

(3) 要求 $P(X>x)\geqslant 0.01$，即要求 $1-P(X\leqslant x)\geqslant 0.1$，即需

$$1-\Phi\left(\frac{x-500}{60}\right)\geqslant 0.1$$

$$\Phi\left(\frac{x-500}{60}\right)\leqslant 0.9=\Phi(1.282)$$

因 $\Phi(\cdot)$ 为单调函数，故需 $\dfrac{x-500}{60}\leqslant 1.282$

即 $x\leqslant 576.92$

定义 5　设 $X\sim N(0,1)$，若 z_α 满足条件 $P\{X>z_\alpha\}=\alpha$，$0<\alpha<1$，则称点 z_α 为标准正态分布的上 α 分位点（如图 2-4 所示）.

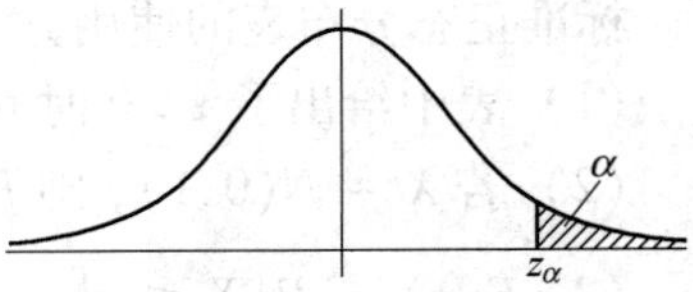

图 2-4　点 z_α 为标准正态分布的上 α 分位点

由 $\varphi(x)$ 图形的对称性可知，$z_{1-\alpha}=-z_\alpha$

例如，取 $\alpha=0.005$，由上 α 分位点的定义，要求 $P\{X>z_\alpha\}=\alpha$，由此得 $P\{X\leqslant z_\alpha\}=1-\alpha=0.995$，查标准正态分布表，可得 $z_\alpha=2.576$.

2.4　随机变量的期望与方差

2.4.1　离散情形

数学期望的定义来自通常的平均值的概念，它实质上是一个加权平均值. 在给出数学期望的概念之前，我们先看一个例子.

例 2-14　甲、乙两射手进行射击比赛，已知在100 次射击中命中的环数与次数记录分别如表 2-6 和表 2-7 所示. 试问如何评定甲、乙两射手的技术优劣?

表 2-6　甲在 100 次射击中命中的环数与次数记录

环　数	8	9	10
次　数	30	10	60

表 2-7　乙在 100 次射击中命中的环数与次数记录

环　数	8	9	10
次　数	20	50	30

解 从上面的成绩表很难看出两个射手的技术优劣，实际生活中一般用平均环数来评价射手的技术.

甲平均射中的环数为：

$$\frac{8\times30+9\times10+10\times60}{100}=8\times0.3+9\times0.1+10\times0.6=9.3$$

乙平均射中的环数为：

$$\frac{8\times20+9\times50+10\times30}{100}=8\times0.2+9\times0.5+10\times0.3=9.1$$

这里存在一个问题，射手的技术是客观的，但是根据上面的计算，在不同的试验中可能会得到不同的结果. 若设 X 表示击中的环数，则上面的计算过程中数据 0.3，0.1 等就是在 100 次射击中事件 $\{X=k\}$ 发生的频率，当射击次数相当大时，这个频率就接近事件 $\{X=k\}$ 在一次试验中发生的概率 p_k，这样平均环数就可以表示为 $\sum\limits_{k=1}^{\infty}kp_k$，此式称为随机变量 X 的数学期望或平均值.

定义 6 设离散型随机变量 X 分布律为

$$P\{X=x_k\}=p_k,\quad k=1,2,\cdots$$

若级数 $\sum\limits_{k=1}^{\infty}x_kp_k$ 绝对收敛，则称级数 $\sum\limits_{i=1}^{\infty}x_ip_i$ 为 X 的数学期望（mathematical expectation）(简称期望或均值). 记为 $E(X)$. 即

$$E(X)=\sum_{k=1}^{\infty}x_kp_k \tag{2-18}$$

注：为使 $E(X)$ 与级数各项的次序无关，必须要求 $\sum\limits_{i=1}^{\infty}|x_i|p_i$ 收敛；否则，$E(X)$ 不存在.

定义 7 若 X 为离散型随机变量，其分布律为 $P\{X=x_k\}=p_k$，$k=1,2,\cdots$，则方差

$$D(X)=\sum_k[x_k-E(X)]^2\cdot p_k$$

方差刻画了随机变量的取值对于其数学期望的离散程度.

例 2-15 在箱子中有 6 个大小一样的球，一个红球，一个黄球，一个绿球，剩下为白球，若摸到黄球，则玩游戏的人赢 20 元，若摸到红球则赢 40 元，若摸到绿球则输 30 元，若摸到白球，则玩游戏的人既不赢也不输，求玩游戏的人赢得钱数的期望值.

解 令 X 为任何一次摸球中赢的钱数，则 X 的分布律如表 2-8 所示.

表 2-8

X	0	20	40	−30
p	1/2	1/6	1/6	1/6

$$E(X)=0\times1/2+20\times1/6+40\times1/6-30\times1/6=5$$

2.4.2 连续情形

由离散型随机变量数学期望的定义,我们自然可以设想取很密的分点 $x_0<x_1<\cdots<x_n$，将

$(-\infty, +\infty)$ 分割成 n 个小区间，则 X 落在 $(x_i, x_{i+1}]$ 内的概率等于 $P(x_i < X \leqslant x_{i+1}) = \int_{x_i}^{x_{i+1}} f(x)\mathrm{d}x = f(\theta)(x_{i+1} - x_i) \approx f(x_{i+1})(x_{i+1} - x_i)$（积分中值定理），其中 θ 落在 x_i 与 x_{i+1} 之间．因此当 $n \to \infty$ 时，X 与以概率 $f(x_{i+1})(x_{i+1} - x_i)$ 取值 x_{i+1} 的离散型随机变量相似，而后者的数学期望为 $\sum_i x_{i+1} f(x_{i+1})(x_{i+1} - x_i)$，这个和式的极限就是 $\int_{-\infty}^{+\infty} xf(x)\mathrm{d}x$.

为此，对一般连续型随机变量，我们引入如下定义：

定义 8 设连续型随机变量 X 的密度函数为 $f(x)$，若积分 $\int_{-\infty}^{+\infty} xf(x)\mathrm{d}x$ 绝对收敛，称该积分值为随机变量 X 的数学期望（简称期望或均值），记为 $E(X)$. 即

$$E(X) = \int_{-\infty}^{+\infty} xf(x)\mathrm{d}x \tag{2-19}$$

若积分 $\int_{-\infty}^{+\infty} xf(x)\mathrm{d}x$ 不绝对收敛，则称随机变量 X 的数学期望不存在.

若 X 为连续型随机变量，其概率密度函数为 $f(x)$，则方差

$$D(X) = \int_{-\infty}^{+\infty} [x - E(X)]^2 f(x)\mathrm{d}x$$

$$D(X) \geqslant 0,\ D(X) = E(X^2) - [E(X)]^2 = E(X^2) - E^2(X)$$

例 2-16 设连续型随机变量 X 的密度函数为

$$f(x) = \begin{cases} x, & 0 < x \leqslant 1 \\ 2 - x, & 1 < x \leqslant 2 \\ 0, & \text{其他} \end{cases}$$

求 $E(X)$.

解 由连续型随机变量数学期望的定义可知：

$$E(X) = \int_{-\infty}^{+\infty} xf(x)\mathrm{d}x = \int_0^1 x^2\mathrm{d}x + \int_1^2 x(2 - x)\mathrm{d}x = \frac{1}{3}x^3 \Big|_0^1 + (x^2 - 1/3x^3) \Big|_1^2 = 1$$

例 2-17 设随机变量 X 的数学期望 $E(X) = \mu$，方差 $D(X) = \sigma^2 \neq 0$，记 $X^* = \frac{X - \mu}{\sigma}$，则有

$$E(X^*) = \frac{1}{\sigma}E(X - \mu) = \frac{1}{\sigma}[E(X) - \mu] = 0$$

$$D(X^*) = E(X^{*2}) - E^2(X^*) = E\left(\frac{X - \mu}{\sigma}\right)^2 = \frac{1}{\sigma^2}E(X - \mu)^2 = \frac{\sigma^2}{\sigma^2} = 1$$

X^* 称为 X 的标准化变量.

常用的重要分布的数学期望与方差汇集于表 2-9.

表 2-9 常用的重要分布的数学期望与方差

分布函数	分布律或概率密度	数学期望	方差
$B(1,p)$	$P\{X = x\} = p^x(1-p)^{1-x} \quad (x = 0,1)$	p	$P(1-p)$
$B(n,p)$	$P(X = k) = C_n^k p^k q^{n-k} \quad (k = 0,1,2,\cdots,n,\ \ q = 1-p)$	np	$np(1-p)$

续表 2-9

分布函数	分布律或概率密度	数学期望	方差
$P(\lambda)$	$P(X=k)=\frac{\lambda^k}{k!}e^{-\lambda}\quad(k=0,1,2,\cdots,\lambda>0)$	λ	λ
$U[a,b]$	$f(x)=\begin{cases}\frac{1}{b-a}, & a\leqslant x\leqslant b\\ 0, & \text{其他}\end{cases}$	$\frac{a+b}{2}$	$\frac{(b-a)^2}{12}$
$E(\lambda)$	$f(x)=\begin{cases}\lambda e^{-\lambda x}, & x\geqslant 0\\ 0, & x<0\end{cases}\quad(\lambda>0)$	λ^{-1}	λ^{-2}
$N(\mu,\sigma^2)$	$f(x)=\frac{1}{\sqrt{2\pi}\sigma}e^{-\frac{(x-\mu)^2}{2\sigma^2}}\quad(-\infty<x<+\infty)$	μ	σ^2 $\sigma>0$

2.4.3 随机变量函数的数学期望

2.4.3.1 离散型随机变量函数的分布

已知 X 的分布律为

X	x_1	x_2	$\cdots$	x_i	$\cdots$
p	p_1	p_2	$\cdots$	p_i	$\cdots$

求 $Y=g(X)$ 的分布律.

由于 X 是离散型随机变量，则 $Y=g(X)$ 仍是离散型随机变量，所以分布律为

Y	$g(x_1)$	$g(x_2)$	$\cdots$	$g(x_i)$	$\cdots$
p	p_1	p_2	$\cdots$	p_i	$\cdots$

若其中有某些 $g(x_i)$ 相等，则把相等的值分别合并，并相应地将其概率相加.

例 2-18 设 X 的分布律为

X	-1	0	1	2
p	0.2	0.3	0.1	0.4

试求（1）$Y=3X+2$；（2）$Y=X^2+1$ 的分布律.

解 （1）易知 Y 的可能取值为 -1，2，5，8，则 Y 的分布律为

Y	-1	2	5	8
p	0.2	0.3	0.1	0.4

（2）易知 Y 的可能取值为 1，2，5，且

$$P\{Y=1\}=P\{X^2+1=1\}=P\{X^2=0\}=P\{X=0\}=0.3$$

$$P\{Y=2\}=P\{X^2=1\}=P\{X=1\}+P\{X=-1\}=0.1+0.2=0.3$$

$$P\{Y=5\}=P\{X=2\}=0.4$$

则 Y 的分布律为

Y	1	2	5
p	0.3	0.3	0.4

2.4.3.2 连续型随机变量函数的分布

例 2-19 已知 X 的密度函数为 $f_X(x)$，求：$Y = aX + b(a \neq 0)$ 的密度函数 $f_Y(y)$.

解 $F_Y(y) = P\{Y \leqslant y\} = P\{aX + b \leqslant y\}$

$$= \begin{cases} P\{X \leqslant (y-b)/a\} = F_X\left(\dfrac{y-b}{a}\right), & a > 0 \\ P\{X \geqslant (y-b)/a\} = 1 - F_X\left(\dfrac{y-b}{a}\right), & a < 0 \end{cases}$$

将 $F_Y(y)$ 关于 y 求导，即得 Y 的密度函数为

$$f_Y(y) = F'_Y(y)$$

$$= \left.\begin{cases} F'_X\left(\dfrac{y-b}{a}\right)\dfrac{1}{a} = f_X\left(\dfrac{y-b}{a}\right)\dfrac{1}{a}, & a > 0 \\ -F'_X\left(\dfrac{y-b}{a}\right)\dfrac{1}{a} = -f_X\left(\dfrac{y-b}{a}\right)\dfrac{1}{a}, & a < 0 \end{cases}\right\} = f_X\left(\dfrac{y-b}{a}\right)\dfrac{1}{|a|}$$

一般有如下定理：

定理 3 设连续型随机变量 X 的密度函数为 $f_X(x)$，若 $y = g(X)$ 是处处可导且恒有 $g'(x) > 0$（或恒有 $g'(x) < 0$）的函数，其反函数为 $x = g^{-1}(y)$，则 $Y = g(X)$ 的密度函数为

$$f_Y(y) = \begin{cases} f_X(g^{-1}(y))\,|[g^{-1}(y)]'|, & \alpha < y < \beta \\ 0, & \text{其他} \end{cases}$$

其中 $\alpha = \min\{g(-\infty), g(+\infty)\}$，$\beta = \max\{g(-\infty), g(+\infty)\}$.

证明 仅证 $g(x)$ 单调递增 $\Rightarrow g'(x) > 0 \Rightarrow [g^{-1}(y)]' > 0$

因为在 (α, β) 内取值，所以

当 $y \leqslant \alpha$ 时，$F_Y(y) = P\{Y \leqslant y\} = 0$；

当 $y \geqslant \beta$ 时，$F_Y(y) = P\{Y \leqslant y\} = 1$；

当 $\alpha < y < \beta$ 时，因为

$$F_Y(y) = P\{Y \leqslant y\} = P\{g(X) \leqslant y\} = P\{X \leqslant g^{-1}(y)\} = F_X(g^{-1}(y))$$

将 $F_Y(y)$ 关于 y 求导，即得 Y 的密度函数为

$$f_Y(y) = F'_Y(y) = \begin{cases} f_X(g^{-1}(y))\,|[g^{-1}(y)]'|, & \alpha < y < \beta \\ 0, & \text{其他} \end{cases}$$

例 2-20 设随机变量 X 的密度函数为 $f_X(x) = \begin{cases} \lambda e^{-\lambda x}, & x \geqslant 0 \\ 0, & x < 0 \end{cases}$，其中 $\lambda > 0$. 试求 $Y = e^X$ 的密度函数 $f_Y(y)$.

解 由 $y = e^x$，得 $x = \ln y$，则 $\dfrac{dx}{dy} = \dfrac{1}{y}$；再由 $x \geqslant 0$，得 $y = e^x \geqslant 1$，由定理 3 可知

$$f_Y(y)=\begin{cases}f_X(\ln y)\left|\frac{1}{y}\right|=\lambda y^{-(1+\lambda)}, & y\geqslant 1\\ 0, & y<1\end{cases}\quad(\text{其中}\lambda>0)$$

当 X 是连续型随机变量时，求 $Y=g(X)$ 的概率密度的一般方法是：

（1）先求 Y 的分布函数 $F_Y(y)$ 的表达式，并将它由 X 的概率密度表示；

（2）再由 $F_Y(y)$ 对 y 求导，得 Y 的概率密度函数 $f_Y(y)$.

例 2-21 设 $X\sim N(0,1)$，试求 $Y=X^2$ 的概率密度.

解 X 的概率密度为

$$f_X(x)=\frac{1}{\sqrt{2\pi}}e^{-\frac{x^2}{2}}\quad(-\infty<x<+\infty)$$

由于 $Y=X^2\geqslant 0$，故当 $y\leqslant 0$ 时，有

$$F_Y(y)=P\{Y\leqslant y\}=P\{X^2\leqslant y\}=0$$

当 $y>0$ 时，有 $F_Y(y)=P\{Y\leqslant y\}=P\{X^2\leqslant y\}=P\{-\sqrt{y}\leqslant X\leqslant\sqrt{y}\}=\int_{-\sqrt{y}}^{\sqrt{y}}\frac{1}{\sqrt{2\pi}}e^{-\frac{x^2}{2}}dx$.

$$f_Y(y)=[F_Y(y)]'=\begin{cases}\frac{1}{\sqrt{2\pi y}}e^{-\frac{y}{2}}, & y>0\\ 0, & y\leqslant 0\end{cases}$$

注：在求 $Y=g(X)$ 的分布函数 $F_Y(y)$ 时，关键的一步是把事件 $\{g(X)\leqslant y\}$ 转换为 X 在一定范围内取值的形式，即当 $y>0$ 时，事件 $\{X^2\leqslant y\}$ 可以表示成 $\{-\sqrt{y}\leqslant X\leqslant\sqrt{y}\}$. 这种做法具有普遍性. 一般来说都可以用这样的方法来求连续型随机变量的分布函数或概率密度.

在实际问题与理论研究中，我们经常需要求随机变量函数的数学期望. 这时，可以通过下面的定理来实现.

定理 4 设 Y 是随机变量 X 的函数 $Y=g(X)$（其中 g 是连续函数）.

（1）X 是离散型随机变量，它的分布律为 $P\{X=x_k\}=p_k, k=1,2,\cdots$，若级数 $\sum_{k=1}^{\infty}g(x_k)p_k$ 绝对收敛，则有

$$E(Y)=E[g(X)]=\sum_k g(x_k)p_k \tag{2-20}$$

（2）X 是连续型随机变量，其密度函数为 $f(x)$，若 $\int_{-\infty}^{+\infty}g(x)f(x)dx$ 绝对收敛，则有

$$E(Y)=E[g(X)]=\int_{-\infty}^{+\infty}g(x)f(x)dx \tag{2-21}$$

2.5 联合分布的随机变量

用来描述一个随机试验结果的随机变量组称为多维随机变量或随机向量，随机变量组中随机变量的个数称为多维随机变量的维数. 本节主要讨论二维随机变量. 下面我们先介绍二维随机变量及其分布，并推广到 n 维.

2.5.1 联合分布函数

定义 9 设 E 是一个随机试验，它的样本空间为 $\Omega=\{\omega\}$. 设 $X=X(\omega)$ 与 $Y=Y(\omega)$ 是定义在 Ω 上的两个随机变量，则由 X，Y 构成的二维向量 $(X(\omega), Y(\omega))$ 称为二维随机向量 (2-dimensional random vector) 或二维随机变量 (2-dimensional random varible)，简记为 (X,Y).

类似地，可定义 n 维随机向量或 n 维随机变量 $(n>2)$.

设 E 是一个随机试验，它的样本空间为 $\Omega=\{\omega\}$. 设 $X_1(\omega),X_2(\omega),\cdots, X_n(\omega)$ 是定义在同一个样本空间 Ω 上的 n 个随机变量. 则称向量 $(X_1(\omega),X_2(\omega),\cdots, X_n(\omega))$ 为 Ω 上的 n 维随机向量或 n 维随机变量，简记为 $(X_1,X_2,\cdots,X_n)$.

定义 10 设 (X,Y) 为二维随机变量，对于任意的实数 x，y，称二元函数

$$F(x,y)=P\{X\leqslant x,Y\leqslant y\} \tag{2-22}$$

为二维随机变量 (X,Y) 的分布函数，或称为随机变量 X 和 Y 的联合分布函数.

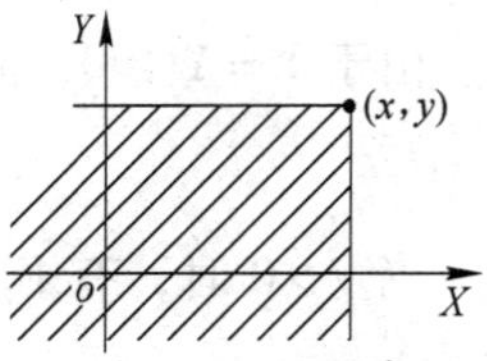

图 2-5

类似地，可定义 n 维随机变量 $(X_1,X_2,\cdots,X_n)$ 的分布函数.

设 $(X_1,X_2,\cdots,X_n)$ 为 n 维随机变量，对于任意的实数 $x_1,x_2,\cdots,x_n$，称 n 元函数 $F(x_1,x_2\cdots,x_n)=P\{X_1\leqslant x_1, X_2\leqslant x_2,\cdots,X_n\leqslant x_n\}$ 为 n 维随机变量 $(X_1,X_2,\cdots,X_n)$ 的联合分布函数.

若将二维随机变量 (X,Y) 看作是平面上具有随机分布的点，则 $F(x,y)$ 为随机点落在以 (x,y) 为顶点，位于该点左下方的无穷矩形区域内的概率，如图 2-5 所示.

依照上述解释，可以算出随机点 (X,Y) 落在矩形 $\{x_1<X\leqslant x_2,\ y_1<Y\leqslant y_2\}$ 区域内的概率为

$$\begin{aligned}&P\{x_1<X\leqslant x_2,\ y_1<Y\leqslant y_2\}\\&=F(x_2,y_2)-F(x_1,y_2)-F(x_2,y_1)+F(x_1,y_1)\end{aligned} \tag{2-23}$$

分布函数 $F(x,y)$ 具有以下基本性质：

(1) $F(x,y)$ 分别对 x 和 y 单调不减，即

对 $\forall$ 固定的 y，当 $x_1<x_2$ 时，$F(x_1,y)\leqslant F(x_2,y)$；

对 $\forall$ 固定的 x，当 $y_1<y_2$ 时，$F(x,y_1)\leqslant F(x,y_2)$.

(2) $0\leqslant F(x,y)\leqslant 1$，且 $F(-\infty,-\infty)=\lim\limits_{\substack{x\to-\infty\\y\to-\infty}}F(x,y)=0$，

$F(+\infty,+\infty)=\lim\limits_{\substack{x\to+\infty\\y\to+\infty}}F(x,y)=1$，

对 $\forall$ 固定的 x，$F(x,-\infty)=\lim\limits_{y\to-\infty}F(x,y)=0$；

对 $\forall$ 固定的 y，$F(-\infty,y)=\lim\limits_{x\to-\infty}F(x,y)=0$.

(3) $F(x,y)$ 关于 x 和 y 是右连续的，即

对 $\forall$ 固定的 y，$F(x_0+0,y)=\lim\limits_{x\to x_0^+}F(x,y)=F(x_0,y)$；

对 $\forall$ 固定的 x，$F(x,y_0+0)=\lim\limits_{y\to y_0^+}F(x,y)=F(x,y_0)$.

(4) 对$\forall x_1 < x_2 \in \mathbf{R}$，$y_1 < y_2 \in \mathbf{R}$，下述不等式成立：

$$F(x_2, y_2) - F(x_1, y_2) - F(x_2, y_1) + F(x_1, y_1) \geqslant 0$$

二维随机变量 (X,Y) 作为一个整体，它具有分布函数 $F(x,y)$，而 X 和 Y 都是随机变量，各自也有分布函数，分别记为 $F_X(x)$、$F_Y(x)$，依次称为二维随机变量 (X,Y) 关于 X 和 Y 的边缘分布函数（marginal distribtion function）.

$$F_X(x) = P(X \leqslant x) = P\{X \leqslant x, Y < +\infty\} = F(x, +\infty) \tag{2-24}$$

$$F_Y(x) = P\{Y \leqslant y\} = F(+\infty, y) \tag{2-25}$$

定义 11 如果二维随机变量 (X,Y) 的所有可能取值是有限对或可列无限多对，则称 (X,Y) 为二维离散型随机变量.

设二维随机变量 (X,Y) 所有可能取的值为 $(x_i, y_j), i, j = 1,2,\cdots$，且 (X,Y) 取各对可能值的概率为

$$P\{X = x_i, Y = y_j\} = p_{ij}, i, j = 1,2,\cdots \tag{2-26}$$

称式 (2-26) 为 (X,Y) 的联合分布律，离散型随机变量 (X,Y) 的联合分布律可用表 2-10 表示.

表 2-10

$X \backslash Y$	y_1	y_2	$\cdots$	y_j	$\cdots$
x_1	P_{11}	P_{12}	$\cdots$	P_{1j}	$\cdots$
x_2	P_{21}	P_{22}	$\cdots$	P_{2j}	$\cdots$
$\vdots$	$\vdots$	$\vdots$	$\vdots$	$\vdots$	$\vdots$
x_i	P_{i1}	P_{i2}	$\cdots$	P_{ij}	$\cdots$
$\vdots$	$\vdots$	$\vdots$	$\vdots$	$\vdots$	$\vdots$

由概率的定义，(X,Y) 的联合分布律具有以下性质：

(1) 非负性：$p_{ij} \geqslant 0 (i, j = 1, 2, \cdots)$；

(2) 规范性：$\sum_{i=1}^{\infty} \sum_{j=1}^{\infty} p_{ij} = 1$.

知道了 (X,Y) 的联合分布律以后，可以求其联合分布函数：

$$F(x,y) = P\{X \leqslant x, Y \leqslant y\} = \sum_{i: x_i \leqslant x} \sum_{j: y_j \leqslant y} P\{X = x_i, Y = y_j\} = \sum_{i: x_i \leqslant x} \sum_{j: y_j \leqslant y} p_{ij}$$

其中和式是对一切满足 $x_i \leqslant x$，$y_j \leqslant y$ 的 i，j 来求和的.

二维随机变量 (X,Y) 的联合分布函数 $F(x,y)$ 可以确定边缘分布函数 $F_X(x)$、$F_Y(x)$，同样，二维离散型随机变量 (X,Y) 的联合分布律也可以确定其边缘分布律.

设 (X,Y) 是二维离散型随机变量，其分布律为

$$P\{X = x_i, Y = y_j\} = p_{ij}, i, j = 1,2,\cdots$$

于是，X 的边缘分布律为

$$P\{X = x_i\} = \sum_{j=1}^{\infty} p_{ij} \triangleq p_{i\cdot}, \text{对固定的 } i \tag{2-27}$$

事实上：$\sum_{j=1}^{\infty} p_{ij} = \sum_{j=1}^{\infty} P\{X = x_i, Y = y_j\} = P(\bigcup_{j=1}^{\infty} \{X = x_i, Y = y_j\})$

$$= P\{X = x_i\} \cap [\bigcup_{j=1}^{\infty} \{Y = y_j\}] = P\{X = x_i\}$$

Y 的边缘分布律为

$$P\{Y = y_j\} = \sum_{i=1}^{\infty} p_{ij} \triangleq p_{\cdot j} \quad (\text{对固定的} j) \tag{2-28}$$

事实上：$\sum_{i=1}^{\infty} p_{ij} = \sum_{i=1}^{\infty} P\{X = x_i, Y = y_j\} = P(\bigcup_{i=1}^{\infty} \{X = x_i, Y = y_j\})$

$$= P(\bigcup_{i=1}^{\infty} \{X = x_i\} \cap \{Y = y_j\}) = P\{Y = y_j\}$$

上述关于联合分布律与边缘分布律之间的关系可用表 2-11 来表示.

表 2-11

X \ Y	y_1	y_2	…	y_j	…	$P_{i\cdot}$
x_1	P_{11}	P_{12}	…	P_{1j}	…	$P_{1\cdot}$
x_2	P_{21}	P_{22}	…	P_{2j}	…	$P_{2\cdot}$
⋮	⋮	⋮	⋮	⋮	⋮	⋮
x_i	P_{i1}	P_{i2}	…	P_{ij}	…	$P_{i\cdot}$
⋮	⋮	⋮	⋮	⋮	⋮	⋮
$P_{\cdot j}$	$P_{\cdot 1}$	$P_{\cdot 2}$	…	$P_{\cdot j}$	…	$\Sigma = 1$

例 2-22 设袋中有 2 只白球，3 只黑球．现从其中随机地抽取两次，每次取一个，定义随机变量如下：$X = \begin{cases} 1, & \text{第一次摸到白球} \\ 0, & \text{第一次摸到黑球} \end{cases}$，$Y = \begin{cases} 1, & \text{第二次摸到白球} \\ 0, & \text{第二次摸到黑球} \end{cases}$，写出下列两种试验的随机变量 (X,Y) 的联合分布律 p_{ij} 以及 X 和 Y 的边缘分布律 $p_{i\cdot}$ 和 $p_{\cdot j}$.

（1）有放回摸球；（2）无放回摸球.

解 （1）有放回情形由表 2-12 给出.

表 2-12

Y \ X	0	1	$p_{\cdot j}$
0	$\frac{3}{5} \cdot \frac{3}{5}$	$\frac{2}{5} \cdot \frac{3}{5}$	$\frac{3}{5}$
1	$\frac{3}{5} \cdot \frac{2}{5}$	$\frac{2}{5} \cdot \frac{2}{5}$	$\frac{2}{5}$
$p_{i\cdot}$	$\frac{3}{5}$	$\frac{2}{5}$	

（2）无放回情形由表 2-13 给出.

表 2-13

Y \ X	0	1	$p_{\cdot j}$
0	$\frac{2}{4}\cdot\frac{3}{5}$	$\frac{2}{5}\cdot\frac{2}{4}$	$\frac{3}{5}$
1	$\frac{2}{4}\cdot\frac{3}{5}$	$\frac{2}{5}\cdot\frac{1}{4}$	$\frac{2}{5}$
$p_{i\cdot}$	$\frac{3}{5}$	$\frac{2}{5}$	

2.5.2 二维连续型随机变量及其分布

定义 12 设 (X,Y) 为二维随机变量. $F(x,y)$ 为其联合分布函数. 若存在非负可积的函数 $f(x,y)$，使对 $\forall\,(x,y)\in\mathbf{R}^2$，有

$$F(x,y) = P(X\leqslant x, Y\leqslant y) = \int_{-\infty}^{x}\int_{-\infty}^{y} f(u,v)\,\mathrm{d}u\mathrm{d}v \tag{2-29}$$

则称 (X,Y) 为二维连续型随机变量，称 $f(x,y)$ 为 (X,Y) 的联合分布密度或概率密度.

概率密度 $f(x,y)$ 具有如下性质：

（1）非负性：$f(x,y)\geqslant 0$；

（2）规范性：$\int_{-\infty}^{+\infty}\int_{-\infty}^{+\infty} f(x,y)\,\mathrm{d}x\mathrm{d}y = 1$；

（3）若 $f(x,y)$ 在点 (x,y) 连续，则有

$$\frac{\partial^2 F(x,y)}{\partial x\partial y} = f(x,y)$$

设 D 为 xoy 平面上的任一区域，点 (X,Y) 落在 D 内的概率为

$$P\{(X,Y)\in D\} = \iint_D f(x,y)\,\mathrm{d}x\mathrm{d}y \tag{2-30}$$

（该公式为 $P\{a<X\leqslant b\} = \int_a^b f(x)\,\mathrm{d}x$ 的扩充）

设 (X,Y) 为二维连续型随机变量，其概率密度 $f(x,y)$，

由
$$F_X(x) = F(x,+\infty) = \int_{-\infty}^{x}\left[\int_{-\infty}^{+\infty} f(u,v)\,\mathrm{d}v\right]\mathrm{d}u$$

则 X 是一个连续型随机变量，其概率密度为

$$f_X(x) = \int_{-\infty}^{+\infty} f(x,y)\,\mathrm{d}y \tag{2-31}$$

同样，Y 也是一个连续型随机变量，则其概率密度为

$$f_Y(y) = \int_{-\infty}^{+\infty} f(x,y)\,\mathrm{d}x \tag{2-32}$$

我们分别称 $f_X(x)$，$f_Y(y)$ 为 (X,Y) 关于 X 和 Y 的边缘概率密度.

例 2-23 已知二维随机变量 (X,Y) 具有密度函数

$$f(x,y)=\begin{cases} ce^{-2(x+y)}, & 0<x<\infty, \quad 0<y<\infty \\ 0, & \text{其他} \end{cases}$$

试求：(1) 常数 c, $F(x,y)$ 及 $F_x(x)$, $F_y(y)$, $f_X(x)$, $f_Y(y)$;

(2) $P\{(X,Y)\in G\}$. 其中 G 由 $x=0$, $y=0$ 及 $x+y\leqslant 1$ 围成.

解 (1) 由 $$1=\int_{-\infty}^{+\infty}\int_{-\infty}^{+\infty}f(x,y)\mathrm{d}x\mathrm{d}y=\int_0^{+\infty}\int_0^{+\infty}ce^{-2(x+y)}\mathrm{d}x\mathrm{d}y$$

$$=c\int_0^{\infty}e^{-2x}\mathrm{d}x\int_0^{\infty}e^{-2y}\mathrm{d}y=\frac{c}{4}$$

得 $$c=4$$

$$F(x,y)=\int_{-\infty}^{x}\int_{-\infty}^{y}f(u,v)\mathrm{d}v\mathrm{d}u$$

$$=\begin{cases}\int_{-\infty}^{x}\int_{-\infty}^{y}4e^{-2(u+v)}\mathrm{d}u\mathrm{d}v=(1-e^{-2x})(1-e^{-2y}), & x>0,y>0 \\ 0, & \text{其他}\end{cases}$$

$$F_X(x)=F(x,+\infty)=\begin{cases}\int_0^{x}\int_0^{\infty}4e^{-2(u+v)}\mathrm{d}u\mathrm{d}v=1-e^{-2x}, & x>0 \\ 0, & x\leqslant 0\end{cases}$$

$$f_X(x)=\frac{\mathrm{d}F_X(x)}{\mathrm{d}x}=\begin{cases}2e^{-2x}, & x>0 \\ 0, & x\leqslant 0\end{cases}$$

同理: $$F_Y(y)=\begin{cases}1-e^{-2y}, & y>0 \\ 0, & y\leqslant 0\end{cases}$$

$$f_Y(y)=\frac{\mathrm{d}F_Y(y)}{\mathrm{d}y}=\begin{cases}2e^{-2y}, & y>0 \\ 0, & y\leqslant 0\end{cases}$$

(2) 由于 $D=\{(x,y)\mid x>0,y>0\}$,

$$P\{(X,Y)\in G\}=\iint_{D\cap G}f(x,y)\mathrm{d}x\mathrm{d}y=\iint_{G}f(x,y)\mathrm{d}x\mathrm{d}y$$

$$=\int_0^1\left(\int_0^{1-y}4e^{-2(x+y)}\mathrm{d}x\right)\mathrm{d}y$$

$$=\int_0^1 2e^{-2y}(1-e^{-2(1-y)})\mathrm{d}y=1-3e^{-2}$$

2.5.3 二维随机变量的条件分布

定义 13 设 (X,Y) 是二维离散型随机变量，对于固定的 j，若 $P\{Y=y_j\}>0$，则称

$$P_{X|Y}(x_i\mid y_j)=P(X=x_i\mid Y=y_j)=\frac{P(X=x_i,Y=y_j)}{P(Y=y_j)}=\frac{p_{ij}}{p_{\cdot j}},\quad i=1,2,\cdots \tag{2-33}$$

为在 $Y=y_j$ 条件下随机变量 X 的条件分布律 (conditional distribution).

由定义得 $\sum_i P_{X|Y}(x_i\mid y_j)=\sum_i\frac{p_{ij}}{p_{\cdot j}}=\frac{1}{p_{\cdot j}}\sum_i p_{ij}=\frac{1}{p_{\cdot j}}\cdot p_{\cdot j}=1$.

同样，对于固定的 i，若 $P\{X=x_i\}>0$，则称

$$P_{Y|X}(y_j|x_i)=P(Y=y_j|X=x_i)=\frac{P(X=x_i,Y=y_j)}{P(X=x_i)}=\frac{p_{ij}}{p_{i\cdot}},\quad j=1,2,\cdots \tag{2-34}$$

为在 $X=x_i$ 条件下随机变量 Y 的条件分布律. 由定义也得

$$\sum_j P_{Y|X}(y_j|x_i)=\sum_j\frac{p_{ij}}{p_{i\cdot}}=\frac{1}{p_{i\cdot}}\sum_j p_{ij}=\frac{1}{p_{i\cdot}}\cdot p_{i\cdot}=1$$

例 2-24 随机变量 (X,Y) 的分布律为

$X \backslash Y$	1	2	3
1	0.1	0.2	0.3
2	0.2	0.05	0.15

求 $P\{X=2|Y=2\}$ 及 $P\{Y=2|X=2\}$.

解 由式（2-33）及式（2-34）得

$$P\{X=2|Y=2\}=\frac{P\{X=2,Y=2\}}{\sum_{i=1}^{2}P\{X=i,Y=2\}}=\frac{0.05}{0.25}=\frac{1}{5}$$

$$P\{Y=2|X=2\}=\frac{P\{X=2,Y=2\}}{\sum_{j=1}^{3}P\{X=2,Y=j\}}=\frac{0.05}{0.4}=\frac{1}{8}$$

定义 14 设 (X,Y) 为二维连续型随机变量，概率密度为 $f(x,y)$，其关于 X 的边缘概率密度为 $f_X(x)$，其关于 Y 的边缘概率密度为 $f_Y(y)$.

（1）$f_Y(y)>0$,则在 $Y=y$ 条件下，连续随机变量 X 的条件分布函数记作 $F_{X|Y}(x|y)$.

给定 y，对于一固定的非常小的正数 $\Delta y>0$，如果 $P\{y<Y\leqslant y+\Delta y\}>0$，则条件概率

$$P(X\leqslant x|y<Y\leqslant y+\Delta y)=\frac{P(X\leqslant x,y<Y\leqslant y+\Delta y)}{P(y<Y\leqslant y+\Delta y)}$$

$$=\frac{\int_y^{y+\Delta y}\mathrm{d}y\int_{-\infty}^{x}f(x,y)\,\mathrm{d}x}{\int_y^{y+\Delta y}f_Y(y)\,\mathrm{d}y}$$

由积分中值定理

$$\int_y^{y+\Delta y}\mathrm{d}y\int_{-\infty}^{x}f(x,y)\,\mathrm{d}x=\int_{-\infty}^{x}f(x,y+\theta_1\cdot\Delta y)\,\Delta y\mathrm{d}x$$

$$\int_y^{y+\Delta y}f_Y(y)\,\mathrm{d}y=f_Y(y+\theta_2\cdot\Delta y)\cdot\Delta y$$

则

$$P(X\leqslant x|y<Y\leqslant y+\Delta y)=\frac{\int_{-\infty}^{x}f(x,y+\theta_1\cdot\Delta y)\,\mathrm{d}x}{f_Y(y+\theta_2\cdot\Delta y)}$$

所以

$$F_{X|Y}(x|y) = \lim_{\Delta y \to 0} P(X \leqslant x \mid y < Y \leqslant y + \Delta y) = \frac{\int_{-\infty}^{x} f(x,y)\,dx}{f_Y(y)}$$

$F_{X|Y}(x|y)$ 对 x 求导，得

$$f_{X|Y}(x|y) = \frac{f(x,y)}{f_Y(y)}$$

称 $f_{X|Y}(x|y)$ 为在 $Y=y$ 条件下，连续型随机变量 X 的条件概率密度函数.

（2）$f_X(x)>0$，则在 $X=x$ 的条件下，连续随机变量 Y 的条件分布函数：

$$F_{Y|X}(y|x) = \frac{\int_{-\infty}^{y} f(x,y)\,dy}{f_X(x)} = \int_{-\infty}^{y} f_{Y|X}(y|x)\,dy$$

$f_Y(y)>0$，则在 $Y=y$ 的条件下，连续随机变量 X 的条件分布函数：

$$F_{X|Y}(x|y) = \frac{\int_{-\infty}^{x} f(x,y)\,dx}{f_Y(y)} = \int_{-\infty}^{x} f_{X|Y}(x|y)\,dx$$

条件概率密度函数：

$$f_{Y|X}(y|x) = \frac{f(x,y)}{f_X(x)},\quad f_{X|Y}(x|y) = \frac{f(x,y)}{f_Y(y)}$$

例 2-25 设 G 是平面上的有界区域，其面积为 A. 若二维随机变量 (X,Y) 具有概率密度 $f(x,y) = \begin{cases} \dfrac{1}{A}, & (x,y) \in G \\ 0, & 其他 \end{cases}$，则称 (X,Y) 在 G 上服从均匀分布. 现设二维随机变量 (X,Y) 在圆域 $x^2+y^2 \leqslant 1$ 上服从均匀分布，求条件概率密度 $f_{X|Y}(x|y)$.

解 连续型随机变量 (X,Y) 的概率密度为

$$f(x,y) = \begin{cases} \dfrac{1}{\pi}, & x^2+y^2 \leqslant 1 \\ 0, & 其他 \end{cases}$$

其边缘概率密度为

$$f_Y(y) = \int_{-\infty}^{\infty} f(x,y)\,dx$$

$$= \begin{cases} \displaystyle\int_{-\sqrt{1-y^2}}^{\sqrt{1-y^2}} \frac{1}{\pi}\,dx = \frac{2}{\pi}\sqrt{1-y^2}, & -1 \leqslant y \leqslant 1 \\ 0, & 其他 \end{cases}$$

于是当 $-1<y<1$ 时有

$$f_{X|Y}(x|y) = \begin{cases} \dfrac{1/\pi}{(2/\pi)\sqrt{1-y^2}} = \dfrac{1}{2\sqrt{1-y^2}}, & |x| \leqslant \sqrt{1-y^2} \\ 0, & 其他 \end{cases}$$

例 2-26 设数 X 在区间 $(0,1)$ 上随机地取值，当观察到 $X=x(0<x<1)$ 时，数 Y 在区间 $(x,1)$ 上随机地取值，求 Y 的概率密度 $f_Y(y)$.

解 按题意 X 具有概率密度

$$f_X(x)=\begin{cases}1, & 0<x<1\\ 0, & \text{其他}\end{cases}$$

对任意给定的值 $x(0<x<1)$，在 $X=x$ 条件下，Y 的条件概率密度为

$$f_{Y|X}(y|x)=\begin{cases}\dfrac{1}{1-x}, & x<y<1\\ 0, & \text{其他}\end{cases}$$

由上式得 X 和 Y 的联合概率密度为

$$f(x,y)=f_x(x)f_{Y|X}(y|x)=\begin{cases}\dfrac{1}{1-x}, & 0<x<y<1\\ 0, & \text{其他}\end{cases}$$

于是得关于 Y 的边缘概率密度为

$$f_Y(y)=\int_{-\infty}^{\infty}f(x,y)\,\mathrm{d}x$$

$$=\begin{cases}\displaystyle\int_0^y\frac{1}{x-1}\mathrm{d}x=-\ln(1-y), & 0<y<1\\ 0, & \text{其他}\end{cases}$$

2.5.4 随机变量的相互独立性

定义 15 设 X 和 Y 为两个随机变量，并设 $F(x,y),F_X(x),F_Y(y)$ 分别是二维随机变量 (X,Y) 的分布函数及边缘分布函数，若对于任意的实数 x，y，有

$$P\{X\leqslant x,Y\leqslant y\}=P\{X\leqslant x\}\cdot P\{Y\leqslant y\}$$

即

$$F(x,y)=F_X(x)\cdot F_Y(y)\tag{2-35}$$

则称随机变量 X 与 Y 相互独立.

(1) 设 (X,Y) 是二维离散型随机变量，则 X，Y 相互独立的充要条件是

$$p\{X=x_i,Y=y_i\}=p\{X=x_i\}\cdot p\{Y=y_i\}\tag{2-36}$$

即

$$p_{ij}=p_{i\cdot}\cdot p_{\cdot j}\quad(i,\ j=1,2,\cdots)$$

这里 p_{ij}，$p_{i\cdot}$，$p_{\cdot j}$ 分别是 (X,Y)，X，Y 的分布律.

例 2-27 设二维随机变量 (X,Y) 的联合分布律为

Y \ X	1	2	3	$P_{\cdot j}$
1	1/8	a	1/24	
2	b	1/4	1/8	$(3/8)+b$
$p_{i\cdot}$		$(1/4)+a$		$\sum=1$

求：1）求 a，b 应满足的条件；

2）若 X 与 Y 相互独立，求 a，b 的值.

解 1）根据非负性和规范性可知：$a>0$，$b>0$ 且 $a+b=\frac{11}{24}$.

2）因为 X 与 Y 相互独立，则知 $p_{ij}=p_{i\cdot}\cdot p_{\cdot j}$

故
$$\begin{cases} p_{22}=\frac{1}{4}=\left(\frac{1}{4}+a\right)\left(\frac{3}{8}+b\right) \\ a+b=\frac{11}{24} \end{cases}$$

得
$$\begin{cases} a=\frac{1}{12} \\ b=\frac{9}{24} \end{cases}$$

（2）设 (X,Y) 是二维连续型随机变量，则 X，Y 相互独立的充要条件是联合概率密度等于边缘概率密度的乘积，即

$$f(x,y)=f_X(x)\cdot f_Y(y) \tag{2-37}$$

其中 $f(x,y)$，$f_X(x)$，$f_Y(y)$ 分别是 (X,Y) 的联合概率密度及边缘概率密度.

证明：

“$\Leftarrow$”若 $f(x,y)=f_X(x)\cdot f_Y(y)$，则

$$\begin{aligned} F(x,y) &= \int_{-\infty}^{x}\int_{-\infty}^{y} f(u,v)\,\mathrm{d}u\mathrm{d}v \\ &= \int_{-\infty}^{x}\int_{-\infty}^{y} f_X(u)\cdot f_Y(v)\,\mathrm{d}v\mathrm{d}v \\ &= \int_{-\infty}^{x} f_X(u)\,\mathrm{d}u\int_{-\infty}^{y} f_Y(v)\,\mathrm{d}v \\ &= F_X(x)\cdot F_Y(y) \end{aligned}$$

即 X,Y 相互独立.

“$\Rightarrow$”由独立的定义

$$\begin{aligned} F(x,y) &= F_X(x)\cdot F_Y(y) \\ &= \int_{-\infty}^{x} f_X(u)\,\mathrm{d}u\int_{-\infty}^{y} f_Y(v)\,\mathrm{d}v \\ &= \int_{-\infty}^{x}\int_{-\infty}^{y} f_X(u)\cdot f_Y(v)\,\mathrm{d}v\mathrm{d}v \end{aligned}$$

由联合密度函数的定义知：$f_X(x)\cdot f_Y(y)$ 是 (X,Y) 的联合密度函数，即

$$f(x,y)=f_X(x)\cdot f_Y(y)$$

例 2-28 设 X 与 Y 是两个相互独立的随机变量，X 在 $(0,0.2)$ 上服从均匀分布，Y 的概率密度为

$$f_Y(y) = \begin{cases} 5e^{-5y}, & y > 0 \\ 0, & \text{其他} \end{cases}$$

求 $P\{Y \leq X\}$.

解 由已知条件得 $f_X(x) = \begin{cases} \dfrac{1}{0.2}, & 0 < x < 0.2 \\ 0, & \text{其他} \end{cases}$

X 与 Y 相互独立，故 (X,Y) 的概率密度为

$$f(x,y) = f_X(x) \cdot f_Y(y) = \begin{cases} 25e^{-5y}, & 0 < x < 0.2, y > 0 \\ 0, & \text{其他} \end{cases}$$

$$P\{Y \leq X\} = \iint\limits_{D \cap G} f(x,y)\,dxdy = \int_0^{0.2} dx \int_0^x 25e^{-5y} dy = 0.3679$$

其中 $D = \{(x,y) \mid 0 < x < 0.2, y > 0\}$，$G = \{(x,y) \mid y \leq x$.

以上所述关于二维随机变量的联合分布函数、联合概率密度、独立性等概念，容易推广到 n 维随机变量中去.

2.5.5 协方差与相关系数

对于二维随机变量(X,Y)，$E(X)$，$E(Y)$只反映了 X 和 Y 各自的平均值，而 $D(X)$，$D(Y)$只反映了 X 和 Y 各自离开平均值的偏离程度，它们对 X 和 Y 之间的相互联系没有提供任何信息. 在实际问题中，每对随机变量往往相互影响、相互联系. 例如，人的年龄与身高；某种产品的产量与价格等. 随机变量的这种相互联系称为相关关系，它们也是一类重要的数字特征.

定义 16 设 (X,Y) 是二维随机变量，若

$$E[X - E(X)][Y - E(Y)]$$

存在，则称它为随机变量 X 与 Y 的协方差（covariance），记为 $\text{cov}(X,Y)$，即

$$\text{cov}(X,Y) = E[X - E(X)][Y - E(Y)] \tag{2-38}$$

协方差具有下列性质：

(1) $\text{cov}(X,Y) = \text{cov}(Y,X), \text{cov}(X,X) = D(X)$.

(2) $\text{cov}(X,Y) = E(XY) - E(X)E(Y)$.

证
$$\begin{aligned}\text{cov}(X,Y) &= E[XY - XE(Y) - YE(X) + E(X)E(Y)] \\ &= E(XY) - E(X)E(Y) - E(X)E(Y) + E(X)E(Y) \\ &= E(XY) - E(X)E(Y)\end{aligned}$$

这是求协方差比较实用的公式.

(3) $D(X \pm Y) = D(X) + D(Y) \pm 2\text{cov}(X,Y)$.

证
$$\begin{aligned}D(X \pm Y) &= E[(X \pm Y) - E(X \pm Y)]^2 = E[(X - E(X)) \pm (Y - E(Y))]^2 \\ &= D(X) + D(Y) \pm 2\text{cov}(X,Y)\end{aligned}$$

（推广） $$D\left(\sum_{i=1}^n X_i\right) = \sum_{i=1}^n D(X_i) + 2\sum_{i<j}\sum \text{cov}(X_i, X_j)$$

（4）$\mathrm{cov}(aX,bY)=ab\mathrm{cov}(X,Y)$，$a$，$b$ 是常数.

（5）$\mathrm{cov}(X_1+X_2,Y)=\mathrm{cov}(X_1,Y)+\mathrm{cov}(X_2,Y)$.

（6）若 X 与 Y 相互独立，则 $\mathrm{cov}(X,Y)=0$.

例 2-29　(X,Y) 的分布律为：

Y \ X	−1	1
1	$\frac{1}{2}$	0
1	0	$\frac{1}{2}$

(X',Y') 的分布律为：

Y′ \ X′	−10	10
−10	$\frac{1}{2}$	0
10	0	$\frac{1}{2}$

解　计算可得 $E(X)=E(Y)=E(X')=E(Y')=0$，

而 $\mathrm{cov}(X,Y)=E(XY)=1\cdot1\cdot\frac{1}{2}+(-1)\cdot(-1)\cdot\frac{1}{2}=1$，

$\mathrm{cov}(X',Y')=E(X'\cdot Y')=10\cdot10\cdot\frac{1}{2}+(-10)\cdot(-10)\cdot\frac{1}{2}=100$.

由此并不能说 (X',Y') 比 (X,Y) 间的联系紧密.

定义 17　设 $\mathrm{cov}(X,Y)$ 存在，且 $D(X)$，$D(Y)$ 不为零，则称 $\frac{\mathrm{cov}(X,Y)}{\sqrt{D(X)}\sqrt{D(Y)}}$ 为随机变量 X 与 Y 的相关系数（correlation coefficient）或标准协方差（standard covariance），记为 ρ_{XY}（或 ρ），即

$$\rho_{XY}=\frac{\mathrm{cov}(X,Y)}{\sqrt{D(X)}\sqrt{D(Y)}} \tag{2-39}$$

令

$$X^*=\frac{X-E(X)}{\sqrt{D(X)}},\quad Y^*=\frac{Y-E(Y)}{\sqrt{D(Y)}}$$

即 X^*，Y^* 分别是 X 与 Y 的标准化随机变量. 由协方差的定义，可知

$$\rho_{XY}=\mathrm{cov}(X^*,Y^*)$$

下面讨论相关系数 ρ_{XY} 到底表示 X 与 Y 之间的什么联系. 为此，给出下面定理.

定理 5　设 ρ 是 X 与 Y 的相关系数，则

（1）$|\rho|\leqslant1$（$\rho>0$ 称正相关，$\rho<0$ 称负相关）；

（2）$|\rho|=1$ 的充要条件是：存在常数 a，b，使

$$P\{Y=aX+b\}=1$$

即 X 与 Y 以概率 1 存在线性关系.

该定理的证明略去，有兴趣的读者可以参考有关文献.

定理 5 告诉我们，相关系数 ρ_{XY} 描述了随机变量 X、Y 的线性相关程度，$|\rho|$ 愈接近 1，则 X 与 Y 之间愈接近线性关系. 当 $|\rho|=1$ 时，X 与 Y 存在线性关系，特别，如果 $\rho_{XY}=0$，则 X 与 Y 不相关，说明 X 与 Y 没有线性关系.

我们应当注意，两个随机变量 X 与 Y 之间的不相关性和相互独立性一般是不同的. 诚然，由相关系数的定义可以推得当变量 X，Y 相互独立时，必有 $\rho_{XY}=0$，即 X，Y 不相关；但反之不然.

例 2-30 设随机变量 Z 服从 $[-\pi, \pi]$ 上的均匀分布，又 $X=\sin Z$，$Y=\cos Z$，试求相关系数 ρ_{XY}.

解
$$E(X) = \frac{1}{2\pi}\int_{-\pi}^{\pi}\sin z\mathrm{d}z = 0,\ E(Y) = \frac{1}{2\pi}\int_{-\pi}^{\pi}\cos z\mathrm{d}z = 0$$
$$E(X^2) = \frac{1}{2\pi}\int_{-\pi}^{\pi}\sin^2 z\mathrm{d}z = \frac{1}{2},\ E(Y^2) = \frac{1}{2\pi}\int_{-\pi}^{\pi}\cos^2 z\mathrm{d}z = \frac{1}{2}$$
$$E(XY) = \frac{1}{2\pi}\int_{-\pi}^{\pi}\sin z\cos z\mathrm{d}z = 0$$
故
$$\mathrm{cov}(X,Y) = 0$$
则
$$\rho_{XY} = 0$$
此题相关系数 $\rho_{XY}=0$，即随机变量 X 与 Y 不相关，但却有 $X^2+Y^2=1$，从而 X 与 Y 不相互独立.

例 2-31 设 (X,Y) 服从二维正态分布，它的概率密度为
$$f(x,y) = \frac{1}{2\pi\sigma_1\sigma_2\sqrt{1-\rho^2}}\cdot\exp\left\{-\frac{1}{2(1-\rho^2)}\left[\frac{(x-\mu_1)^2}{\sigma_1^2}-2\rho\frac{(x-\mu_1)(y-\mu_2)}{\sigma_1\sigma_2}+\frac{(y-\mu_2)^2}{\sigma_2^2}\right]\right\}$$
求 $\mathrm{cov}(X,Y)$ 和 ρ_{XY}.

解 可以计算得 (X,Y) 的边缘概率密度为
$$f_X(x) = \frac{1}{\sqrt{2\pi}\sigma_1}\mathrm{e}^{-\frac{(x-\mu_1)^2}{2\sigma_1^2}}\quad(-\infty<x<+\infty)$$
$$f_Y(y) = \frac{1}{\sqrt{2\pi}\sigma_2}\mathrm{e}^{-\frac{(y-\mu_2)^2}{2\sigma_2^2}}\quad(-\infty<y<+\infty)$$
故 $E(X)=\mu_1$，$E(Y)=\mu_2$，$D(X)=\sigma_1^2$，$D(Y)=\sigma_2^2$

而
$$\begin{aligned}\mathrm{cov}(X,Y) &= E\{[X-E(X)][Y-E(Y)]\}\\ &= \int_{-\infty}^{+\infty}\int_{-\infty}^{+\infty}(x-\mu_1)(y-\mu_2)f(x,y)\mathrm{d}x\mathrm{d}y\\ &= \int_{-\infty}^{+\infty}\int_{-\infty}^{+\infty}\frac{(x-\mu_1)(y-\mu_2)}{2\pi\sigma_1\sigma_2\sqrt{1-\rho^2}}\mathrm{e}^{-\frac{(x-\mu_1)^2}{2\sigma_1^2}-\frac{1}{2(1-\rho^2)}\left[\frac{y-\mu_2}{\sigma_2}-\rho\frac{x-\mu_1}{\sigma_1}\right]^2}\mathrm{d}x\mathrm{d}y\end{aligned}$$
令 $u=\dfrac{x-\mu_1}{\sigma_1}$，$v=\dfrac{y-\mu_2}{\sigma_2}$，可得：$\mathrm{d}x=\sigma_1\mathrm{d}u$，$\mathrm{d}y=\sigma_2\mathrm{d}v$，则

$$\begin{aligned}\operatorname{cov}(X,Y) &= \sigma_1\sigma_2\int_{-\infty}^{+\infty}\int_{-\infty}^{+\infty}\frac{uv}{2\pi\sqrt{1-\rho^2}}\mathrm{e}^{-\frac{u^2}{2}-\frac{1}{2(1-\rho^2)}[v-\rho u]^2}\mathrm{d}u\mathrm{d}v\\ &= \sigma_1\sigma_2\int_{-\infty}^{+\infty}u\frac{1}{\sqrt{2\pi}}\mathrm{e}^{-\frac{u^2}{2}}\mathrm{d}u\int_{-\infty}^{+\infty}\frac{v}{\sqrt{2\pi}\sqrt{1-\rho^2}}\mathrm{e}^{-\frac{1}{2(1-\rho^2)}(v-\rho u)^2}\mathrm{d}v\\ &= \rho\sigma_1\sigma_2\int_{-\infty}^{+\infty}u^2\frac{1}{\sqrt{2\pi}}\mathrm{e}^{-\frac{u^2}{2}}\mathrm{d}u\\ &= \rho\sigma_1\sigma_2\end{aligned}$$

于是

$$\rho_{XY}=\frac{\operatorname{cov}(X,Y)}{\sqrt{D(X)}\sqrt{D(Y)}}=\rho$$

这说明二维正态随机变量 (X,Y) 的概率密度中的参数 ρ 就是 X 和 Y 的相关系数，从而二维正态随机变量的分布完全可由 X，Y 的各自数学期望、方差以及它们的相关系数所确定. 对于二维正态随机变量 (X,Y) 来说，X，Y 不相关与 X，Y 相互独立是等价的.

2.5.6 原点矩与中心矩

数学期望、方差、协方差是随机变量最常用的数字特征，它们都是特殊的矩(moment). 矩是最广泛的一种数字特征，在概率论和数理统计中占有重要的地位.

定义 18 设 X 是随机变量，若 $E(X^k),k=1,2,\cdots$存在，则称它为 X 的 k 阶原点矩，简称 k 阶矩.

显然，X 的数学期望 $E(X)$ 是 X 的一阶原点矩.

定义 19 设随机变量 X 的函数$[X-E(X)]^k,k=1,2,\cdots$的数学期望存在，则称 $E\{[X-E(X)]^k\}$ 为 X 的 k 阶中心矩.

易知，一阶中心矩恒等于零；二阶中心矩就是方差 $D(X)$.

定义 20 设 X 和 Y 是随机变量，若 $E(X^kY^l),k,l=1,2,\cdots$存在，则称它为 X 和 Y 的 $k+l$ 阶混合矩. 若 $E\{[X-E(X)]^k[Y-E(Y)]^l\},k,l=1,2,\cdots$存在，则称它为 X 和 Y 的 $k+l$ 阶混合中心矩.

2.5.7 随机变量的函数的联合概率分布

2.5.7.1 $Z=X+Y$ 的分布

(1) 离散型随机变量.

设 (X,Y) 是二维离散型随机变量，其分布律为

$$P\{X=x_i,Y=y_j\}=p_{ij}\quad(i,j=1,2,3,\cdots)$$

则 $Z=X+Y$ 也是离散型随机变量，且 Z 的一切可能的取值 z_k 是 X 的可能取值 x_k 与 Y 的可能取值 y_k 的和，即 Z 的所有可能取值为 $\{x_i+y_j\},i,j=1,2,3,\cdots$

$$P\{Z=z_k\}=\sum_{x_i+y_j=z_k}^{\infty}P\{X=x_i,Y=y_j\}\tag{2-40}$$

若 X，Y 独立，则

$$P\{Z=z_k\}=\sum_{x_i+y_j=z_k}^{\infty}P\{X=x_i,Y=y_j\}=\sum_{x_i+y_j=z_k}^{\infty}P\{X=x_i\}\cdot\{Y=y_j\}$$

即找出 Z 的所有可能取值，并注意将相同的值进行合并，然后求出相应的概率.

例 2-32 设 (X,Y) 的分布律为

$X \backslash Y$	-1	1	2
-2	1/12	2/12	2/12
-1	1/12	1/12	0
0	2/12	1/12	2/12

试求 $Z=X+Y$ 的分布律.

解 从 (X,Y) 的分布律可得

概率	$\frac{1}{12}$	$\frac{2}{12}$	$\frac{2}{12}$	$\frac{1}{12}$	$\frac{1}{12}$	0	$\frac{2}{12}$	$\frac{1}{12}$	$\frac{2}{12}$
(X,Y)	$(-2,-1)$	$(-2,1)$	$(-2,2)$	$(-1,-1)$	$(-1,-1)$	$(-1,2)$	$(0,-1)$	$(0,1)$	$(0,2)$
$Z=X+Y$	-3	-1	0	-2	0	1	-1	1	2

由此得 $Z=X+Y$ 的分布律

$Z=X+Y$	-3	-2	-1	0	1	2
概率	$\frac{1}{12}$	$\frac{1}{12}$	$\frac{4}{12}$	$\frac{3}{12}$	$\frac{1}{12}$	$\frac{2}{12}$

（2）连续型随机变量.

已知 (X,Y) 是二维连续型随机变量，其联合密度函数为 $f(x,y)$，则 $Z=X+Y$ 的分布函数为

$$F_Z(z)=P\{Z\leqslant z\}=P\{X+Y\leqslant z\}=\iint_{D:x+y\leqslant z} f(z,y)\,\mathrm{d}x\mathrm{d}y$$

$$=\int_{-\infty}^{+\infty}\left(\int_{-\infty}^{z-x} f(x,y)\,\mathrm{d}y\right)\mathrm{d}x \xrightarrow{t=y+x} \int_{-\infty}^{+\infty}\left(\int_{-\infty}^{z} f(x,t-x)\,\mathrm{d}t\right)\mathrm{d}x$$

$$=\int_{-\infty}^{z}\left(\int_{-\infty}^{+\infty} f(x,t-x)\,\mathrm{d}x\right)\mathrm{d}t$$

（若被积函数在积分区域上连续，则可交换积分顺序，其中积分区域 D 是位于直线 $x+y=z$ 左下方的半平面）. 可见，Z 也是连续型随机变量，其概率密度为

$$f_Z(z)=\int_{-\infty}^{+\infty} f(x,z-x)\,\mathrm{d}x \tag{2-41}$$

由 X 与 Y 的对称性，$f_Z(z)$ 又可写成

$$f_Z(z)=\int_{-\infty}^{+\infty} f(z-y,y)\,\mathrm{d}y \tag{2-42}$$

特别地，如果 X 与 Y 相互独立，则

$$f_Z(z)=\int_{-\infty}^{+\infty} f_X(x)f_Y(z-x)\,\mathrm{d}x \quad 和 \quad f_Z(z)=\int_{-\infty}^{+\infty} f_X(z-y)f_Y(y)\,\mathrm{d}y$$

这两个公式称为卷积公式，记为$f_X(x)*f_Y(y)$，即

$$f_Z(z)=f_X(x)*f_Y(y)=\int_{-\infty}^{+\infty}f_X(x)f_Y(z-x)\mathrm{d}x=\int_{-\infty}^{+\infty}f_X(z-y)f_Y(y)\mathrm{d}y$$

例 2-33　设 X，Y 是相互独立的随机变量，且都服从 $N(0,1)$，求 $Z=X+Y$ 的概率密度.

解　由题意知

$$f_X(x)=\frac{1}{\sqrt{2\pi}}\mathrm{e}^{-\frac{x^2}{2}}\quad(-\infty<x<+\infty)$$

$$f_Y(y)=\frac{1}{\sqrt{2\pi}}\mathrm{e}^{-\frac{y^2}{2}}\quad(-\infty<y<+\infty)$$

因为 X，Y 相互独立，则

$$f_Z(z)=\int_{-\infty}^{+\infty}f_X(x)f_Y(z-x)\mathrm{d}x=\frac{1}{2\pi}\int_{-\infty}^{+\infty}\mathrm{e}^{-\frac{x^2}{2}}\cdot\mathrm{e}^{-\frac{(z-x)^2}{2}}\mathrm{d}x$$

$$=\frac{1}{2\pi}\mathrm{e}^{-\frac{z^2}{4}}\int_{-\infty}^{+\infty}\mathrm{e}^{-\left(x-\frac{z}{2}\right)^2}\mathrm{d}x$$

令$\frac{t}{\sqrt{2}}=x-\frac{z}{2}$，即得：

$$f_Z(z)=\frac{1}{2\sqrt{2\pi}}\mathrm{e}^{-\frac{z^2}{4}}\int_{-\infty}^{+\infty}\mathrm{e}^{-\frac{t^2}{2}}\mathrm{d}t=\frac{1}{2\sqrt{\pi}}\mathrm{e}^{-\frac{z^2}{4}}$$

由此可知 Z 服从 $N(0,2)$ 分布.

一般来说，若 $X_i(i=1,2,\cdots,n)$ 是 n 个相互独立的服从 $N(\mu_i,\sigma_i^2)$ 分布的随机变量，则 $\sum_{i=1}^{n}X_i$ 仍然是一个服从正态分布 $N(\mu,\sigma^2)$ 的随机变量，并且其参数为：$\mu=\sum_{i=1}^{n}\mu_i$，$\sigma^2=\sum_{i=1}^{n}\sigma_i^2$，即

$$X_1+X_2+\cdots+X_n\sim N\left(\sum_{i=1}^{n}\mu_i,\sum_{i=1}^{n}\sigma_i^2\right)$$

进一步，若 $X_i\sim N(\mu_i,\sigma_i^2)$，$i=1,2,\cdots,n$，且它们相互独立，则它们的线性组合 $\sum_{i=1}^{n}c_iX_i$（$c_1,c_2,\cdots,c_n$ 是不完全为零的常数）仍然服从正态分布，且

$$c_1X_1+c_2X_2+\cdots+c_nX_n\sim N\left(\sum_{i=1}^{n}c_i\mu_i,\sum_{i=1}^{n}c_i^2\sigma_i^2\right)$$

2.5.7.2　$Z=\frac{X}{Y}$ 的分布

以下我们仅对二维随机变量 (X,Y) 是连续型的情形进行探讨.

设 (X,Y) 是二维连续型随机变量，密度函数为$f(x,y)$，现在来讨论 $Z=\frac{X}{Y}$的分布. 依照定义

$$F_Z(z) = P\{Z \leqslant z\} = P\left\{\frac{X}{Y} \leqslant z\right\} = \iint\limits_{D:\frac{x}{y} \leqslant z} f(x,y)\,\mathrm{d}x\mathrm{d}y$$

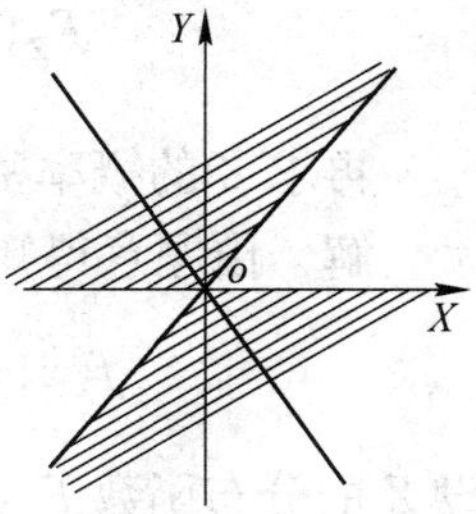

图 2-6

若仍然把 (X,Y) 看成平面上点的坐标，则 $P\left(\frac{X}{Y} \leqslant z\right)$ 表示点落入图 2-6 中阴影部分的概率，则有：

$$F_Z(z) = \iint\limits_{D:\frac{x}{y} \leqslant z} f(x,y)\,\mathrm{d}x\mathrm{d}y = \iint\limits_{\substack{\frac{x}{y}<z \\ y>0}} f(x,y)\,\mathrm{d}x\mathrm{d}y + \iint\limits_{\substack{\frac{x}{y}<z \\ y<0}} f(x,y)\,\mathrm{d}x\mathrm{d}y$$

$$= \int_0^{\infty}\left(\int_{-\infty}^{yz} f(x,y)\,\mathrm{d}x\right)\mathrm{d}y + \int_{-\infty}^{0}\left(\int_{yz}^{\infty} f(x,y)\,\mathrm{d}x\right)\mathrm{d}y$$

令 $x = yu$，并交换积分次序得

$$F_Z(z) = \int_0^{\infty}\left(\int_{-\infty}^{z} f(yu,y)y\,\mathrm{d}u\right)\mathrm{d}y + \int_{-\infty}^{0}\left(\int_{z}^{\infty} f(yu,y)y\,\mathrm{d}u\right)\mathrm{d}y$$

$$= \int_{-\infty}^{z}\left(\int_0^{\infty} f(yu,y)y\,\mathrm{d}y\right)\mathrm{d}u + \int_{-\infty}^{z}\left(\int_{-\infty}^{0} f(yu,y)(-y)\,\mathrm{d}y\right)\mathrm{d}u$$

$$= \int_{-\infty}^{z}\left(\int_{-\infty}^{\infty} f(yu,y)\,|y|\,\mathrm{d}y\right)\mathrm{d}u$$

于是得密度函数为：

$$f_Z(z) = \int_{-\infty}^{+\infty} f(yz,y)\,|y|\,\mathrm{d}y$$

特别地，如果 X 和 Y 相互独立，则

$$f_Z(z) = \int_{-\infty}^{+\infty} f_X(yz)f_Y(y)\,|y|\,\mathrm{d}y$$

2.5.7.3 $Z = \max\{X,Y\}$ 和 $Z = \min\{X,Y\}$ 的分布

设 X 和 Y 是两个相互独立的随机变量，它们的分布函数为 $F_X(x)$ 和 $F_Y(y)$，现在先求 $Z = \max\{X,Y\}$ 的分布函数 $F_{\max}(z)$.

首先注意到，$Z = \max\{X,Y\}$ 不大于 z 等价于 X 和 Y 都不大于 z，故

$$F_{\max}(z) = P(Z \leqslant z) = P\{X \leqslant z, Y \leqslant z\}$$
$$= P\{X \leqslant z\}P\{Y \leqslant z\} = F_X(z)F_Y(z)$$

即
$$F_{\max}(z) = F_X(z)F_Y(z)$$

而 $Z = \min\{X,Y\}$ 大于 z 等价于 X 和 Y 都大于 z，故

$$F_{\min}(z) = P(Z \leqslant z) = 1 - P\{Z > z\} = 1 - P\{X > z, Y > z\}$$
$$= 1 - P\{X > z\}P\{Y > z\} = 1 - (1 - F_X(z))(1 - F_Y(z))$$

即
$$F_{\min}(z) = 1 - (1 - F_X(z))(1 - F_Y(z))$$

例 2-34 设随机变量 X，Y 相互独立，且均服从正态分布 $N(0,\sigma^2)$，求 $Z = \sqrt{X^2 + Y^2}$ 的密度函数.

分析：先确定 Z 的分布函数

$$F_Z(z)=P\{Z\leqslant z\}=P\{\sqrt{X^2+Y^2}\leqslant z\}=\iint\limits_{\sqrt{x^2+y^2}\leqslant z} f(x,y)\,\mathrm{d}x\mathrm{d}y$$

再求 Z 的概率密度 $f_Z(z)=F'_Z(z)$.

解 由题意得知 (X,Y) 的联合概率密度为

$$f(x,y)=f_X(x)\cdot f_Y(y)=\frac{1}{2\pi\sigma^2}\mathrm{e}^{-\frac{x^2+y^2}{2\sigma^2}}\quad(-\infty<x,y<+\infty)$$

设 Z 的分布函数 $F_Z(z)$. 则

$$F_Z(z)=P\{Z\leqslant z\}=P\{\sqrt{X^2+Y^2}\leqslant z\}=\iint\limits_{\sqrt{x^2+y^2}\leqslant z} f(x,y)\,\mathrm{d}x\mathrm{d}y$$

当 $z\leqslant 0$ 时， $F_Z(z)=0$

当 $z>0$ 时， $F_Z(z)=\iint\limits_{\sqrt{x^2+y^2}\leqslant z} f(x,y)\,\mathrm{d}x\mathrm{d}y=\frac{1}{2\pi\sigma^2}\iint\limits_{\sqrt{x^2+y^2}\leqslant z}\mathrm{e}^{-\frac{x^2+y^2}{2\sigma^2}}\mathrm{d}x\mathrm{d}y$

作极坐标变换 $\begin{cases}x=\gamma\cos\theta\\ y=\gamma\sin\theta\end{cases}(0\leqslant\gamma\leqslant z,0\leqslant\theta<2\pi)$，于是

$$F_Z(z)=\frac{1}{2\pi\sigma^2}\int_0^{2\pi}\mathrm{d}\theta\int_0^z r\mathrm{e}^{-\frac{\gamma^2}{2\sigma^2}}\,\mathrm{d}\gamma=1-\mathrm{e}^{-\frac{z^2}{2\sigma^2}}$$

故得所求 Z 的密度函数为

$$f_Z(z)=F'_Z(z)=\begin{cases}\dfrac{z}{\sigma^2}\mathrm{e}^{-\frac{z^2}{2\sigma^2}}, & z>0\\ 0, & z\leqslant 0\end{cases}$$

2.6 大数定律与中心极限定理

在概率论的研究发展史中，大数定律与中心极限定理一直占据着非常重要的地位. 设 $X_1,X_2,\cdots,X_n$ 为随机变量序列，令 $\overline{X}=\frac{1}{n}\sum\limits_{i=1}^{n}X_i$ 为前 n 项和的算术平均值，下面分别给出大数定律和中心极限定理的描述性定义.

大数定律研究的是：在满足什么条件下，$\overline{X}\to E(\overline{X})$（这里“→”表示在某种概率收敛意义下）；而中心极限定理研究的是：在满足什么条件下，$\sum\limits_{i=1}^{n}X_i$ 近似服从正态分布，也就是说在满足什么条件下，$\sum\limits_{i=1}^{n}X_i$ 的分布函数收敛于正态分布的分布函数.

2.6.1 大数定律

在第 1 章中，我们曾讲到频率围绕着某一固定值摆动，但随着试验次数 n 的增加，频率最终稳定在这一固定值上，这一固定值即称为概率. 那么这里的“稳定”是什么含义呢？在这一节我们将会在讲伯努利大数定律的时候给出解释，为了给大数定律的后继定理的证明做准备，我们先给出下面一些预备知识.

定义 21 设 $X_1,X_2,\cdots,X_n,\cdots$ 为随机变量序列，X 为随机变量，若对任意的正数 ε，有

$$\lim_{n\to\infty} P\{|X_n - X| \geqslant \varepsilon\} = 0$$

则称 X_n 依概率收敛于 X，记为 $X_n \xrightarrow{p} X$.

我们知道方差 $D(X)$ 是用来描述随机变量 X 的取值在其数学期望 $E(X)$ 附近的离散程度的，因此，对任意的正数 ε，事件 $\{|X-E(X)|\geqslant\varepsilon\}$ 发生的概率应该与 $D(X)$ 有关，而这种关系用数学形式表示出来，就是下面我们要学习的切比雪夫不等式.

引理 1　设随机变量 X 的数学期望 $E(X)$ 与方差 $D(X)$ 存在，则对于任意正数 ε，不等式

$$P\{|X - E(X)| \geqslant \varepsilon\} \leqslant \frac{D(X)}{\varepsilon^2} \tag{2-43}$$

或

$$P\{|X - E(X)| < \varepsilon\} \geqslant 1 - \frac{D(X)}{\varepsilon^2} \tag{2-44}$$

都成立，不等式（2-43）和式（2-44）称为切比雪夫不等式.

证　我们仅对连续随机变量情形证明. 设随机变量 X 的密度函数为 $f(x)$，则有

$$P\{|X - E(X)| \geqslant \varepsilon\} = \int_{|x-E(X)|\geqslant\varepsilon} f(x)\,\mathrm{d}x \leqslant \int_{|x-E(X)|\geqslant\varepsilon} \frac{[x - E(X)]^2}{\varepsilon^2} f(x)\,\mathrm{d}x \leqslant$$

$$\frac{1}{\varepsilon^2}\int_{-\infty}^{+\infty} [x - E(X)]^2 f(x)\,\mathrm{d}x = \frac{D(X)}{\varepsilon^2}$$

即

$$P\{|X - E(X)| < \varepsilon\} = 1 - P\{|X - E(X)| \geqslant \varepsilon\} \geqslant 1 - \frac{D(X)}{\varepsilon^2}$$

例 2-35　已知一个社区内夜晚亮灯的平均值是 7300，均方差是 700，利用切比雪夫不等式估计数在 5200～9400 之间的概率.

解　设 X 表示夜晚社区内亮灯的数目，则 $E(X)=7300$，$\sigma(X)=\sqrt{D(X)}=700$

而

$$P\{5200\leqslant X\leqslant 9400\} = P\{|X-7300|\leqslant 2100\} = 1 - P\{|X-7300|\geqslant 2100\} \leqslant \frac{700^2}{2100^2} = \frac{1}{9}$$

定理 6（切比雪夫大数定律）　设独立随机变量序列 $X_1, X_2, \cdots$ 的数学期望 $E(X_1)$，$E(X_2)$，…和方差 $D(X_1), D(X_2)$，…都存在，并且方差是一致有上界的，即存在常数 C，使得 $D(X_i)\leqslant C, i=1,2,\cdots,n,\cdots$，则对于任意的正数 ε，有

$$\lim_{n\to\infty} P\left(\left|\frac{1}{n}\sum_{i=1}^{n} X_i - \frac{1}{n}\sum_{i=1}^{n} E(X_i)\right| < \varepsilon\right) = 1$$

证　因为 $E\left(\frac{1}{n}\sum_{i=1}^{n} X_i\right) = \frac{1}{n}\sum_{i=1}^{n} E(X_i)$，由 $X_1, X_2, \cdots, X_n$ 相互独立有

$$D\left(\frac{1}{n}\sum_{i=1}^{n} X_i\right) = \frac{1}{n^2}\sum_{i=1}^{n} D(X_i)$$

应用切比雪夫不等式得

$$P\left(\left|\frac{1}{n}\sum_{i=1}^{n} X_i - \frac{1}{n}\sum_{i=1}^{n} E(X_i)\right| < \varepsilon\right) \geqslant 1 - \frac{1}{n^2\varepsilon^2}\sum_{i=1}^{n} D(X_i)$$

由已知有 $\sum_{i=1}^{n} D(X_i) \leqslant nC$，于是 $P\left(\left| \frac{1}{n}\sum_{i=1}^{n} X_i - \frac{1}{n}\sum_{i=1}^{n} E(X_i) \right| < \varepsilon \right) \geqslant 1 - \frac{C}{n\varepsilon^2}$

从而当 $n \to \infty$ 时，得 $\lim_{n\to\infty} P\left(\left| \frac{1}{n}\sum_{i=1}^{n} X_i - \frac{1}{n}\sum_{i=1}^{n} E(X_i) \right| < \varepsilon \right) \geqslant 1$

但是概率不能大于1，所以有 $\lim_{n\to\infty} P\left(\left| \frac{1}{n}\sum_{i=1}^{n} X_i - \frac{1}{n}\sum_{i=1}^{n} E(X_i) \right| < \varepsilon \right) = 1$

定理 7（伯努利大数定律） 设 n_A 为 n 重伯努利试验中事件 A 发生的次数，又设在每次试验中事件 A 发生的概率 $P(A) = p$，则对于任意 $\varepsilon > 0$，当试验的次数 $n \to \infty$ 时，有

$$\lim_{n\to\infty} P\left(\left| \frac{n_A}{n} - p \right| < \varepsilon \right) = 1 \tag{2-45}$$

证 令随机变量 $X_i = \begin{cases} 1, & \text{在第 } i \text{ 次试验中事件 } A \text{ 发生} \\ 0, & \text{在第 } i \text{ 次试验中事件 } A \text{ 不发生} \end{cases}$， $i = 1, 2, \cdots, n$

则这些随机变量 X_i 相互独立，同服从“0－1”分布，并有数学期望与方差：

$$E(X_i) = p, D(X_i) = p(1-p) \leqslant \frac{1}{4}, \quad i = 1, 2, \cdots, n, \cdots$$

于是，由切比雪夫大数定律得 $\lim_{n\to\infty} P\left(\left| \frac{1}{n}\sum_{i=1}^{n} X_i - \frac{1}{n}\sum_{i=1}^{n} p \right| < \varepsilon \right) = 1$

易知 $\sum_{i=1}^{n} X_i$ 就是事件 A 在 n 次试验中发生的次数 n_A，由此可知 $\frac{1}{n}\sum_{i=1}^{n} X_i = \frac{n_A}{n}$

所以有

$$\lim_{n\to\infty} P\left(\left| \frac{n_A}{n} - p \right| < \varepsilon \right) = 1$$

即当试验在相同的条件下重复进行很多次时，随机事件 A 的频率 $f_n(A) = \frac{n_A}{n}$，将稳定在事件 A 的概率 $P(A) = p$ 附近.

例 2-36 某时装店检查从一制衣厂调来的 200 件衣服，结果发现其中有 6 件次品，能否相信该制衣厂产品的次品率 $p \leqslant 1\%$？

解 设该制衣厂的次品率 $p \leqslant 1\%$，则检查 200 件衣服中次品率 $X \geqslant 6$ 的概率应为

$$P(X \geqslant 6) = \sum_{x=6}^{200} C_{200}^{x} (0.01)^x (0.99)^{200-x} = 1 - \sum_{x=0}^{5} C_{200}^{X} (0.01)^X (0.99)^{200-X}$$

因为 $n = 200$ 很大，且 $p = 0.01$ 较小，故可按二项分布的泊松近似公式计算，并有 $\lambda = 200 \times 0.01 = 2$，从而

$$\begin{aligned} P(X \geqslant 6) &= 1 - \sum_{x=0}^{5} \frac{2^x}{x!} e^{-2} \\ &\approx 1 - (0.1353 + 0.2707 + 0.2707 + 0.1804 + 0.0902 + 0.0361) \\ &= 0.0166 \end{aligned}$$

在工业生产中一般把概率小于 0.05 的事件认为是小概率事件，由此可见上述事件 $X \geqslant 6$ 是小概率事件，所以不能相信该工厂产品的次品率 $p \leqslant 1\%$.

注：伯努利大数定律说明，在 n 充分大时，频率 $f_n(A) = \frac{n_A}{n}$ 依概率收敛于 p，这就是前面所提到的频率收敛于概率.

2.6.2 中心极限定理

中心极限定理是研究独立随机变量和的极限分布为正态分布的一类定理. 大数定律仅仅从定性的角度解决了频率$f_n(A)=\frac{n_A}{n}$稳定于概率p，即$\frac{n_A}{n}\xrightarrow{P}p$，为了定量地估计用频率$\frac{n_A}{n}$估计概率$P(A)$(记为$p$)的误差，历史上 DeMoivre、Laplace 等数学家经过许多努力，证明了n_A的标准化随机变量渐近于$N(0,1)$分布.

定理 8（林德贝格-勒维中心极限定理） 设$\{X_n\}$是独立同分布（i. i. d.）的随机变量序列，且$E(X_i)=\mu,\mathrm{Var}(X_i)=\sigma^2>0. i=1,2,\cdots,n,\cdots$，则随机变量$Z_n=\frac{\sum_{i=1}^{n}X_i-E(\sum_{i=1}^{n}X_i)}{\sqrt{D(\sum_{i=1}^{n}X_i)}}=\frac{\sum_{i=1}^{n}X_i-n\mu}{\sqrt{n}\sigma}$的分布函数$F_n(x)$收敛于标准正态分布的分布函数$\Phi(x)$，即对于任意的实数$x$有

$$\lim_{n\to\infty}P\left\{\frac{\sum_{i=1}^{n}X_i-n\mu}{\sqrt{n}\sigma}\leqslant x\right\}=\Phi(x)=\int_{-\infty}^{x}\frac{1}{\sqrt{2\pi}}e^{-\frac{t^2}{2}}dt$$

定理的证明略.

注：设$\{X_n\}$是独立同分布的随机变量序列，且$E(X_i)=\mu,\mathrm{Var}(X_i)=\sigma^2>0$，则当$n$充分大时，有（1）随机变量$Y_n=\sum_{i=1}^{n}X_i$近似地服从$N(n\mu,n\sigma^2)$;(2) $\overline{X}=\frac{1}{n}\sum_{i=1}^{n}X_i$近似服从$N\left(\mu,\frac{\sigma^2}{n}\right)$.

例 2-37 用包装机包装糖果，则每袋净重为随机变量，设期望值为 100g，标准差为 10g，一箱内装 200 袋糖果. 求一箱糖果净重大于 20500g 的概率.

解 设一箱糖果净重为X克，箱中第k袋糖果的净重为X_k克，$k=1,2,\cdots,200$. 显然有$X\sum_{k=1}^{200}X_k$，且由题意，$X_1,X_2,\cdots,X_{200}$是独立同分布的随机变量序列，且

$$E(X_k)=100,\ D(X_k)=100,\ k=1,2,\cdots,200$$

故

$$E(X)=E(\sum_{k=1}^{200}X_k)=20000, D(X)=20000, \sqrt{D(X)}=100\sqrt{2}$$

则

$$\begin{aligned}P(X>20500)&=1-P(X\leqslant 20500)\\&=1-P\left(\frac{X-20000}{100\sqrt{2}}\leqslant\frac{500}{100\sqrt{2}}\right)\\&\approx 1-\Phi(3.54)=0.0002\end{aligned}$$

定理 9（德莫佛-拉普拉斯中心极限定理） 设在独立试验序列中，事件A发生的概率为$p(0<p<1)$，随机变量n_A表示事件A在n次试验中发生的次数，则对任意实数x，有

$$\lim_{n\to\infty}P\left\{\frac{n_A-np}{\sqrt{np(1-p)}}\leqslant x\right\}=\Phi(x)=\int_{-\infty}^{x}\frac{1}{\sqrt{2\pi}}e^{-\frac{t^2}{2}}dt$$

证 令 $X_i=\begin{cases}1, & \text{在第 } i \text{ 次试验中事件 } A \text{ 发生}\\ 0, & \text{在第 } i \text{ 次试验中事件 } A \text{ 不发生}\end{cases}, \quad i=1,2,\cdots,n$

则随机变量 $X_i, i=1,2,\cdots,n$ 为独立同分布的随机变量序列，都服从相同的“0 - 1”分布，且有 $E(X_i)=p, D(X_i)=p(1-p), i=1,2,\cdots,n,\cdots$，显然有 $n_A=\sum_{i=1}^{n}X_i$，故

$$\lim_{n\to\infty}P\left\{\frac{n_A-np}{\sqrt{np(1-p)}}\leqslant x\right\}=\lim_{n\to\infty}P\left\{\frac{\sum_{i=1}^{n}X_i-np}{\sqrt{np(1-p)}}\leqslant x\right\}=\int_{-\infty}^{x}\frac{1}{\sqrt{2\pi}}e^{-\frac{t^2}{2}}dt$$

注意到定理 7 中，$n_A=\sum_{i=1}^{n}X_i\sim B(n,p)$. 德莫佛-拉普拉斯中心极限定理说明：当 n 充分大时，服从二项分布的随机变量 $n_A=\sum_{i=1}^{n}X_i$ 将近似地服从正态分布. 一般来说，当 n 较大时，二项分布的概率计算非常复杂，这时我们可以用正态分布来近似地计算二项分布. 计算公式为

$$P(a<n_A\leqslant b)\approx P\left\{\frac{a-np}{\sqrt{np(1-p)}}\leqslant\frac{n_A-np}{\sqrt{np(1-p)}}\leqslant\frac{b-np}{\sqrt{np(1-p)}}\right\}$$
$$\approx\Phi\left(\frac{b-np}{\sqrt{np(1-p)}}\right)-\Phi\left(\frac{a-np}{\sqrt{np(1-p)}}\right)$$

例 2-38 某电站供应 10000 户居民用电，设在高峰时每户用电的概率为 0.8，且各户用电量多少是相互独立的. 求：

（1）同一时刻有 8100 户以上用电的概率；

（2）若每户用电功率为 100W，则电站至少需要多少电功率才能保证以 0.975 的概率供应居民用电？

解 （1）设随机变量 n_A 表示在 10000 户中同时用电的用户，则 $n_A\sim B(10000,0.8)$，于是 $np=10000\times0.8=8000$，$\sqrt{np(1-p)}=\sqrt{10000\times0.8\times0.2}=40$.
所求概率为

$$P(8100\leqslant n_A\leqslant 10000)=P\left(2.5\leqslant\frac{n_A-np}{\sqrt{np(1-p)}}\leqslant 50\right)$$
$$\approx\Phi(50)-\Phi(2.5)=1-0.9938=0.0062$$

（2）若每户用电功率为 100W，则 n_A 户用电功率为 $100n_A$W. 设供电站功率为 QW，则由题意得

$$P(100n_A\leqslant Q)=P\left(n_A\leqslant\frac{Q}{100}\right)=P\left(\frac{n_A-np}{\sqrt{np(1-p)}}\leqslant\frac{Q/100-8000}{40}\right)$$

$$\approx \Phi\left(\frac{Q/100-8000}{40}\right)=0.975$$

查表可知 $\Phi(1.96)=0.975$，故$\frac{Q/100-8000}{40}=1.96$，$Q=807840$. 所以，电站供电功率不应少于 807.84kW.

习　题

2-1　某射手有 5 发子弹，每次命中率是 0.3，一次接一次地射击，直到命中为止或子弹用尽为止，用 X 表示射击的次数，试写出 X 的分布律.

2-2　从家到学校的途中有 5 个交通岗，假设在各个交通岗遇到红灯的概率是相互独立的，且概率均是 0.4，设 X 为途中遇到红灯的次数，试求：(1) X 的概率分布；(2) X 的分布函数.

2-3　设连续型随机变量 X 的分布函数为

$$F(x)=\begin{cases}0, & x<-1\\ 0.4, & -1\leqslant x<1\\ 0.8, & 1\leqslant x<3\\ 1, & x\geqslant 3\end{cases}$$

试求：(1) X 的概率分布；(2) $P\{X<2 \mid X\neq 1\}$.

2-4　设 X 为连续型随机变量，其分布函数为

$$F(x)=\begin{cases}a, & x<1\\ bx\ln x+cx+d, & 1\leqslant x\leqslant \mathrm{e}\\ d, & x>\mathrm{e}\end{cases}$$

试确定 $F(x)$ 中的 a，b，c，d 的值.

2-5　设随机变量 X 的分布律为

X	0	1	2
P	0.2	0.5	0.3

$Y=2X-1$，求随机变量 Y 的分布律.

2-6　设随机变量 $X\sim U(0,1)$，试求：

(1) $Y=\mathrm{e}^X$ 的分布函数及密度函数；

(2) $Z=2\ln X$ 的分布函数及密度函数.

2-7　设二维随机变量 (X,Y) 的联合分布函数为

$$F(x,y)=\begin{cases}\sin x\sin y, & 0\leqslant x\leqslant \frac{\pi}{2},\quad 0\leqslant y\leqslant \frac{\pi}{2}\\ 0, & 其他\end{cases}$$

求二维随机变量 (X,Y) 在长方形域$\left\{0<x\leqslant\frac{\pi}{4}，\frac{\pi}{6}<y\leqslant\frac{\pi}{3}\right\}$内的概率.

2-8　盒子里装有 3 只黑球、2 只红球、2 只白球，在其中任取 4 只球. 以 X 表示取到黑球的只数，以 Y 表示取到红球的只数. 求 X 和 Y 的联合分布律.

2-9 设随机变量 (X,Y) 的分布密度

$$f(x,y)=\begin{cases}A\mathrm{e}^{-(3x+4y)}, & x>0,y>0\\ 0, & \text{其他}\end{cases}$$

求：(1) 常数 A；

(2) 随机变量 (X,Y) 的分布函数；

(3) $P\{0\leqslant X<1,0\leqslant Y<2\}$.

2-10 设二维随机变量 (X,Y) 的联合分布律为

Y \ X	2	5	8
0.4	0.15	0.30	0.35
0.8	0.05	0.12	0.03

(1) 求关于 X 和关于 Y 的边缘分布；

(2) X 与 Y 是否相互独立？

2-11 设随机变量 (X,Y) 的概率密度为

$$f(x,y)=\begin{cases}\frac{1}{3}(x+y), & 0\leqslant x\leqslant 2,\ 0\leqslant y\leqslant 1\\ 0, & \text{其他}\end{cases}$$

求数学期望 $E(X)$ 及 $E(Y)$，方差 $D(X)$ 及 $D(Y)$，协方差 $\mathrm{cov}(X,Y)$ 及相关系数 ρ_{XY}.

2-12 设随机变量 (X,Y) 的分布律为

Y \ X	0	1	2	3	4	5
0	0	0.01	0.03	0.05	0.07	0.09
1	0.01	0.02	0.04	0.05	0.06	0.08
2	0.01	0.03	0.05	0.05	0.05	0.06
3	0.01	0.02	0.04	0.06	0.06	0.05

(1) 求 $P\{X=2\mid Y=2\},P\{Y=3\mid X=0\}$；

(2) 求 $V=\max(X,Y)$ 的分布律；

(3) 求 $U=\min(X,Y)$ 的分布律；

(4) 求 $W=X+Y$ 的分布律.

2-13 设 X，Y 是两个相互独立的随机变量，其概率密度分别为：

$$f_X(x)=\begin{cases}1, & 0\leqslant x\leqslant 1\\ 0, & \text{其他}\end{cases}\qquad f_Y(y)=\begin{cases}\mathrm{e}^{-y}, & y>0\\ 0, & y\leqslant 0\end{cases}$$

求随机变量 $Z=X+Y$ 的概率密度函数.

2-14 设随机变量 X 和 Y 的数学期望都是 2，方差分别为 1 和 4，而相关系数为 0.5，试根据切比雪夫不等式给出 $P\{|X-Y|\geqslant 6\}$ 的估计.

2-15　据以往经验，某种电器元件的寿命服从均值为100h的指数分布，现在随机的抽取16只，设它们的寿命是相互独立的，求这16只元件寿命总和大于1920h的概率.

2-16　某车间有同型号机床200部，每部机床开动的概率为0.7，假定各机床开动与否互不影响，开动时每部机床消耗电能15个单位. 问至少供应多少单位电能才可以95%的概率保证不致因供电不足而影响生产.

2-17　某药厂断言，该厂生产的某种药品对于医治一种疑难的血液病的治愈率为0.8，医院检验员任意抽查100个服用此药品的病人，如果其中多于75人治愈，就接受这一断言，否则就拒绝这一断言.（1）若实际上此药品对这种疾病的治愈率是0.8，问接受这一断言的概率是多少？（2）若实际上此药品对这种疾病的治愈率是0.7，问接受这一断言的概率是多少？

2-18　（1）一复杂的系统，由100个互相独立起作用的部件所组成，在整个运行期间每个部件损坏的概率为0.10，为了整个系统起作用至少必须有85个部件工作. 求整个系统工作的概率.（2）一个复杂的系统，由n个互相独立起作用的部件所组成，每个部件的可靠性（即部件工作的概率）为0.90，且必须至少有80%部件工作才能使整个系统工作，问n至少为多少才能使系统的可靠性不低于0.95.

横线下习题为部分往届考研题.

2-19　（88研考）设随机变量X的概率密度函数为$f_X(x)=\dfrac{1}{\pi(1+x^2)}$，求随机变量$Y=1-\sqrt[3]{X}$的概率密度函数$f_Y(y)$.

2-20　（89研考）设随机变量ξ在区间（1,6）上服从均匀分布，则方程$x^2+\xi x+1=0$有实根的概率是__________.

2-21　（88研考）设随机变量X在区间（1,2）上服从均匀分布，试求随机变量$Y=e^{2X}$的概率密度$f(y)$.

2-22　（93研考）设一大型设备在任何长为t的时间内发生故障的次数$N(t)$服从参数为λ的泊松分布.

（1）求相继两次故障之间时间间隔T的概率分布；

（2）求在设备已经无故障工作8h的情形下，再无故障运行8h的概率Q.

2-23　设二维随机变量(X,Y)的概率密度为

$$f(x,y)=\begin{cases}cx^2y, & x^2\leqslant y\leqslant 1\\ 0, & \text{其他}\end{cases}$$

（1）试确定常数c；

（2）求边缘概率密度.

2-24　设二维随机变量(X,Y)的联合分布律为

Y \ X	2	5	8
0.4	0.15	0.30	0.35
0.8	0.05	0.12	0.03

（1）求关于X和关于Y的边缘分布；

（2）X与Y是否相互独立？

2-25 (04 研考) 设随机变量 X 在区间 $(0,1)$ 上服从均匀分布，在 $X=x(0<x<1)$ 的条件下，随机变量 Y 在区间 $(0,x)$ 上服从均匀分布，求：

(1) 随机变量 X 和 Y 的联合概率密度；

(2) Y 的概率密度；

(3) 概率 $P\{X+Y>1\}$.

2-26 (87 研考) 设随机变量 X，Y 相互独立，其概率密度函数分别为

$$f_X(x)=\begin{cases}1, & 0\leqslant x\leqslant 1\\ 0, & \text{其他}\end{cases}\qquad f_Y(y)=\begin{cases}e^{-y}, & y>0\\ 0, & y\leqslant 0\end{cases}$$

求随机变量 $Z=2X+Y$ 的概率密度函数.

2-27 (06 研考) 随机变量 x 的概率密度为 $f_x(x)=\begin{cases}\frac{1}{2}, & -1<x<0\\ \frac{1}{4}, & 0\leqslant x<2\\ 0, & \text{其他}\end{cases}$，令 $y=x^2$，$F(x,y)$ 为二维随机变量 (X,Y) 的分布函数. 求：

(1) Y 的概率密度 $f_Y(y)$；

(2) $F\left(-\frac{1}{2},4\right)$.

2-28 (90 研考) 已知随机变量 X 服从参数为 2 的泊松分布，且随机变量 $Z=3X-2$，则 $EZ=$ ________.

2-29 (91 研考) 设随机变量 X 服从均值为 2、方差为 σ^2 的正态分布，且 $P\{2<X<4\}=0.3$，则 $P\{X<0\}=$ ________.

2-30 (92 研考) 设随机变量 X 服从参数为 1 的指数分布，则 $E(X+e^{-2x})$ ________.

2-31 (93 研考) 设随机变量 X 的概率密度为

$$f(x)=\frac{1}{2}e^{-|x|},\ -\infty<x<+\infty$$

(1) 求 EX 和 DX；

(2) 求 X 与 $|X|$ 的协方差，并问 X 与 $|X|$ 是否不相关？

(3) 问 X 与 $|X|$ 是否相互独立，为什么？

2-32 (94 研考) 已知随机变量 $X\sim N(1,3^2)$，$Y\sim N(0,4^2)$，且 X 与 Y 的相关系数 $\rho_{XY}=-\frac{1}{2}$，设 $Z=\frac{X}{3}+\frac{Y}{2}$.

(1) 求 EZ 和 DZ；

(2) 求 X 与 Z 的相关系数 ρ_{XZ}；

(3) 问 X 与 Z 是否相互独立，为什么？

2-33 (01 研考) 设随机变量 X 的方差为 2，则根据切比雪夫不等式有估计 $P\{|X-E(X)|\geqslant 2\}\leqslant$ ________.

2-34 (89 研考) 设 X 为随机变量且 $EX=\mu$，$DX=\sigma^2$. 则由切比雪夫不等式，有 $P\{|X-\mu|\geqslant 3\sigma\}\leqslant$ ________.

2-35 (96 研考) 设 $X_1,X_2,\cdots,X_n$ 是来自总体 X 的简单随机样本. 已知 $EX^k=\alpha_k(k=1,2,3,4)$，证明当 n 充分大时，随机变量 $Z_n=\frac{1}{n}\sum_{i=1}^{n}X_i^2$ 近似服从正态分布，并指出其分布参数.

2-36　（01 研考）设随机变量 X 和 Y 的数学期望分别为 -2 和 2，方差分别为 1 和 4，而相关系数为 -0.5，则根据切比雪夫不等式有 $P\{|X+Y|\geqslant 6\}\leqslant$ ＿＿＿＿＿.

2-37　（01 研考）一生产线生产的产品成箱包装，每箱的重量是随机的. 假设每箱平均重 50kg，标准差为 5kg. 若用最大载重量为 5t 的汽车承运，试利用中心极限定理说明每辆车最多可以装多少箱，才能保障不超载的概率大于 0.977（$\Phi(2)=0.977$，其中 $\Phi(x)$ 是标准正态分布函数）.

3 泊松过程

在日常生活中有非常多的偶然现象出现次数的分布服从泊松分布，在大自然中泊松过程能够表达众多的物理过程. 对泊松理论最早的研究可以追溯到18世纪中叶，但是直到19世纪泊松过程才成为一门系统的理论，泊松过程的首次应用是在19世纪60年代Von-Bortkiewicz用泊松过程成功地推算出了德国军队中士兵每年被马踢死的数量分布. 泊松过程是1837年由法国数学家泊松证明的，然后在20世纪40年代初期帕尔梅在研究电话通信问题中又运用到了泊松过程，后来苏联数学家辛钦在服务体系的研究中又进一步地发展了泊松过程. 从理论上看泊松过程会感觉泊松过程是比较简单的，但在现实生活中泊松过程经常被使用. 泊松过程与实际问题的关联十分密切，在公共事业、生物学、通信业等领域中，泊松过程都发挥着非常重要的作用.

3.1 泊松过程概述

3.1.1 计数过程

泊松过程是一类很重要的计数过程，所以可以从计数过程出发来引出齐次泊松过程. 在这里首先介绍计数过程，计数过程就是指随机过程 $\{N(t),t\geqslant 0\}$ 从时刻0到时刻 t 的这段时间内已经产生的事件总数.

一个计数过程具有以下性质：

(1) 非负性：$N(t)\geqslant 0$；

(2) 离散性：$N(t)$ 取值均为整数；

(3) 单调不减性：对于任意的非负实数 $0\leqslant s<t$，有 $N(s)\leqslant N(t)$；

(4) 对于任意的非负实数 s、t，当 $s<t$ 时，有 $N(t)-N(s)$ 表示在时间段 $(s,t]$ 内发生的事件总数（$N(t)-N(s)$ 表示在时刻 s 之后到时刻 t 为止这段时间所发生的事件总数）.

如果对于 $0\leqslant t_1<t_2$，$s\geqslant 0$，一个计数过程 $\{N(t),t\geqslant 0\}$ 在时间区间 $(t_1+s,t_2+s]$ 发生的事件数 $N(t_2+s)-N(t_1+s)$ 的分布与在时间区间 $(t_1,t_2]$ 发生的事件数 $N(t_2)-N(t_1)$ 的分布相同，那么也就是一个计数过程 $\{N(t),t\geqslant 0\}$ 在一定时间间隔中事件发生的数量与相关长度的时间间隔有关而与发生在哪个时刻无关，于是我们称这个计数过程具备平稳增量性.

如果有非负实数 t，$s\geqslant 0$，一个计数过程 $\{N(t),t\geqslant 0\}$ 从时刻 t 之后到时刻 $t+s$ 这段时间内所发生的事件总数 $N(t+s)-N(t)$ 与从时刻0到时刻 t 这段时间内所发生的事件总数 $N(t)$ 是互不影响的，那么也就是一个计数过程 $\{N(t),t\geqslant 0\}$ 在互不相交的时间间隔中事件发生的数量是彼此独立的，于是我们称这个计数过程具备独立增量性.

3.1.2 泊松过程的定义

由计数过程来引出泊松过程，是因为齐次泊松过程是既具备平稳增量性又具备独立增量性的一类重要的计数过程. 下面介绍齐次泊松过程的定义.

定义 1 称计数过程 $\{N(t),t \geqslant 0\}$ 是参数为 $\lambda > 0$ 的齐次泊松过程，若计数过程 $\{N(t),t \geqslant 0\}$ 符合以下三个条件：

(1) 在互不相交的区间上的增量具备独立性，即对于任何正整数 n 以及非负实数 $0 \leqslant t_0 < t_1 < \cdots < t_n$，都有 $N(t_0)$，$N(t_1) - N(t_0)$，$N(t_2) - N(t_1)$，$\cdots$，$N(t_n) - N(t_{n-1})$ 相互独立；

(2) $N(0) = 0$，即计数过程初始值为零；

(3) 在任一宽度为 t 的区间内，事件 X 发生的数量服从泊松分布，且该泊松分布是参数 $\lambda > 0$ 的，因此对任何 t，增量 $\Delta t \geqslant 0$，有

$$P[N(t+\Delta t) - N(t) = k] = \frac{e^{-\lambda \Delta t}(\lambda \Delta t)^k}{k!} \quad (k = 0,1,2,\cdots,\infty)$$

定义 2 称计数过程 $\{N(t),t \geqslant 0\}$ 是参数为 $\lambda > 0$ 的齐次泊松过程，若计数过程 $\{N(t),t \geqslant 0\}$ 符合以下三个条件：

(1) 在互不相交的区间上的增量具备独立性，即对于任意的正整数 n 以及非负实数 $0 \leqslant t_0 < t_1 < \cdots < t_n$，都有 $N(t_0)$，$N(t_1) - N(t_0)$，$N(t_2) - N(t_1)$，$\cdots$，$N(t_n) - N(t_{n-1})$ 相互独立；

(2) $N(0) = 0$，即计数过程初始值为零；

(3) 对任意 $t > 0$ 和充分小的 $\Delta t > 0$，有

$$P\{N(t+\Delta t) - N(t) = 1\} = \lambda \Delta t + o(\Delta t)$$
$$P\{N(t+\Delta t) - N(t) \geqslant 2\} = o(\Delta t)$$

以上两个关于齐次泊松过程的定义是等价的，但有的时候为了应用上的方便，采用定义 1 更为普遍.

现在证明定义 1 与定义 2 等价：从定义 1 与定义 2 各列出的三个条件中可以看出前面两个条件是相同的，两个定义差别在于第三个条件.

现在证明定义 1 中的条件（3）等价于定义 2 中的条件（3）：

对任意 $\Delta t > 0$，都有

$$\begin{aligned}
P[N(t+\Delta t) - N(t) = 1] &= \frac{e^{-\lambda \Delta t}(\lambda \Delta t)^1}{1!} \\
&= \lambda \Delta t \cdot e^{-\lambda \Delta t} \\
&= \lambda \Delta t \cdot \left[\sum_{k=0}^{\infty} \frac{(-\lambda \Delta t)^k}{k!}\right] \\
&= \lambda \Delta t \cdot \left[1 + \frac{-\lambda \Delta t}{1!} + \frac{(-\lambda \Delta t)^2}{2!} + o(-\lambda \Delta t)^2\right] \\
&= \lambda \Delta t \cdot (1 - \lambda \Delta t + o(\lambda \Delta t))
\end{aligned}$$

$$= \lambda\Delta t - \lambda^2\Delta t^2 + \lambda\Delta t \cdot o(\lambda\Delta t)$$
$$= \lambda\Delta t + o(\lambda\Delta t)$$

$$P\{N(t+\Delta t) - N(t) \geqslant 2\} = P\{N(\Delta t) - N(0) \geqslant 2\}$$
$$= \sum_{k=2}^{\infty} \frac{(\lambda\Delta t)^k}{k!} \cdot e^{-\lambda\Delta t}$$
$$= e^{-\lambda\Delta t} \cdot \left[\left(1 + \frac{\lambda\Delta t}{1!} + \frac{(\lambda\Delta t)^2}{2!} + \cdots + \frac{(\lambda\Delta t)^n}{n!} + \cdots\right) - 1 - \frac{\lambda\Delta t}{1!}\right]$$
$$= e^{-\lambda\Delta t} \cdot \left(e^{\lambda\Delta t} - 1 - \frac{\lambda\Delta t}{1!}\right) = 1 - e^{-\lambda\Delta t} - \lambda\Delta t \cdot e^{-\lambda\Delta t}$$

因为 $$\lim_{\Delta t\to 0^-} \frac{1 - e^{-\lambda\Delta t} - \lambda\Delta t e^{-\lambda\Delta t}}{\Delta t} = \lim_{\Delta t\to 0^-} \frac{0 - e^{-\lambda\Delta t}(-\lambda) - \lambda[e^{-\lambda\Delta t} + \Delta t e^{-\lambda\Delta t}(-\lambda)]}{1}$$
$$= \lim_{\Delta t\to 0^-} \{\lambda e^{-\lambda\Delta t} - \lambda e^{-\lambda\Delta t} + \lambda^2\Delta t e^{-\lambda\Delta t}\}$$
$$= \lim_{\Delta t\to 0^-} \lambda^2\Delta t e^{-\lambda\Delta t}$$
$$= 0$$

所以 $1 - e^{-\lambda\Delta t} - \lambda\Delta t \cdot e^{-\lambda\Delta t} = o(\Delta t)$

即 $P\{N(t+\Delta t) - N(t) \geqslant 2\} = o(\Delta t)$

3.2 泊松过程的性质与应用

3.2.1 泊松过程的性质

3.2.1.1 泊松过程的数字特征

均值函数 $m_X(t) = E(X(t)) = \lambda t$

在均值函数的公式里面用 $E[X(t)]$ 表示在 $[0,t]$ 时段内均匀发生的事件数，$\lambda = \frac{E[X(t)]}{t}$ 表示在单位时段内均匀发生的事件数.

方差函数 $\sigma_X^2(t) = D(X(t)) = \lambda t$

相关函数 $R_X(s,t) = E(X(s)X(t)) = \lambda s(\lambda t + 1)$

协方差函数 $B_X(s,t) = R_X(s,t) - m_x(s)m_X(t) = \lambda s$

特征函数 $g_X(u) = E[e^{iuX(t)}] = \exp\{\lambda t(e^{iu} - 1)\}$

3.2.1.2 时间间隔与等待时间

设 $\{N(t), t \geqslant 0\}$ 是泊松过程，令 $N(t)$ 表示从时刻0到时刻 t 这段时间内事件 A 发生的数目，设 T_n 表示从第 $n-1$ 次事件 A 发生到第 n 次事件 A 发生的时间间隔，或称第 n 个时间间隔. 用 W_n 表示第 n 次事件 X 发生的时刻，W_n 又可以称为等候时间，且 $W_n = \sum_{i=1}^{n} T_i (n \geqslant 1)$.

时间间隔 T_n：设 $\{N(t), t \geqslant 0\}$ 是参数为 λ 的泊松过程，$\{T_n, n \geqslant 1\}$ 是与之相对应的时间间隔序列，则随机变量 $T_n (n = 1,2,\cdots)$ 是均值为 $1/\lambda$ 的独立同分布的指数分布.

T_n 的概率密度函数： $f_{T_n}(t)=\lambda e^{-\lambda t}u(t)$

T_n 的分布函数： $F_{T_n}(t)=P\{T_n\leqslant t\}=(1-e^{-\lambda t})u(t)$

T_n 的特征函数： $\Theta_{T_n}(t)=\dfrac{\lambda}{\lambda-jw}$

T_n 的数字特征： $E[T_n]=1/\lambda,\ D[T_n]=1/\lambda^2$

等待时间 W_n：设 $\{N(t),t\geqslant 0\}$ 是具有参数为 λ 的泊松过程，$\{W_n,n\geqslant 1\}$ 是与之相对应的等待时间序列，则随机变量 W_n 服从参数为 λ 与 n 的 Γ 分布.

W_n 的分布函数： $F_{W_n}(t)=\left[1-e^{-\lambda t}\sum_{k=0}^{n-1}\dfrac{(\lambda t)^k}{k!}\right]u(t)$

W_n 的概率密度函数： $f_{W_n}(t)=\lambda e^{-\lambda t}\dfrac{(\lambda t)^{n-1}}{(n-1)!}u(t)$

$$E[W_n]=n/\lambda,\ D[W_n]=n/\lambda^2$$

3.2.1.3 到达时间的条件分布

假设在时间 $[0,t]$ 内事件 X 已发生过一次，确定这已发生的一次事件到达时间 W_1 的分布. 这个分布也可以称为均匀分布.

$$\begin{aligned}P\{W_1\leqslant s,X(t)=1\}&=\frac{P\{W_1\leqslant s,X(t)=1\}}{P\{X(t)=1\}}\\&=\frac{P\{X(s)=1,X(t)-X(s)=0\}}{P\{X(t)=1\}}\\&=\frac{P\{X(s)=1\}\cdot P\{X(t)-X(s)=0\}}{P\{X(t)=1\}}\\&=\frac{\lambda s e^{-\lambda s}\cdot e^{-\lambda(t-s)}}{\lambda t e^{-\lambda t}}\\&=\frac{s}{t}\end{aligned}$$

W_1 的分布函数： $F_{W_1|X(t)=1}(s)=\begin{cases}0,s<0\\ s/t,0\leqslant s<t\\ 1,s\geqslant t\end{cases}$

W_1 的分布密度： $f_{W_1|X(t)=1}(s)=\begin{cases}1/t,0\leqslant s\leqslant t\\ 0\end{cases}$

设 $\{X(t),t\geqslant 0\}$ 是一个泊松过程，已知在时间 $[0,t]$ 内事件 A 已发生过 n 次，则这 n 次到达时间 $W_1<W_2<\cdots<W_n$ 与相应的 n 个 $[0,t]$ 上均匀分布的独立随机变量的顺序统计量有相同的分布，其概率密度为

$$f(t_1,\cdots,t_n|X(t)=n)=\begin{cases}\dfrac{n!}{t^n},0<t_1<\cdots<t_n<t\\ 0\end{cases}$$

3.2.1.4 泊松过程的和与差

泊松过程的和：如果 $N_1(t),N_2(t)$ 是参数分别为 $\lambda_1 t$，$\lambda_2 t$ 的独立泊松过程，则他们的和 $N_1(t)+N_2(t)$ 是参数为 $(\lambda_1+\lambda_2)t$ 的泊松过程.

泊松过程的差：如果 $N_1(t),N_2(t)$ 是参数分别为 $\lambda_1 t$，$\lambda_2 t$ 的独立泊松过程，则他们的

差 $\gamma(t)=N_1(t)-N_2(t)$ 取值为 n 的概率是

$$\begin{aligned}P\{\gamma(t)=n\} &= \sum_{k=0}^{\infty}P\{N_1(t)=n+k\}P\{N_2(t)=k\}\\ &= \sum_{k=0}^{\infty}e^{-\lambda_1 t}\frac{(\lambda_1 t)^{n+k}}{(n+k)!}e^{-\lambda_2 t}\frac{(\lambda_2 t)^k}{k!}\\ &= e^{-(\lambda_1+\lambda_2)t}\left(\frac{\lambda_1}{\lambda_2}\right)^{n/2}\sum_{k=0}^{\infty}\frac{(\sqrt{\lambda_1\lambda_2}t)^{n+2k}}{k!(n+k)!}\end{aligned}$$

泊松过程的差的均值为 $E\{\gamma(t)\}=(\lambda_1-\lambda_2)t$;

泊松过程的差的方差为 $\mathrm{Var}\{\gamma(t)\}=(\lambda_1+\lambda_2)t$.

3.2.2 泊松过程的应用

例 3-1（病人排队体检问题） 设从早上 8 点开始就有许多病人排队等待体检，但是只有一名医生，这名医生一次只能给一个病人做检查，每个病人接受体检的时间是独立的且服从均值为 20min 一次体检的指数分布. 问到中午 12 点为止平均有多少病人已经体检完离去？求已有 9 人接受体检的概率.

解 假设早上 8 点为零时刻，并以 $N(t)$ 表示在时间 $(0,t)$ 内离去的病人数，则 $\{N(t),t\geqslant 0\}$ 是泊松过程. 由题意假设病人以每小时 3 人的平均速度接受体检，也就是 $\lambda=3$ 人/小时.

（1）因为 $N(4):P(4\times 3)$，所以 $E[N(4)]=12$;

（2）$P\{N(4)=9\}=\dfrac{12^9}{9!}e^{-12}$.

例 3-2 某品牌计算机的使用寿命为 20 年，在前面 10 年内平均 2 年半就要修理一次，在后面 10 年内平均 2 年就要修理一次，求在该计算机使用寿命内只修理过一次的概率.

解 因为修理次数与使用时间有关，所以修理次数 $N(t)$ 是一个非齐次泊松过程，强度函数为

$$\lambda(t)=\begin{cases}1/2.5, 0\leqslant t\leqslant 10\\ 1/2, 10<t\leqslant 20\end{cases}$$

则

$$m_N(20)=\int_0^{20}\lambda(t)dt=\int_0^{10}0.4dt+\int_{10}^{20}05dt=9$$

因为

$$P\{N(s+t)-N(s)=k\}=\frac{[m_N(s+t)-m_N(s)]^k}{k!}e^{-[m_N(s+t)-m_N(s)]}$$

所以

$$P\{N(20)-N(0)=1\}=9e^{-9}$$

习 题

3-1 设顾客在 $[0,t)$ 内进入商场的人数是一泊松过程，平均每 5min 进入 25 人. 再设每位顾客购物的概率为 0.3，而每位顾客是否购物相互独立，且与进入商场的顾客数相互独立. 令 X 表示 $[0,t)$ 时段内在该商场购物的顾客人数.

（1）求一天在该商场购物的平均顾客数;

（2）相邻两购物顾客的购物时间间隔的分布.

3-2　设顾客以每分钟 3 人的速率到达，顾客流为泊松流，求在 5min 内到达的顾客不超过 5 人的概率.

3-3　某商店 10 时开始营业，在 10 时顾客平均到达率为每小时 4 人，在 12 时顾客的平均到达率线性增长到最高峰每小时 80 人，从 12 时到 15 时顾客平均到达率维持不变为每小时 80 人. 问在 10：00～14：00 之间无顾客到达商店的概率是多少？在 10：00～14：00 之间到达商店顾客数的数学期望和方差是多少？

4 马尔可夫链模型

马尔可夫过程是一种通过“现在”状态去研究“未来”所处状态的随机过程. 它具有两个参数，一个是状态，另一个是时间. 我们根据这两个参数是离散或是连续将马尔可夫过程分成四类：第一类是状态和时间皆为离散，则此马尔可夫过程称为马尔可夫链；第二类是状态为离散而时间为连续，则此马尔可夫过程称为连续参数马尔可夫链；第三类状态为连续而时间为离散的马尔可夫过程称为马尔可夫序列；第四类状态与时间皆为连续的马尔可夫过程.

4.1 马尔可夫链概述

4.1.1 随机过程的定义

定义 1 设$\{\xi_t, t\in T\}$是一族随机变量，T是一个实数集合，若对任意的实数$t\in T$，ξ_t是一个随机变量，则称$\{\xi_t, t\in T\}$为随机过程.

例 4-1 在一条生产线上检验产品质量，每次取一个，废品记为1，合格品记为0. 以ξ_n表示第n次检验结果，则ξ_n是一个随机变量. 不断检验，得到一系列随机变量ξ_1，$\xi_2,\cdots,\xi_n$，记为$\{\xi_n, n=1,2,\cdots\}$，它是一个随机序列，其状态空间为$E=\{0,1\}$.

4.1.2 马尔可夫链的定义

定义 2 设$\{X_n, n\geqslant 0\}$是有限个值或可数个可能值的随机过程，其状态空间为$I=\{i_0, i_1, i_2,\cdots\}$，假设对于一切状态$i_0, i_1, i_2,\cdots,i_{n+1}\in I$，有

$$P\{X_{n+1}=i_{n+1}\mid X_0=i_0, X_1=i_1,\cdots,X_n=i_n\}=P\{X_{n+1}=i_{n+1}\mid X_n=i_n\}$$

这样的随机过程$\{X_n, n\geqslant 0\}$称为马尔可夫链.

对于一个马尔可夫链，将来的状态的条件分布只依赖现在的状态，而与过去的状态独立，这一特性常称为马尔可夫链的无后效性.

例 4-2 一个n级数字传输系统，每一级的输入和输出信号只取0或1两个值，每一级的输出是下一级的输入；并假定当一级输入为0时，其输出为0和为1的概率分别为p和$1-p$；当输入为1时，其输出为1和0的概率分别为p和$1-p$（见图4-1）.

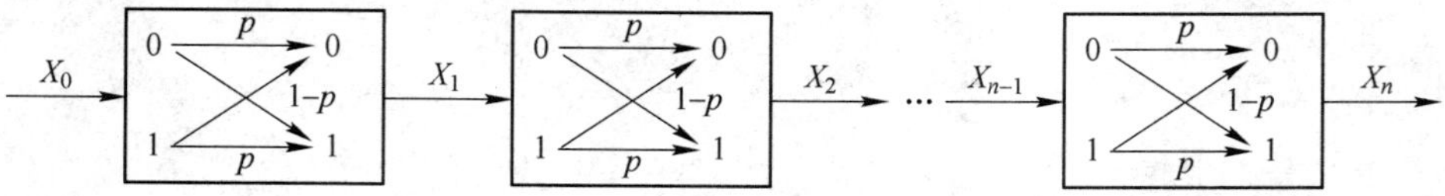

图 4-1

令X_n表示第n级输出，则$\{X_n, n\geqslant 0\}$便为一个马尔可夫链.

例 4-3 从 $1,2,\cdots,N$ 数字中任取一个数，记为 X_0；再从 $1,2,\cdots,X_0$ 数字中任取一个数，记为 X_1；再从 $1,2,\cdots,X_1$ 中任取一个数，记为 X_2；依此类推，在 $1,2,\cdots,X_{n-1}$ 中任取一个数，记为 X_n. 可以证明 $\{X_n,n\geqslant 0\}$ 为马尔可夫链.

事实上，$\{X_n,n\geqslant 0\}$ 的状态空间为 $I=\{1,2,\cdots,N\}$，对任意正整数 n，取 $n+1$ 个状态 $i_0,i_1,i_2,\cdots,i_n\in I$，由题意可知

$$
\begin{aligned}
&P\{X_n=i_n \mid X_0=i_0,X_1=i_1,\cdots,X_{n-1}=i_{n-1}\}\\
&=\begin{cases}\dfrac{1}{i_{n-1}}, \text{当 } i_n\leqslant i_{n-1}\text{ 时}\\ 0, \text{当 } i_n>i_{n-1}\text{ 时}\end{cases}\\
&=P(X_n=i_n \mid X_{n-1}=i_{n-1})
\end{aligned}
$$

故 $\{X_n,n\geqslant 0\}$ 为马尔可夫链.

定义 3 转移概率：由马尔可夫链的无后效性和乘法公式有

$$
\begin{aligned}
&P\{X_0=i_0,X_1=i_1,\cdots,X_n=i_n\}\\
&=P\{X_n=i_n \mid X_0=i_0,X_1=i_1,\cdots,X_{n-1}=i_{n-1}\}\cdot P\{X_0=i_0,X_1=i_1,\cdots,X_{n-1}=i_{n-1}\}\\
&=P\{X_n=i_n \mid X_{n-1}=i_{n-1}\}\cdot P\{X_0=i_0,X_1=i_1,\cdots,X_{n-1}=i_{n-1}\}\\
&\ \vdots\\
&=P\{X_n=i_n \mid X_{n-1}=i_{n-1}\}P\{X_{n-1}=i_{n-1} \mid X_{n-2}=i_{n-2}\}\cdots P\{X_1=i_1 \mid X_0=i_0\}P\{X_0=i_0\}
\end{aligned}
$$

显而易见，条件概率 $P\{X_{n+1}=i_{n+1} \mid X_n=i_n\}$ 确定了马尔可夫链的统计特性，因此这个条件概率的确定非常关键，通常这个条件概率被称作一步转移概率，记作 $P\{X_{n+1}=j \mid X_n=i\}$，即在时刻 n 处事件处于状态 X 的条件下，在时刻 $n+1$ 时其转移到状态 j 的条件概率，简记为 $P_{ij}(n)$.

定义 4 $p_{ij}(n)=P\{X_{n+1}=j \mid X_n=i\}$ 称为马尔可夫链 $\{X_n,n\geqslant 0\}$ 在时刻 n 的一步转移概率.

定义 5 若对 $\forall i,\ j\in I$，马尔可夫链的转移概率 $p_{ij}(n)$ 均与 n 无关，则称随机过程 $\{X_n,n\geqslant 0\}$ 为齐次马尔可夫链，记 $p_{ij}(n)=p_{ij}$.

下面我们只讨论齐次马尔可夫链.

设 $\boldsymbol{P}$ 为一步转移概率 p_{ij} 所组成的矩阵，状态空间 $I=\{1,2,\cdots\}$，称

$$
\boldsymbol{P}=\begin{pmatrix} p_{11} & p_{12} & \cdots & p_{1n} & \cdots\\ p_{21} & p_{22} & \cdots & p_{2n} & \cdots\\ \vdots & \vdots & \vdots & \vdots & \vdots \end{pmatrix}
$$

为马尔可夫链的一步转移概率矩阵.

一步转移概率矩阵的性质：

(1) $p_{ij}\geqslant 0,\ i,\ j\in I$；

(2) $\sum\limits_{j\in I} p_{ij}=1,\ i\in I$.

具备以上两条性质的矩阵称为随机矩阵.

下面给出 n 步转移概率的概念.

定义 6 称条件概率 $p_{ij}^{(n)}=P\{X_{m+n}=j \mid X_m=i\}$，$i,\ j\in I$，$m\geqslant 0$，$n\geqslant 1$ 为马尔可夫链的 n 步转移概率，并称 $\boldsymbol{P}^{(n)}=(p_{ij}^{(n)})$ 为马尔可夫链的 n 步转移概率矩阵. 其中 $p_{ij}^{(n)}\geqslant 0$，

$\sum_{j\in I} p_{ij}^{(n)} = 1.$

当 $n=1$ 时，$\boldsymbol{P}^{(1)}=\boldsymbol{P}$，规定 $p_{ij}^{(0)}=\begin{cases}0, & i\neq j\\ 1, & i=j\end{cases}$，即 $\boldsymbol{P}^{(0)}$ 为单位矩阵.

4.2 马尔可夫链的性质与应用

4.2.1 马尔可夫链的性质

定理 1 设 $\{X_n, n\geqslant 0\}$ 为马尔可夫链，则对任意正整数 n，$0\leqslant l<n$，和状态 i，$j\in I$，n 步转移概率具有下列性质：

(1) $p_{ij}^{(n)} = \sum_{k\in I} p_{ik}^{(l)} p_{kj}^{(n-l)}$（切普曼 - 柯尔莫哥洛夫方程）；

(2) $p_{ij}^{(n)} = \sum_{k_1\in I}\cdots\sum_{k_{n-1}\in I} p_{ik_1}p_{k_1k_2}\cdots p_{k_{n-1}j}$；

(3) $\boldsymbol{P}^{(n)}=\boldsymbol{P}\boldsymbol{P}^{(n-1)}$；

(4) $\boldsymbol{P}^{(n)}=\boldsymbol{P}^{n}$.

证明 (1) 利用全概率公式和马尔可夫链的定义，有

$$\begin{aligned}
p_{ij}^{(n)} &= P\{X_{m+n}=j \mid X_m=i\} = P\{\bigcup_{k\in I}(X_{m+l}=k), X_{m+n}=j \mid X_m=i\}\\
&= P\{\bigcup_{k\in I}(X_{m+l}=k, X_{m+n}=j) \mid X_m=i\}\\
&= \sum_{k\in I} P\{X_{m+l}=k, X_{m+n}=j \mid X_m=i\}\\
&= \sum_{k\in I} \frac{P\{X_m=i, X_{m+l}=k, X_{m+n}=j\}}{P\{X_m=i\}}\\
&= \sum_{k\in I} \frac{P\{X_m=i\}P\{X_{m+l}=k \mid X_m=i\}P\{X_{m+n}=j \mid X_m=i, X_{m+l}=k\}}{P\{X_m=i\}}\\
&= \sum_{k\in I} P\{X_{m+l}=k \mid X_m=i\}P\{X_{m+n}=j \mid X_{m+l}=k\}\\
&= \sum_{k\in I} p_{ik}^{(l)}(m)p_{kj}^{(n-l)}(m+l) = \sum_{k\in I} p_{ik}^{(l)}p_{kj}^{(n-l)}
\end{aligned}$$

(1) 式是关于转移概率的一个重要结果，切普曼 - 柯尔莫哥洛夫方程（简称为 C - K 方程），直观上可以作如下解释：马尔可夫链 $\{X_n, n\geqslant 0\}$ 在时刻 m 处于状态 i，经过 n 步后，在时刻 $m+n$ 处转移到状态 j 的过程可以看作它在时刻 m 处于状态 i，先经过 l 步，即在时刻 $m+l$ 遍历所有状态 $k(k=1,2,\cdots)$，然后再经过 $n-l$ 步，即在时刻 $m+n$ 转到状态 j 的转移过程（见图 4-2）.

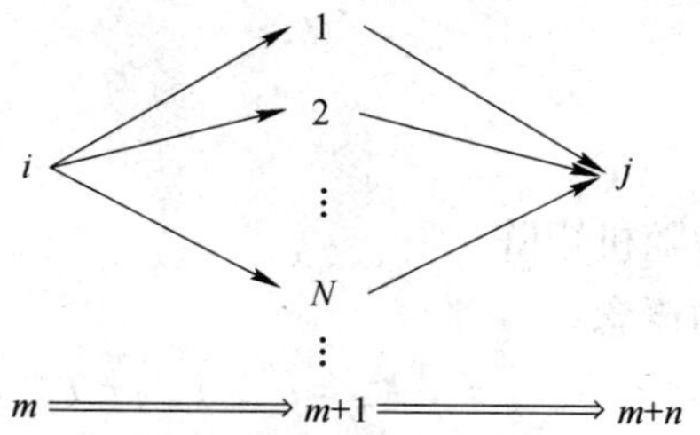

图 4-2

C－K 方程的矩阵形式为 $\boldsymbol{P}^{(n)}=\boldsymbol{P}^{(l)}\boldsymbol{P}^{(n-l)}$.

当 $l=1$ 时，即为（3）$\boldsymbol{P}^{(n)}=\boldsymbol{P}\boldsymbol{P}^{(n-1)}$，再利用归纳法可证（4）.

在（1）中令 $l=1$，$k=k_1$，得 $p_{ij}^{(n)}=\sum_{k\in I}p_{ik_1}p_{k_1j}^{(n-1)}$，这是一个递推公式，逐步递推可证（2）.

4.2.2　马尔可夫链的应用

例 4-4　设质点在线段上做随机游动，见图 4-3，每隔一秒钟移动一步. 当质点处于“0”点时，必然要以概率 1 向右移动一步至“1”点；当质点处于“4”点时，下一步必然以概率 1 向左移动一步至“3”点；当质点处于其他点时，下一步便均分别以概率 1/3 向左、向右或停留在原地不动.

令 X_n 表示 n 次移动后质点所处的位置. 显然，$\{X_n,n\geqslant 0\}$ 为一齐次马尔可夫链，其状态空间为 $I=\{0,1,2,3,4\}$.

试求 $\{X_n,n\geqslant 0\}$ 的一步和二步转移概率矩阵.

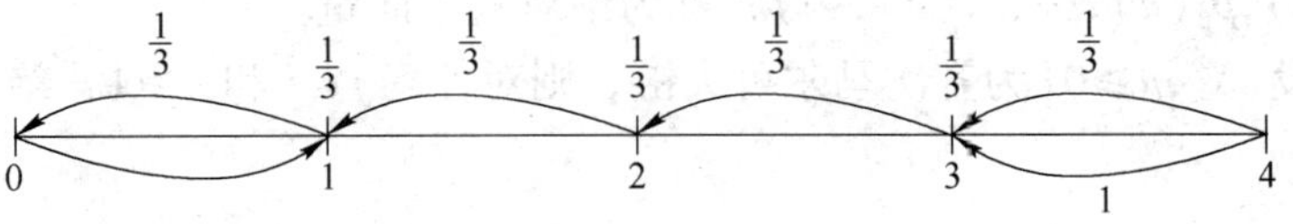

图 4-3

解　按题意可知

$$p_{00}=P\{X_{m+1}=0\mid X_m=0\}=0$$

$$p_{01}=P\{X_{m+1}=1\mid X_m=0\}=1$$

$$p_{02}=P\{X_{m+1}=2\mid X_m=0\}=0$$

同样可求得其他转移概率

$$p_{03}=0,p_{04}=0,p_{10}=\frac{1}{3},p_{11}=\frac{1}{3},p_{12}=\frac{1}{3},p_{13}=0,p_{14}=0,\cdots,p_{44}=0$$

由以上计算结果得一步转移概率矩阵：

$$\begin{array}{c} \\ 0\\ 1\\ 2\\ 3\\ 4\end{array}\begin{array}{c}\begin{matrix}0 & 1 & 2 & 3 & 4\end{matrix}\\ \begin{pmatrix}0 & 1 & 0 & 0 & 0\\ \frac{1}{3} & \frac{1}{3} & \frac{1}{3} & 0 & 0\\ 0 & \frac{1}{3} & \frac{1}{3} & \frac{1}{3} & 0\\ 0 & 0 & \frac{1}{3} & \frac{1}{3} & \frac{1}{3}\\ 0 & 0 & 0 & 1 & 0\end{pmatrix}\end{array}$$

二步转移概率矩阵：

$$\begin{pmatrix} 0 & 1 & 0 & 0 & 0 \\ \frac{1}{3} & \frac{1}{3} & \frac{1}{3} & 0 & 0 \\ 0 & \frac{1}{3} & \frac{1}{3} & \frac{1}{3} & 0 \\ 0 & 0 & \frac{1}{3} & \frac{1}{3} & \frac{1}{3} \\ 0 & 0 & 0 & 1 & 0 \end{pmatrix} \begin{pmatrix} 0 & 1 & 0 & 0 & 0 \\ \frac{1}{3} & \frac{1}{3} & \frac{1}{3} & 0 & 0 \\ 0 & \frac{1}{3} & \frac{1}{3} & \frac{1}{3} & 0 \\ 0 & 0 & \frac{1}{3} & \frac{1}{3} & \frac{1}{3} \\ 0 & 0 & 0 & 1 & 0 \end{pmatrix} = \begin{pmatrix} \frac{1}{3} & \frac{1}{3} & \frac{1}{3} & 0 & 0 \\ \frac{1}{9} & \frac{5}{9} & \frac{2}{9} & \frac{1}{9} & 0 \\ \frac{1}{9} & \frac{2}{9} & \frac{3}{9} & \frac{2}{9} & \frac{1}{9} \\ 0 & \frac{1}{9} & \frac{2}{9} & \frac{5}{9} & \frac{1}{9} \\ 0 & 0 & \frac{1}{3} & \frac{1}{3} & \frac{1}{3} \end{pmatrix}$$

定义 7 设$\{X_n,n\geqslant 0\}$为齐次马尔可夫链，其状态空间为 I，称下列一组概率 $p_j(0)=P\{X_0=j\},j\in I$ 为$\{X_n,n\geqslant 0\}$的初始分布，$p_i(0)$称为初始概率. 将其写成向量形式为 $\boldsymbol{P}^{\mathrm{T}}(0)=(p_1(0),p_2(0),\cdots,p_N(0),\cdots)$，称为初始概率向量.

定义 8 设$\{X_n,n\geqslant 0\}$为齐次马尔可夫链，其状态空间为 I，称下列一组概率 $p_j(n)=P\{X_n=j\}$，$j\in I$ 为$\{X_n,n\geqslant 0\}$的绝对分布，$p_j(n)$称为绝对概率. 将其写成向量形式为 $\boldsymbol{P}^{\mathrm{T}}(n)=(p_1(n),p_2(n),\cdots,p_N(n),\cdots)$，称为绝对概率向量.

定理 2 设$\{X_n,n\geqslant 0\}$为齐次马尔可夫链，则对任意 $j\in I$ 和 $n\geqslant 1$，绝对概率具有下列性质：

(1) $p_j(n)=\sum_{i\in I}p_i(0)p_{ij}^{(n)}$；

(2) $p_j(n)=\sum_{i\in I}p_i(n-1)p_{ij}$；

(3) $\boldsymbol{P}^{\mathrm{T}}(n)=\boldsymbol{P}^{\mathrm{T}}(0)\boldsymbol{P}^{(n)}$；

(4) $\boldsymbol{P}^{\mathrm{T}}(n)=\boldsymbol{P}^{\mathrm{T}}(n-1)\boldsymbol{P}$.

证明 (1) $$p_j(n)=P\{X_n=j\}=\sum_{i\in I}P\{X_0=i,X_n=j\}$$
$$=\sum_{i\in I}P\{X_0=i\}P\{X_n=j|X_0=i\}=\sum_{i\in I}p_i(0)p_{ij}^{(n)}$$

(2) $$p_j(n)=P\{X_n=j\}=\sum_{i\in I}P\{X_{n-1}=i,X_n=j\}$$
$$=\sum_{i\in I}P\{X_{n-1}=i\}P\{X_n=j|X_{n-1}=i\}=\sum_{i\in I}p_i(n-1)p_{ij}$$

(3)(4) 式是 (1) (2) 的矩阵形式.

定理 3 设$\{X_n,n\geqslant 0\}$为齐次马尔可夫链，对任意 i_1，i_2，…，$i_n\in I$ 和 $n\geqslant 1$，则马尔可夫链的 n 维分布有

$$P\{X_1=i_1,X_2=i_2,\cdots,X_n=i_n\}=\sum_{i\in I}p_i(0)p_{ii_1}p_{i_1i_2}\cdots p_{i_{n-1}-i_n}$$

此式证明利用了乘法公式和马尔可夫链的无后效性，表明齐次马尔可夫链的有限维分布同样可由其初始分布和转移概率而确定.

例 4-5 某网站初运行时经常出故障，现每隔 15min 观察一次此网站的状态，共收集 97 次观察结果. 用 1 表示工作正常，用 0 表示工作不正常，所测得数据如下：

$$\underbrace{11100100\cdots\cdots\cdots\cdots00111}_{97\text{次}}$$

解　令 X_n 表示第 n 个时间段计算机的状态，显然 $\{X_n, n \geqslant 0\}$ 为齐次马尔可夫链，其状态空间为 $I=\{0,1\}$．由统计的结果可得转移情况如下：

$0 \to 0$ 有 8 次；$1 \to 0$ 有 18 次；$0 \to 1$ 有 18 次；$1 \to 1$ 有 52 次

利用频率“代替”概率的原理，可得转移概率

$$p_{00}=P\{X_{n+1}=0 \mid X_n=0\}=\frac{8}{8+18}=\frac{8}{26}$$

$$p_{01}=P\{X_{n+1}=1 \mid X_n=0\}=\frac{18}{8+18}=\frac{18}{26}$$

$$p_{10}=P\{X_{n+1}=0 \mid X_n=1\}=\frac{18}{18+52}=\frac{18}{70}$$

$$p_{11}=P\{X_{n+1}=1 \mid X_n=1\}=\frac{52}{18+52}=\frac{52}{70}$$

即得其转移概率矩阵为

$$\begin{pmatrix} \frac{8}{26} & \frac{18}{26} \\ \frac{18}{70} & \frac{52}{70} \end{pmatrix}$$

假定初始分布为 $p_0(0)=P\{X_0=0\}=1$，$p_1(0)=P\{X_0=1\}=0$，则此计算机能连续工作四个时间段（即一小时）的概率便为

$$P\{X_1=1 \quad X_2=1 \quad X_3=1 \quad X_4=1\}=\sum_{i=0}^{1} p_i(0)p_{i1}(1)p_{11}(1)p_{11}(1)p_{11}(1)$$

$$=p_0(0)p_{01}p_{11}^3+p_1(0)p_{11}p_{11}^3=1\times\frac{18}{26}\times\left(\frac{52}{70}\right)^3=0.284$$

例 4-6　设质点在数轴上移动，假定每次移动一格时向右移动的概率为 p，而向左移动的概率为 $q=1-p$，这种移动称为无限制随机游动，用 X_n 表示质点在时刻 n 所处数轴上的位置，则 $\{X_n, n \geqslant 0\}$ 是一个齐次马尔可夫链．我们可以得到它的一步转移概率矩阵和 k 步转移概率．

解　设状态空间为 $I=\{0,\pm 1,\pm 2,\cdots\}$，则一步转移概率矩阵为

$$\boldsymbol{P}=\begin{pmatrix} \cdots & \cdots & \cdots & \cdots & \cdots & \cdots \\ \cdots & q & 0 & p & 0 & \cdots \\ \cdots & 0 & q & 0 & p & \cdots \\ \cdots & \cdots & \cdots & \cdots & \cdots & \cdots \end{pmatrix}$$

假定质点在 k 步转移过程中向右移了 x 步，向左移了 y 步，并且经过 k 步转移状态从 i 进入 j，则

$$\begin{cases} x+y=k \\ x-y=j-i \end{cases}$$

解出

$$x=\frac{k+(j-i)}{2},\ y=\frac{k-(j-i)}{2}$$

由于 x，y 是正整数，所以 $k \pm (j-i)$ 必须是偶数，又在 k 步转移中哪 x 步向右哪 y 步向左

是任意的，于是

$$p_{ij}^{(k)}=\begin{cases}C_k^x p^x q^y, & k\pm(j-i)\text{为偶数}\\ 0, & k\pm(j-i)\text{为奇数}\end{cases}$$

例 4-7 两赌徒甲、乙进行一系列赌博，甲有 a 元，乙有 b 元，每赌一局输者给赢者 1 元，没有和局，直到两人中有一人输光为止，设在每一局中，甲赢的概率为 p，输的概率为 $q=1-p$，求甲输光的概率. 这个问题实际上是带有两个吸收壁的随机游动，状态空间为 $I=\{0,1,2,\cdots,c\}$，$c=a+b$，求质点从状态 a 出发到达状态 0 先于到达状态 c 的概率.

解 设 u_i 表示甲从状态 i 出发转移到状态 0 的概率，现要计算 u_a.
由于 0 和 c 是吸收状态，故 $u_0=1$，$u_c=0$

由全概率公式 $$u_i=pu_{i+1}+qu_{i-1}, i=1,2,\cdots,c-1$$

即 $$(p+q)u_i=pu_{i+1}+qu_{i-1}, pu_{i+1}-pu_i=qu_i-qu_{i-1}$$

所以 $$u_{i+1}-u_i=r(u_i-u_{i-1}), r=\frac{q}{p}, i=1,2,\cdots,c-1$$

这是一个差分方程，下面只讨论 $p=q=\frac{1}{2}$，即 $r=1$ 的情况，此时

$$u_{i+1}-u_i=u_i-u_{i-1} \quad i=1,2,\cdots,c-1$$

令 $u_1=u_0+\alpha$，则

$$u_2=u_1-u_0+u_1=u_1+\alpha=u_0+2\alpha$$

$$u_3=u_2+\alpha=u_0+3\alpha$$

$$\vdots$$

$$u_i=u_0+i\alpha$$

$$u_c=u_0+c\alpha$$

$$\text{即} \quad 0=1+c\alpha, \alpha=-\frac{1}{c}$$

所以 $u_i=1-\frac{i}{c}$，$u_a=1-\frac{a}{c}=\frac{b}{a+b}$

由于甲、乙的地位是对等的，同样可计算出乙输光的概率为

$$u_b=\frac{a}{a+b}$$

上式表明甲输光的概率与乙的赌本成正比，所以赌本小者输光的可能性大（输赢等可能的情况下），又 $u_a+u_b=1$，表明终究必有一人要输光，赌博迟早要结束.

习　题

4-1 设 $\{X(n), n\geqslant 1\}$ 为齐次马尔可夫链，状态空间 $S=\{1,2,3,4\}$，其转移概率为 $P_{12}=1$，$P_{44}=1$，$P_{ii+1}=P_{ii}=P_{ii-1}=\frac{1}{3}$，$i=2$，3，其余为 0，试求：

（1）从状态 1 经过两步到达状态 3 的概率；

（2）从状态 2 经过四步达到状态 4 的概率.

4-2 设马尔可夫链的状态空间为 $S=\{1,2,3,4\}$，其一步转移概率矩阵为

$$
\boldsymbol{P}=\begin{pmatrix} \frac{1}{2} & \frac{1}{2} & 0 & 0 \\ 1 & 0 & 0 & 0 \\ 0 & \frac{1}{3} & \frac{2}{3} & 0 \\ \frac{1}{2} & 0 & \frac{1}{2} & 0 \end{pmatrix}
$$

画出状态转移图.

4-3 设明天是否有雨仅与今天的天气有关，而与过去的天气无关，又设今天下雨而明天也下雨的概率为 α，而今天无雨明天有雨的概率为 β；规定有雨天气为状态 0，无雨天气为状态 1. 设 $\alpha=0.4$，$\beta=0.7$，求今天有雨且第四天仍有雨的概率.

5 数理统计的基本概念

前面5章里我们学习了概率论的基本概念、基本理论和基本方法. 在概率论中，概率分布通常是已知的或者假设为已知的，而我们关心的是某些事件的概率、随机变量的数学期望和方差等数字特征等. 然而在实际问题中，往往是涉及某个随机变量服从何种分布我们可能完全不知道，即使有时能够根据某些事实推断出分布的类型，但是却不知道其分布函数中的某个（些）参数，例如：

某工厂生产了一批灯泡，每个灯泡可能是合格品（记为 $X=0$），也可能是不合格品（记为 $X=1$）. 此时我们虽然知道一个灯泡是合格品还是不合格品的随机变量 X 是服从 $0-1$ 分布的，但是分布中的参数 p（不合格品的概率）却是不知道的.

对于诸如上面的问题，要进行行之有效的研究就必须知道相应的分布或分布中所含的参数的值. 那么，如何确定一个随机变量的分布或其参数呢？这就是数理统计所要解决的首要问题.

数理统计学是研究怎样收集数据、设定模型、数据分析，对所研究的问题作出推断的一门学科. 本书主要介绍如下两类基本的统计推断方法：(1) 参数估计；(2) 假设检验.

5.1 总体与样本

定义1 被研究对象的全体称为总体或母体，记为 X. 例如，研究一批电视机寿命，将这批电视机视为总体；研究某市男性大学生身高时，该市男大学生全体为总体；总体中的每个元素称为个体. 例如，每个电视机寿命，每个男性大学生身高都是个体. 总体中个体的数量称为总体容量.

注1：对每个个体来说，它有许多方面的特性，而在实际问题中，人们往往关心的只是个体的某项数量指标，所以说这里的总体实质上是指某项数量指标的全体. 例如，研究一批电视机寿命时，其寿命数量指标为总体，取值范围为 $[0,\infty)$；研究某市男大学生身高时，男性大学生身高取值 $[1.50,2.02]$ 为总体.

由于每个数量指标的取值是随机的，故总体是随机变量，这样就把对总体的研究转化为对某个随机变量的研究. 由于一个随机变量的分布函数全面地描述了该随机变量的统计规律，因此对总体进行研究的一个重要任务就是确定相应的随机变量的分布. 今后我们将不再严格区分总体和相应的随机变量，而直接用总体相对应的随机变量 X 或者相应的分布函数 $F(x)$ 来表征总体，例如：我们直接称“总体 X”或“总体 $F(x)$”.

如何获得总体 X 的分布函数 $F(x)$ 的具体形式呢？

我们先来看一个例子：为了确定电子元件的寿命 X 的分布，当然最精确的方法是对每一个元件的寿命逐一测量，但是寿命试验是一种破坏性试验，并且试验需要花费大量的人力、物力等，并不可取，因而，一般来讲只抽取一部分电子元件来做试验，并通过这些电子元件的寿命数据推断总体的寿命分布.

如上所述，数理统计具有“部分推断总体”的特征.

上面的例子涉及两方面的问题：

（1）如何获取部分信息，这涉及统计抽样的问题；

（2）如何利用获取到的部分信息，这涉及统计推断的问题.

定义 2　（简单随机抽样）若对抽样要求①随机性：每个个体被抽到的机会一样，保证了 $X_1,X_2,\cdots,X_n$ 的分布相同，与总体一样；②独立性：$X_1,X_2,\cdots,X_n$ 相互独立. 那么，符合“随机性”和“独立性”要求的抽样称为简单随机抽样，由此得到的样本 $(X_1,X_2,\cdots,X_n)$ 称为从总体 X 中得到的容量为 n 的简单随机样本，也简称为简单随机样本.

例如，从总体中进行有放回抽样，显然是简单随机抽样，得到的样本就是简单随机样本. 从有限总体中进行不放回抽样，虽然不是简单随机抽样，但是若总体容量 N 很大，而样本容量 n 很小 $\left(\frac{n}{N}\leqslant 10\%\right)$ 时，则可以近似地看作是放回抽样，因而也就可以近似地看作是简单随机抽样，得到的样本可以近似地看作是简单随机样本.

对抽取的 n 个个体 $X_1,X_2,\cdots,X_n$ 进行试验，相应于每一次观测都得到一组数据 $x_1,x_2,\cdots,x_n$，称 x_i 为 X_i 的观测值，并称 $(x_1,x_2,\cdots,x_n)$ 为样本观测值. 由于样本是随机变量，那么每次观测样本观测值 $(x_1,x_2,\cdots,x_n)$ 也会不同，于是我们把样本 $(X_1,X_2,\cdots,X_n)$ 的所有可能取值构成的集合称为样本空间，显然一个样本值 $(x_1,x_2,\cdots,x_n)$ 是样本空间的一个点.

注 2：抽样方式有很多，但是本书中凡是提到抽样与样本，都是指简单随机抽样与简单随机样本.

定义 3　（统计量）设 $(X_1,X_2,\cdots,X_n)$ 是来自总体 X 的一个样本，$g(X_1,X_2,\cdots,X_n)$ 是样本的函数，若 g 中不含任何未知参数，则称 $g(X_1,X_2,\cdots,X_n)$ 是一个统计量.

设 $(x_1,x_2,\cdots,x_n)$ 是对应于样本 $(X_1,X_2,\cdots,X_n)$ 的样本观测值，则称 $g(x_1,x_2,\cdots,x_n)$ 是 $g(X_1,X_2,\cdots,X_n)$ 的观测值.

例如：(X_1,X_2) 是来自总体 $X\sim N(1,\sigma^2)$ 的一个样本，则 $X_1+X_2-1,\min(X_1,X_2)$ 都是统计量，而 σX_1 就不是统计量.

数理统计中最常用的统计量：

（1）样本均值 $\overline{X}=\dfrac{1}{n}\sum\limits_{i=1}^{n}X_i$

（2）样本方差 $S^2=\dfrac{1}{n-1}\sum\limits_{i=1}^{n}(X_i-\overline{X})^2$

（3）样本标准方差 $S=\sqrt{\dfrac{1}{n-1}\sum\limits_{i=1}^{n}(X_i-\overline{X})^2}$

（4）样本 k 阶原点矩 $V_k=\dfrac{1}{n}\sum\limits_{i=1}^{n}X_i^k$

（5）样本 k 阶中心矩 $U_k=\dfrac{1}{n}\sum\limits_{i=1}^{n}(X_i-\overline{X})^k$

设 $(x_1,x_2,\cdots,x_n)$ 为样本 $(X_1,X_2,\cdots,X_n)$ 的观测值，则这些统计量相对应观测值分别

为：$\bar{x}=\frac{1}{n}\sum_{i=1}^{n}x_i, s^2=\frac{1}{n-1}\sum_{i=1}^{n}(x_i-\bar{x})^2, s=\sqrt{\frac{1}{n-1}\sum_{i=1}^{n}(x_i-\bar{x})^2}, \nu_k=\frac{1}{n}\sum_{i=1}^{n}x_i^k$ 和 $u_k=\frac{1}{n}\sum_{i=1}^{n}(x_i-\bar{x})^k$. 在不至于混淆的情况下，这些值也分别称为样本均值、样本方差、样本标准差、样本 k 阶原点矩、样本 k 阶中心矩.

例 5-1　设 $X_1, X_2, \cdots, X_n$ 为来自总体为 X 容量为 n 的样本，且 $EX=\mu, DX=\sigma^2$，样本均值记 $\bar{X}=\frac{1}{n}\sum_{i=1}^{n}X_i$，样本方差 $S^2=\frac{1}{n-1}\sum_{i=1}^{n}(X_i-\bar{X})^2$. 试证明：

(1) $E(\bar{X})=\mu, D(\bar{X})=\frac{\sigma^2}{n}$;

(2) $\sum_{i=1}^{n}(X_i-\bar{X})^2=\sum_{i=1}^{n}X_i^2-n\bar{X}^2$;

(3) $ES^2=\sigma^2$.

证　(1) 由样本均值的线性性质有：$E(\bar{X})=E\left[\frac{1}{n}\sum_{i=1}^{n}X_i\right]=\frac{1}{n}\sum_{i=1}^{n}E(X_i)=\mu$

由于 $X_1, X_2, \cdots, X_n$ 是独立同分布的，故有 $D(\bar{X})=D\left[\frac{1}{n}\sum_{i=1}^{n}X_i\right]=\frac{1}{n^2}\sum_{i=1}^{n}D(X_i)=\frac{\sigma^2}{n}$

(2) 注意到 $\sum_{i=1}^{n}X_i=n\bar{X}$，我们有

$$\begin{aligned}\sum_{i=1}^{n}(X_i-\bar{X})^2&=\sum_{i=1}^{n}(X_i^2-2X_i\bar{X}+\bar{X}^2)=\sum_{i=1}^{n}X_i^2-2\bar{X}\sum_{i=1}^{n}X_i+n\bar{X}^2\\&=\sum_{i=1}^{n}X_i^2-2\bar{X}\cdot n\bar{X}+n\bar{X}^2=\sum_{i=1}^{n}X_i^2-n\bar{X}^2\end{aligned}$$

(3) 由(2)及 $EX^2=DX+(EX)^2$ 有

$$\begin{aligned}ES^2&=E\left[\frac{1}{n-1}\sum_{i=1}^{n}(X_i-\bar{X})^2\right]=\frac{1}{n-1}E\left[\sum_{i=1}^{n}(X_i-\bar{X})^2\right]\\&=\frac{1}{n-1}E\left(\sum_{i=1}^{n}X_i^2-n\bar{X}^2\right)=\frac{1}{n-1}\left[\sum_{i=1}^{n}E(X_i^2)-nE(\bar{X}^2)\right]\\&=\frac{1}{n-1}\left[\sum_{i=1}^{n}(\sigma^2+\mu^2)-n\left(\frac{\sigma^2}{n}+\mu^2\right)\right]=\sigma^2\end{aligned}$$

注 3：本例的证明并不复杂，但是其结果在数理统计中是很有用的，读者应该熟记.

5.2　三大抽样分布

5.2.1　χ^2 分布

定义 4　设 $(X_1, X_2, \cdots, X_n)$ 是来自总体 $X\sim N(0,1)$ 的一个样本，则称统计量：

$\chi^2=\sum_{i=1}^{n}X_i^2$ 所服从的分布是自由度为 n 的 χ^2 分布，记作：$\chi^2\sim\chi^2(n)$

$\chi^2(n)$ 的概率密度函数为 $f_{\chi^2}(x)=\begin{cases}\frac{1}{2^{n/2}\Gamma\left(\frac{n}{2}\right)}x^{\frac{n}{2}-1}e^{-\frac{x}{2}}, & x>0\\0, & x\leqslant 0\end{cases}$

其中：$\Gamma\left(\frac{n}{2}\right)=\int_0^{\infty}x^{\frac{n}{2}-1}e^{-x}dx$，$\Gamma\left(\frac{1}{2}\right)=\sqrt{\pi}.$

显然，$\chi^2(x,n)\geqslant 0$，且$\int_{-\infty}^{+\infty}\chi^2(x,n)dx=1$，即符合密度函数性质.

定理 1 （χ^2 分布的性质）

（1）χ^2 分布的可加性：

设$\chi_1^2\sim\chi^2(n_1)$，$\chi_2^2\sim\chi^2(n_2)$，且χ_1^2与χ_2^2相互独立，则：$\chi_1^2+\chi_2^2\sim\chi^2(n_1+n_2)$

（2）若$\chi^2\sim\chi^2(n)$，则$E(\chi^2)=n$，$D(\chi^2)=2n$.

事实上，因为$X_i\sim N(0,1)$，则：$E(X_i^2)=D(X_i)=1$，

$$D(X_i^2)=E(X_i^4)-[E(X_i^2)]^2=\frac{1}{\sqrt{2\pi}}\int_{-\infty}^{+\infty}x^4e^{-\frac{x^2}{2}}dx-1=3-1=2,i=1,2,\cdots,n$$

所以：$E(\chi^2)=E\left(\sum_{i=1}^{n}X_i^2\right)=\sum_{i=1}^{n}E(X_i^2)=n$；$D(\chi^2)=D\left(\sum_{i=1}^{n}X_i^2\right)=\sum_{i=1}^{n}D(X_i^2)=2n$

定义 5 （上 α 分位数）设随机变量 X 的分布函数为 $F(x)$，对于给定的正数 $\alpha(0<\alpha<1)$，若有 x_α 满足 $F(x_\alpha)=P\{X\geqslant x_\alpha\}=\alpha$，则称 x_α 为 X 的上 α 分位数（或上 α 分位点）.

定义 6 （χ^2 分布上 α 分位数）对于不同自由度 n 及不同的数 $\alpha(0<\alpha<1)$，定义χ_α^2是自由度为 n 的χ^2 分布上 α 分位数，如果其满足

$$P(\chi^2\geqslant\chi_\alpha^2)=\int_{\chi_\alpha^2}^{+\infty}f_{\chi^2}(x)dx=\alpha$$

图像描述参见图 5-1.

χ^2 分布上 α 分位数的值可以通过查表得出，当 n 较大（$n>45$）时，有近似公式$\chi_\alpha^2(n)\approx\frac{1}{2}(u_\alpha+\sqrt{2n-1})^2$. 其中 u_α 为标准正态分布的上 α 分位数.

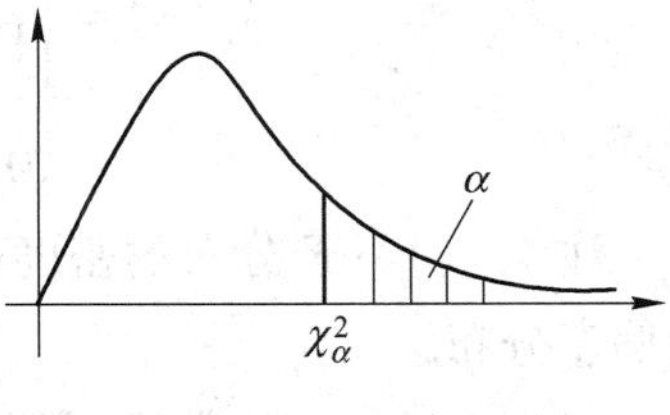

图 5-1

5.2.2 t 分布

定义 7 设 $X\sim N(0,1)$，$Y\sim\chi^2(n)$，且 X 与 Y 相互独立，则称统计量：$T=\frac{X}{\sqrt{Y/n}}$所服从的分布是自由度为 n 的 t 分布，记为 $T\sim t(n)$，t 分布又称为学生氏（Student）分布.

t 分布的概率密度函数为

$$f_T(x)=\frac{\Gamma\left(\frac{n+1}{2}\right)}{\sqrt{n\pi}\Gamma\left(\frac{n}{2}\right)}\left(1+\frac{x^2}{n}\right)^{-\frac{n+1}{2}}\quad(-\infty<x<+\infty)$$

t 分布图像的性质：（1）密度函数曲线关于 $x=0$ 对称；（2）密度函数在 $x=0$ 达最大值；（3）密度函数曲线的水平渐近线为 x 轴；（4）可以证明，当自由度 $n\to\infty$ 时，t 分布将趋于 $N(0,1)$.

t 分布的性质：

（1）若 $T\sim t(n)$，则 $n>1$ 时，$E(T)=0$；$n>2$ 时，$D(T)=\frac{n}{n-2}$.

（2）可以证明，当自由度 $n\to\infty$ 时，t 分布将趋于 $N(0,1)$.

（3）（上 α 分位数）对于不同的自由度 n 及不同的数 α（$0<\alpha<1$），定义 t_α 是自由度为 n 的 t 分布上 α 分位数，如果其满足

$$p(T\geqslant t_\alpha)=\int_{t_\alpha}^{+\infty}f_T(x)\,\mathrm{d}x=\alpha$$

图像描述参见图 5-2.

（4）易证 $t_\alpha(n)=-t_{1-\alpha}(n)$.

（5）$t(n)$分布的 α 分位数 $t_\alpha(n)$可以由附表查出其值. 由于 $n>30$ 时，$t(n)$分布接近于 $N(0,1)$，所以当 $n>45$ 时，可查 $N(0,1)$分布分位数表.

5.2.3 F 分布

定义 8 设 $X\sim\chi^2(n_1),Y\sim\chi^2(n_2)$，且 X 与 Y 相互独立，则称统计量 $F=\dfrac{X/n_1}{Y/n_2}$服从自由度为 n_1 和 n_2 的 F 分布，记作：$F\sim F(n_1,n_2)$.

F 分布的概率密度为

$$f_F(x)=\begin{cases}\dfrac{\Gamma\left(\dfrac{n_1+n_2}{2}\right)}{\Gamma\left(\dfrac{n_1}{2}\right)\Gamma\left(\dfrac{n_2}{2}\right)}n_1^{n_1/2}n_2^{n_2/2}\dfrac{x^{\frac{n_1}{2}-1}}{(n_1x+n_2)^{\frac{n_1+n_2}{2}}}, & x>0\\ 0, & x\leqslant 0\end{cases}$$

注 4：（1）F 分布的密度函数图形与 χ^2 分布的密度函数图形类似，是一个只取非负值的偏态分布.

（2）（上 α 分位数）对于不同的自由度 n_1 和 n_2 及不同的数 $\alpha(0<\alpha<1)$，定义 F_α 是自由度为 n_1 和 n_2 的 F 分布上 α 分位数，如果其满足

$$P(F\geqslant F_\alpha)=\int_{F_\alpha}^{+\infty}f_F(x)\,\mathrm{d}x=\alpha$$

图像描述参见图 5-3.

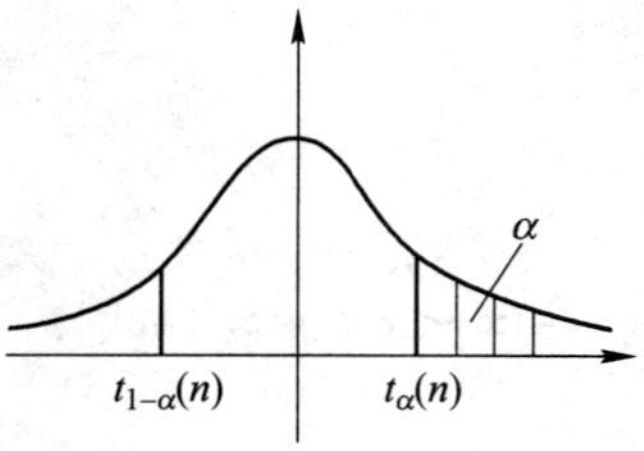

图 5-2

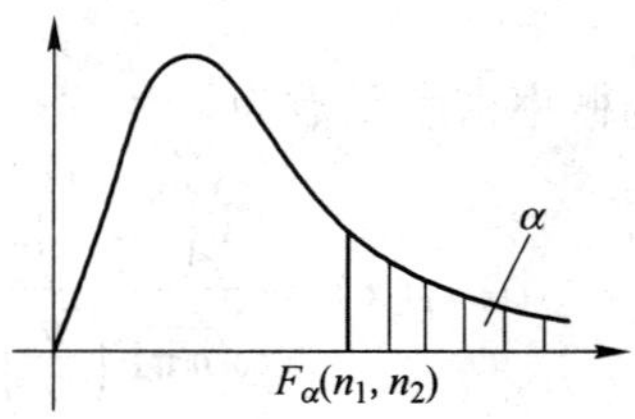

图 5-3

易证，$F_{1-\alpha}(n_1,n_2)\cdot F_\alpha(n_2,n_1)=1$.

例 5-2 设总体 $X\sim N(0,1)$，$X_1X_2,\cdots,X_6$ 为来自总体 X 的一个样本，又设 $Y=(X_1+X_2+X_3)^2+(X_4+X_5+X_6)^2$，试确定 a，使得 aY 服从 χ^2 分布.

解　由已知条件及正态分布的独立性有：$X_1+X_2+X_3$ 与 $X_4+X_5+X_6$ 相互独立，且满足

$$X_1+X_2+X_3 \sim N(0,3), X_4+X_5+X_6 \sim N(0,3)$$

从而

$$T_1=\frac{1}{\sqrt{3}}(X_1+X_2+X_3) \sim N(0,1)$$

$$T_2=\frac{1}{\sqrt{3}}(X_4+X_5+X_6) \sim N(0,1)$$

由于

$$aY=a[(\sqrt{3}T_1)^2+(\sqrt{3}T_2)^2]=3a(T_1^2+T_2^2)$$

故当 $a=1/3$ 时，$aY=T_1^2+T_2^2 \sim \chi^2(2)$，故所求 a 值为 1/3.

例 5-3　设正态总体 $X \sim N(0,\ 3^2)$，X_1，X_2，…，X_{15}为来自总体 X 的一个样本，且

$$Y=\frac{X_1^2+X_2^2+\cdots+X_{10}^2}{2(X_{11}^2+X_{12}^2+\cdots+X_{15}^2)}$$

试确定随机变量 Y 的分布.

解　由于 $X \sim N(0,\ 3^2)$，故 $X/3 \sim N(0,1)$，从而由已知条件有

$$T_1=\frac{1}{9}(X_1^2+X_2^2+\cdots+X_{10}^2)=(X_1/3)^2+(X_2/3)^2+\cdots+(X_{10}/3)^2 \sim \chi^2(10)$$

$$T_2=9(X_{11}^2+X_{12}^2+\cdots+X_{15}^2)=(X_{11}/3)^2+(X_{12}/3)^2+\cdots+(X_{15}/3)^2 \sim \chi^2(5)$$

于是由 F 分布的定义有：

$$Y=\frac{X_1^2+X_2^2+\cdots+X_{10}^2}{2(X_{11}^2+X_{12}^2+\cdots+X_{15}^2)}=\frac{9T_1}{2\cdot 9T_2}=\frac{T_1/10}{T_2/5} \sim F(10,5)$$

5.3　正态总体的抽样分布

在概率统计中，正态分布占据着非常重要的地位，这是因为由中心极限定理知，许多随机变量的概率分布都是服从或近似服从正态分布的，本节将给出有关正态总体的抽样分布及相关结论. 以下均设 $X_1,X_2,\cdots,X_n$ 为来自总体为 X 的容量为 n 的一个样本，样本均值与样本方差分别为

$$\overline{X}=\frac{1}{n}\sum_{i=1}^{n}X_i, S^2=\frac{1}{n-1}\sum_{i=1}^{n}(X_i-\overline{X})^2$$

定理 2　设总体 X 服从正态分布 $N(\mu,\sigma^2)$，则样本均值 $\overline{X}$ 服从正态分布 $N\left(\mu,\ \frac{\sigma^2}{n}\right)$，即

$$\overline{X} \sim N\left(\mu,\frac{\sigma^2}{n}\right) \tag{5-1}$$

证　因为随机变量 $X_1,X_2,\cdots,X_n$ 相互独立，并且与总体 X 服从相同的正态分布 $N(\mu,\sigma^2)$，所以它们的线性组合 $\overline{X}$ 也服从正态分布，又由例 5-1 知，$E(\overline{X})=\mu, D(\overline{X})=\frac{\sigma^2}{n}$，

从而样本均值 $\overline{X}$ 服从正态分布 $N\left(\mu, \frac{\sigma^2}{n}\right)$，定理得证.

定理 3 设总体 X 服从正态分布 $N(\mu,\sigma^2)$，则统计量 $u=\frac{\overline{X}-\mu}{\sigma/\sqrt{n}}$ 服从标准正态分布 $N(0,1)$，即

$$u=\frac{\overline{X}-\mu}{\sigma/\sqrt{n}} \sim N(0,1) \tag{5-2}$$

由定理 2 结论的标准化即得到定理 3.

定理 4 设总体 X 服从正态分布 $N(\mu,\sigma^2)$，则统计量 $\chi^2=\frac{1}{\sigma^2}\sum_{i=1}^{n}(X_i-\overline{X})^2$ 服从自由度为 n 的 χ^2 分布，即

$$\chi^2=\frac{1}{\sigma^2}\sum_{i=1}^{n}(X_i-\overline{X})^2 \sim \chi^2(n) \tag{5-3}$$

证 注意到 $X_i \sim N(\mu,\sigma^2)$，则

$$\frac{X_i-\mu}{\sigma} \sim N(0,1), i=1,2,\cdots,n$$

又上述统计量相互独立，并按照 χ^2 分布的定义可得结果.

定理 5 设总体 X 服从正态分布 $N(\mu,\sigma^2)$，则

（1）样本均值 $\overline{X}$ 与样本方差 S^2 相互独立；

（2）统计量 $\chi^2=\frac{(n-1)S^2}{\sigma^2}$ 服从自由度为 $n-1$ 的 χ^2 分布，即

$$\chi^2=\frac{(n-1)S^2}{\sigma^2} \sim \chi^2(n-1) \tag{5-4}$$

（3）统计量 $t=\frac{\overline{X}-\mu}{S/\sqrt{n}}$ 服从自由度为 $n-1$ 的 t 分布，即

$$t=\frac{\overline{X}-\mu}{S/\sqrt{n}} \sim t(n-1) \tag{5-5}$$

证 略.

从总体 X 中抽取容量为 n_1 的样本 $X_1,X_2,\cdots,X_n$，从总体 Y 中抽取容量为 n_1 的样本 $Y_1,Y_2,\cdots,Y_{n_2}$. 假设所有的抽样都是相互独立的，由此得到的样本 $X_i(i=1,2,\cdots,n_1)$ 与 $Y_j(j=1,2,\cdots,n_2)$ 都是相互独立的随机变量. 我们把取自两个总体的样本均值分别记作

$$\overline{X}=\frac{1}{n_1}\sum_{i=1}^{n_1}X_i, \overline{Y}=\frac{1}{n_2}\sum_{j=1}^{n_2}Y_j$$

样本方差分别记作

$$S_1^2=\frac{1}{n_1-1}\sum_{i=1}^{n_1}(X_i-\overline{X})^2, S_2^2=\frac{1}{n_2-1}\sum_{j=1}^{n_2}(Y_j-\overline{Y})^2$$

定理 6 设总体 X 服从正态分布 $N(\mu_1,\sigma_1^2)$，总体 Y 服从正态分布 $N(\mu_2,\sigma_2^2)$，则统计量

$$U=\frac{(\overline{X}-\overline{Y})-(\mu_1-\mu_2)}{\sqrt{\frac{\sigma_1^2}{n_1}+\frac{\sigma_2^2}{n_2}}}$$

服从标准正态分布 $N(0,1)$，即

$$U=\frac{(\overline{X}-\overline{Y})-(\mu_1-\mu_2)}{\sqrt{\dfrac{\sigma_1^2}{n_1}+\dfrac{\sigma_2^2}{n_2}}}\sim N(0,1) \tag{5-6}$$

证 由于独立的正态统计量的线性组合服从正态分布，所以

$$\overline{X}-\overline{Y}\sim N\left(\mu_1-\mu_2,\frac{\sigma_1^2}{n_1}+\frac{\sigma_2^2}{n_2}\right)$$

标准化即得结论.

当 $\sigma_1=\sigma_2=\sigma$ 时，我们有

推论 设总体 X 服从正态分布 $N(\mu_1,\sigma^2)$，总体 Y 服从正态分布 $N(\mu_2,\sigma^2)$，则统计量

$$U=\frac{(\overline{X}-\overline{Y})-(\mu_1-\mu_2)}{\sigma\sqrt{\dfrac{1}{n_1}+\dfrac{1}{n_2}}}\sim N(0,1)$$

定理 7 设总体 X 服从正态分布 $N(\mu_1,\sigma^2)$，总体 Y 服从正态分布 $N(\mu_2,\sigma^2)$，则统计量

$$T=\frac{(\overline{X}-\overline{Y})-(\mu_1-\mu_2)}{S_\omega\sqrt{\dfrac{1}{n_1}+\dfrac{1}{n_2}}}\sim t(n_1+n_2-2) \tag{5-7}$$

其中

$$S_\omega=\sqrt{\frac{(n_1-1)S_1^2+(n_2-1)S_2^2}{n_1+n_2-2}}$$

证 由定理 6 的推论知，统计量

$$U=\frac{(\overline{X}-\overline{Y})-(\mu_1-\mu_2)}{\sigma\sqrt{\dfrac{1}{n_1}+\dfrac{1}{n_2}}}\sim N(0,1)$$

又由定理知

$$\frac{(n_1-1)S_1^2}{\sigma^2}\sim\chi^2(n_1-1)$$

$$\frac{(n_2-1)S_2^2}{\sigma^2}\sim\chi^2(n_2-1)$$

因为 S_1^2 与 S_2^2 相互独立，由 χ^2 分布的可加性知

$$V=\frac{(n_1-1)S_1^2+(n_2-1)S_2^2}{n_1+n_2-2}\sim\chi^2(n_1+n_2-2)$$

因为 U 和 V 相互独立，所以由 t 分布的定义得结论.

定理 8 设总体 X 服从正态分布 $N(\mu_1,\sigma_1^2)$，总体 Y 服从正态分布 $N(\mu_1,\sigma_2^2)$，则统计量

$$F=\frac{\sum\limits_{i=1}^{n_1}(X_i-\overline{X})^2\Big/n_1\sigma_1^2}{\sum\limits_{j=1}^{n_2}(Y_j-\overline{Y})^2\Big/n_2\sigma_2^2}$$

服从自由度为(n_2,n_2)的 F 分布，即

$$F=\frac{\sum_{i=1}^{n_1}(X_i-\overline{X})^2\Big/n_1\sigma_1^2}{\sum_{j=1}^{n_2}(Y_j-\overline{Y})^2\Big/n_2\sigma_2^2}\sim F(n_1,n_2) \tag{5-8}$$

证 由定理5知

$$\chi_1^2=\frac{1}{\sigma_1^2}\sum_{i=1}^{n_1}(X_i-\mu_1)^2\sim\chi^2(n_1)$$

$$\chi_2^2=\frac{1}{\sigma_y^2}\sum_{j=1}^{n_2}(X_j-\mu_2)^2\sim\chi^2(n_2)$$

因为χ_1^2与χ_2^2相互独立，结合 F 分布的定义得结论.

定理9 设总体 X 服从正态分布 $N(\mu_1,\sigma_1^2)$，总体 Y 服从正态分布 $N(\mu_1,\sigma_2^2)$，则统计量 $F=\dfrac{S_1^2/\sigma_1^2}{S_2^2/\sigma_2^2}$服从自由度为$(n_2-1,n_2-1)$的 F 分布，即

$$F=\frac{S_1^2/\sigma_1^2}{S_2^2/\sigma_2^2}\sim F(n_1-1,n_2-1) \tag{5-9}$$

证 由定理5知

$$\chi_1^2=\frac{(n_1-1)S_1^2}{\sigma_1^2}\sim\chi^2(n_1-1)$$

$$\chi_2^2=\frac{(n_2-1)S_2^2}{\sigma_2^2}\sim\chi^2(n_2-1)$$

因为 S_1^2 与 S_2^2 相互独立，所以χ_1^2与χ_2^2独立，结合 F 分布的定义得结论.

习　题

5-1 有 $n=9$ 的样本；1.2，1.4，1.9，1.5，1.5，1.6，1.4，1.8，1.4，则样本均值 $\overline{X}=$________，样本均方差 $S=$________，样本方差 $S^2=$________.

5-2 在总体 $N(52,6.3^2)$中随机抽一容量为25的样本，求样本均值 $\overline{X}$ 落在50.8到53.8之间的概率.

5-3 设总体 $X\sim N(\mu,4)$，$(X_1,X_2,\cdots,X_9)$为其样本，求 $P\ (|\overline{X}-\mu|<0.4)$.

5-4 设总体 $X\sim N(0,4)$，$(X_1,X_2,\cdots,X_9)$ 为其样本，求 $P(\sum_{i=1}^{9}X^2>8.72)$.

5-5 设总体 $X\sim N(0,4)$，$(X_1,X_2,\cdots,X_9)$为其样本，S^2 是样本方差. 若参数 ε 满足 $P(S^2\leqslant\varepsilon)=0.01$，求参数 ε.

横线下习题为部分往届考研题.

5-6 （97研考）设随机变量 X 和 Y 相互独立且都服从正态分布 $N(0,3^2)$，而 $X_1,X_2,\cdots,X_9$ 和 $Y_1,Y_2,\cdots,Y_9$ 分别是来自总体 X 和 Y 的简单随机样本，则统计量 $U=\dfrac{X_1+\cdots+X_9}{Y_1^2+\cdots+Y_9^2}$服从__________分布，参数为__________.

5-7 (98 研考) 从正态总体 $N(3.4,6^2)$ 中抽取容量为 n 的样本，如果要求其样本均值位于区间 $(1.4, 5.4)$ 内的概率不小于 0.95，问样本容量 n 至少应取多大?

5-8 (98 研考) 设 X_1，X_2，X_3，X_4 是来自正态总体 $n(0,2^2)$ 的简单随机样本，$X=a(X_1-2X_2)^2+b(3X_3-4X_4)^2$，则当 $a=$__________，$b=$__________时，统计量 X 服从 χ^2 分布，其自由度为__________.

5-9 (99 研考) 设 X_1，X_2，…，X_9 是来自正态总体 X 的简单随机样本，$Y_1=\frac{1}{6}(X_1+\cdots+X_6)$，$Y_2=\frac{1}{3}(X_7+X_8+X_9)$，$S^2=\frac{1}{2}\sum_{i=1}^{9}(X_i-Y_2)^2$，$Z=\frac{\sqrt{2}(Y_1-Y_2)}{S}$，证明统计量 Z 服从自由度为 2 的 t 分布.

5-10 (01 研考) 设总体 $X\sim N(\mu,\sigma^2)(\sigma>0)$，从该总体中抽取简单随机样本 $X_1,X_2,\cdots,X_{2n}(n\geqslant 2)$，其样本的均值 $\overline{X}=\frac{1}{2n}\sum_{i=1}^{2n}X_i$，求统计量 $Y=\sum_{i=1}^{n}(X_i+X_{n+i}-2\overline{X})^2$ 的数学期望 $E(Y)$.

5-11 (01 研考) 设总体 $X\sim N(0,2^2)$，而 $X_1,X_2,\cdots,X_{15}$ 是来自总体 X 的简单随机样本，则随机变量 $Y=\frac{X_1^2+\cdots+X_{10}^2}{2(X_{11}^2+\cdots+X_{15}^2)}$ 服从__________分布，参数为__________.

5-12 (03 研考) 设总体 X 服从参数为 2 的指数分布，$X_1,X_2,\cdots,X_n$ 为来自总体 X 的简单随机样本，则当 $n\to\infty$ 时，$Y_n=\frac{1}{n}\sum_{i=1}^{\infty}X_i^2$ 依概率收敛于__________.

5-13 (04 研考) 设总体 X 服从正态分布 $N(\mu_1,\sigma^2)$，总体 Y 服从正态分布 $N(\mu_2,\sigma^2)$，$X_1,X_2,\cdots,X_{n_1}$ 和 $Y_1,Y_2,\cdots,Y_{n_2}$ 分别是来自总体 X 和 Y 的简单随机样本，则

$$E\left[\frac{\sum_{i=1}^{n_1}(X_i-\overline{X})^2+\sum_{j=1}^{n_2}(Y_j-\overline{Y})^2}{n_1+n_2-2}\right]=\_\_\_\_\_\_\_\_.$$

5-14 (06 研考) 设总体 X 的概率密度为 $f(x)=\frac{1}{2}\mathrm{e}^{-|x|}(-\infty<x<+\infty)$，$x_1,x_2,\cdots,x_n$ 为总体的简单随机样本，其样本方差 S^2，则 $E(S^2)=$__________.

6 参数估计

统计推断的基本问题包括两大类问题：一类是参数估计；另一类是假设检验. 本章主要讨论参数估计，其一般提法为：设 $X_1,X_2,\cdots,X_n$ 为来自总体 X 服从分布 $F(x;\theta)$ 的一个样本，其中 θ 为未知参数或未知参数向量，现要根据该组样本对参数 θ 作出估计或估计 θ 的某个函数 $g(\theta)$.

参数估计分为点估计和区间估计两种，下面我们先学习点估计.

6.1 参数的点估计

设总体 X 服从某已知分布，如正态分布 $N(\mu,\sigma^2)$、泊松分布 $P(\lambda)$ 和指数分布 $Exp(\lambda)$等，但是其中的一个或多个参数为未知，如何根据抽取的样本估计出未知参数的值，就是参数的点估计问题.

在实际问题中我们可以根据参数的性质确定出参数的取值范围，并把参数的取值范围称为参数空间，记为 Θ. 例如：设某总体 $X\sim p(\lambda)$，试由样本$(X_1,X_2,\cdots,X_n)$来估计参数 λ. 这个例子中参数空间 $\Theta=\{\lambda\mid\lambda>0\}$.

定义 1 设总体 X 的分布中含有未知参数 θ，从总体 X 中抽取样本 $X_1,X_2,\cdots,X_n$，构造某个统计量 $\hat{\theta}(X_1,X_2,\cdots,X_n)$ 作为参数 θ 的估计，则称 $\hat{\theta}(X_1,X_2,\cdots,X_n)$ 为参数 θ 的点估计量；若样本 $X_1,X_2,\cdots,X_n$ 的观测值为 $x_1,x_2,\cdots,x_n$，则称 $\hat{\theta}(x_1,x_2,\cdots,x_n)$ 为参数 θ 的点估计值.

例如，某年级的数学成绩 $X\sim N(\mu,\sigma^2)$，一个样本为 $X_1,X_2,\cdots,X_n$，则 $\overline{X}=\frac{1}{n}(X_1+\cdots+X_n)$ 为 n 个人的数学平均成绩，近似认为总体均值 μ 为 $\overline{X}$，即 $\hat{\mu}=\overline{X}$. 用 $\overline{X}$ 来估计 μ，这里 $\hat{\mu}$ 不是真值，而是估计值.

若总体的分布中含有 $m(m>1)$ 个未知参数，则可构造 m 个统计量作为相应 m 个未知参数的点估计量. 点估计量的求解方法很多，如矩估计法、极大似然估计法、Bayes 方法和最小二乘法等. 其中最常用的两种方法是矩估计法和极大似然估计法.

6.1.1 矩估计法

矩估计法是由著名的统计学家卡尔·皮尔逊（K. Pearson）提出的. 它的理论依据是：当 n 充分大时，样本的 k 阶原点矩 $A_k=\frac{1}{n}\sum_{i=1}^{n}X_i^k$ 依概率收敛到总体 X 的 k 阶原点矩. 矩估计法就是利用样本的 k 阶原点矩等于总体的 k 阶原点矩来估计参数的方法.

设总体 X 的分布函数为 $F(x;\theta_1,\theta_2,\cdots,\theta_k)$，即有 k 个未知参数 $\theta_1,\theta_2,\cdots,\theta_k$，$X_1,X_2,\cdots,X_n$ 为来自总体 X 的一个样本，$x_1,x_2,\cdots,x_n$ 为相应的样本观测值，并设总体 X 的前 k

阶矩 $E(X),E(X^2),\cdots,E(X^k)$ 都存在，则 $\theta_1,\theta_2,\cdots,\theta_k$ 的矩估计的计算步骤如下：

(1) 计算出总体 X 的前 k 阶矩

$$E(X^i)=\int_{-\infty}^{+\infty}x^if(x;\theta_1,\theta_2,\cdots,\theta_k)\mathrm{d}x,i=1,2,\cdots,k$$

则 $\mu_i=E(X^i)$ 是 $\theta_1,\theta_2,\cdots,\theta_k$ 的函数，记作 $\mu_i=\mu_i(\theta_1,\theta_2,\cdots,\theta_k)$.

(2) 用样本矩代替总体矩，列出方程组：

$$\begin{cases}\mu_1(\theta_1,\theta_2,\cdots,\theta_k)=\dfrac{1}{n}\sum\limits_{i=1}^{n}X_i\\ \mu_2(\theta_1,\theta_2,\cdots,\theta_k)=\dfrac{1}{n}\sum\limits_{i=1}^{n}X_i^2\\ \vdots\\ \mu_k(\theta_1,\theta_2,\cdots,\theta_k)=\dfrac{1}{n}\sum\limits_{i=1}^{n}X_i^k\end{cases}$$

(3) 解 (2) 中的方程组得到参数 $\theta_1,\theta_2,\cdots,\theta_k$ 的矩估计量为

$$\hat{\theta}_i=\hat{\theta}_i(X_1,X_2,\cdots,X_n),i=1,2,\cdots,k$$

将样本值 $x_1,x_2,\cdots,x_n$ 替换 $X_1,X_2,\cdots,X_n$，即得到相应的矩估计值.

例 6-1 设总体 X 的均值 μ 及方差 σ^2 都存在但均未知，且有 $\sigma^2>0$，又设 $(X_1,X_2,\cdots,X_n)$ 是来自总体 X 的一个样本，试求 μ，σ^2 的矩估计量.

解 $\begin{cases}E(X)=\mu\\ E(X^2)=D(X)+[E(X)]^2=\sigma^2+\mu^2\end{cases}$

则令 $$\begin{cases}\mu=\dfrac{1}{n}\sum\limits_{i=1}^{n}X_i=\overline{X}\\ \sigma^2+\mu^2=\dfrac{1}{n}\sum\limits_{i=1}^{n}X_i^2\end{cases}$$

解得 μ 和 σ^2 的矩估计量为 $$\begin{cases}\hat{\mu}=\overline{X}\\ \hat{\sigma}^2=\dfrac{1}{n}\sum\limits_{i=1}^{n}(X_i^2)-\overline{X}^2=\dfrac{1}{n}\sum\limits_{i=1}^{n}(X_i-\overline{X})^2\end{cases}$$

例 6-2 设 $X_1,X_2,\cdots,X_n$ 为来自总体 X 服从参数为 λ 的泊松分布 $P(\lambda)$ 的一个样本，求参数 λ 矩估计量.

解 由于 $\lambda=E(X)$，于是令 $\lambda=\frac{1}{n}\sum\limits_{i=1}^{n}X_i$，我们得到参数 λ 的矩估计量为

$$\hat{\lambda}=\overline{X}=\frac{1}{n}\sum_{i=1}^{n}X_i$$

由于参数 θ 可以由其总体的各阶原点矩表示出来，即

$$\theta=g(E(X),E(X^2),\cdots,E(X^k))$$

此时，用样本原点矩来估计总体原点矩代入上面的函数中就可以得到参数 θ 的估计，即

$$\hat{\theta}=g(\hat{E}(X),\hat{E}(X^2),\cdots,\hat{E}(X^k))=g\left(\overline{X},\frac{1}{n}\sum_{i=1}^{n}X_i^2,\cdots,\frac{1}{n}\sum_{i=1}^{n}X_i^k\right)$$

因此，求 θ 的矩估计的关键就在于找出关系 $\theta=g(E(X),E(X^2),\cdots,E(X^k))$.

例 6-3 设 $X_1,X_2,\cdots,X_n$ 为来自总体 X 服从区间 (a,b) 上的均匀分布 $U(a,b)$ 的一个样

本，求参数 a，b 的矩估计量.

解 因为

$$\begin{cases} E(X)=\dfrac{a+b}{2}\Rightarrow b=2E(X)-a \\ D(X)=\dfrac{(b-a)^2}{12}\Rightarrow\dfrac{(E(X)-a)^2}{3}=D(X) \end{cases}$$

故

$$a=E(X)-\sqrt{3D(X)},b=E(X)+\sqrt{3D(X)}$$

则

$$\hat{a}=\hat{E}(X)-\sqrt{3\hat{D}(X)}=\overline{X}-\sqrt{\frac{3}{n}\sum_{i=1}^{n}(X_i-\overline{X})}$$

$$\hat{b}=\hat{E}(X)+\sqrt{3\hat{D}(X)}=\overline{X}+\sqrt{\frac{3}{n}\sum_{i=1}^{n}(X_i-\overline{X})}$$

矩估计法的优点是计算较为简便，且当样本容量 n 很大时矩估计接近被估计参数真值的可能性很大，但其估计量有时不唯一. 例如对于泊松分布 $P(\lambda)$，我们已知 $E(X)=\lambda=D(X)$，于是可以得到 λ 的两个矩估计量：$\overline{X}$ 与 $\frac{1}{n}\sum_{i=1}^{n}(X_i-\overline{X})^2$. 一般来讲，在求矩估计量时，如没有其他要求，往往选择较简单的估计量.

6.1.2 极大似然估计法

极大似然估计法由高斯在 1821 年提出，后经英国统计学家费希尔（R. A. Fisher，1922）发展起来的一种应用广泛的参数估计方法. 它是建立在极大似然原理基础上的一种统计方法. 对于概率不同的多个事件，在一次试验之前，如果我们断言将发生的事件是概率大的事件而不是概率小的事件，应该说是合理的. 所谓的极大似然估计法就是依据此想法来估计未知参数的，我们先通过一个例子的分析来了解一下.

例 6-4 设 $X_1,X_2,\cdots,X_n$ 为来自总体 X 服从 0－1 分布的一个样本，$x_1,x_2,\cdots,x_n$ 为相应的样本观测值，则 $X_1,X_2,\cdots,X_n$ 的联合概率密度函数为

$$\begin{aligned} f(x_1,x_2,\cdots,x_n;p) &= P(X_1=x_1,X_2=x_2,\cdots,X_n=x_n) \\ &= \prod_{i=1}^{n}p^{x_i}(1-p)^{1-x_i}=p^{\sum_{i=1}^{n}x_i}(1-p)^{n-\sum_{i=1}^{n}x_i},x_i=0,1 \end{aligned} \tag{6-1}$$

随 p 的取值不同，概率值 $P(X_1=x_1,X_2=x_2,\cdots,X_n=x_n)$ 将发生变化，而此处 p 的实际取值是未知的，那么如何估计 p 的实际取值呢?

既然 $x_1,x_2,\cdots,x_n$ 在一次试验中已经出现，按极大似然原理，事件 $\{X_1=x_1,X_2=x_2,\cdots,X_n=x_n\}$ 发生的概率是最大的，因此 p 的实际取值应使式（6-1）中的概率值比 p 取其他所得的概率值要大. 这样，我们自然选取使式（6-1）中的概率值达到最大的 p 值作为 p 的估计值，这就是极大似然估计法选择未知参数的估计值的基本思想.

定义 2 （极大似然估计量）设总体 X 的概率密度函数为 $p(x;\theta)$（当 X 为离散型总体时 $p(x;\theta)=P(X=x)$，而当 X 为连续型总体时 $p(x;\theta)=f(x;\theta)$），其中 θ 为未知参数或未知参数向量，并设 $X_1,X_2,\cdots,X_n$ 为来自总体 X 的一个样本，$x_1,x_2,\cdots,x_n$ 为相应的样本观

测值，将样本的联合概率密度函数看成 θ 的函数，用 $L(x_1,x_2,\cdots,x_n;\theta)$ 表示，简记为 $L(\theta)$，即

$$L(\theta)\equiv L(x_1,x_2,\cdots,x_n;\theta)=\prod_{i=1}^{n}p(x_i;\theta) \tag{6-2}$$

$L(\theta)$称为参数 θ 的似然函数. 若某统计量 $\hat{\theta}=\hat{\theta}(X_1,X_2,\cdots,X_n)$ 的观测值使得函数 $L(\theta)$取到最大值，则称 $\hat{\theta}=\hat{\theta}(X_2,X_2,\cdots,X_n)$为参数 θ 的极大似然估计量，并称这种求估计量的方法为极大似然估计法. 相应的 $\hat{\theta}=\hat{\theta}(x_1,x_2,\cdots,x_n)$ 称为参数 θ 的极大似然估计值.

极大似然估计的计算步骤：

(1) 计算极大似然函数：

$$L(\theta)=\prod_{i=1}^{n}p(x_i;\theta)=\begin{cases}\prod\limits_{i=1}^{n}p(X=x_i),X\text{为离散型,分布律}:P_i=P(X=x_i)\\ \prod\limits_{i=1}^{n}f(x_i;\theta),X\text{为连续型,密度函数为}f(x;\theta)\end{cases}$$

(2) 取对数：

$$\ln L(\theta)=\sum_{i=1}^{n}\ln p(x_i;\theta)$$

(3) 写出对数似然方程组：$\dfrac{\partial \ln L(\theta)}{\partial \theta_i}=0,i=1,2,\cdots,k$

(4) 解得 θ_i 的极大似然估计值 $\hat{\theta}_i=\hat{\theta}_i(x_1,x_2,\cdots,x_n)$，相应的极大似然估计量为 $\hat{\theta}_i=\hat{\theta}_i(X_1,X_2,\cdots,X_n)$

注 1：若 $p(x;\theta)$关于 θ 不可微时，需另寻他法.

例 6-5 设 $X_1,X_2,\cdots,X_n$ 为总体 X 服从参数为 θ 的指数分布的一个样本，其观测值为 $x_1,x_2,\cdots,x_n$，求 θ 的极大似然估计.

解 由于 X 的概率密度函数为

$$f(x,\theta)=\begin{cases}\dfrac{1}{\theta}e^{-\frac{x}{\theta}},x>0\\ 0,\quad\text{其他}\end{cases}$$

故似然函数为

$$L(\theta)=\prod_{i=1}^{n}f(x_i;\theta)=\prod_{i=1}^{n}\frac{1}{\theta}e^{-\frac{x_i}{\theta}}=\frac{1}{\theta^n}e^{-\frac{1}{\theta}\sum\limits_{i=1}^{n}x_i}$$

取对数，得

$$\ln L=-n\ln\theta-\frac{1}{\theta}\sum_{i=1}^{n}x_i$$

令
$$\frac{d(\ln L)}{d\theta}=-\frac{n}{\theta}-\left(\sum_{i=1}^{n}x_i\right)\left(-\frac{1}{\theta^2}\right)=-\frac{n}{\theta}+\frac{1}{\theta^2}\sum_{i=1}^{n}x_i=0$$

解得参数 θ 的极大似然估计值为 $\hat{\theta}=\dfrac{1}{n}\sum\limits_{i=1}^{n}x_i=\bar{x}$；极大似然估计量为 $\hat{\theta}=\dfrac{1}{n}\sum\limits_{i=1}^{n}X_i=\bar{X}$.

例 6-6 设 $X_1,X_2,\cdots,X_n$ 为来自总体 $X\sim N(\mu,\sigma^2)$的一个样本，参数 μ 和 σ^2 均未知，

$x_1,x_2,\cdots,x_n$ 为相应的样本观测值，求 μ 和 σ^2 的极大似然估计值及相应的估计量.

解 由于 X 的概率密度函数为

$$f(x;\mu,\sigma)=\frac{1}{\sqrt{2\pi}\sigma}e^{-\frac{(x-\mu)^2}{2\sigma^2}} \quad x\in\mathbf{R}$$

故似然函数为

$$L(\mu,\sigma^2)=\prod_{i=1}^{n}\frac{1}{\sqrt{2\pi}\sigma}e^{-\frac{(x_i-\mu)^2}{2\sigma^2}}=(2\pi\sigma^2)^{-\frac{n}{2}}e^{-\frac{1}{2\sigma^2}\sum_{i=1}^{n}(x_i-\mu)^2}$$

取对数，得

$$\ln L(\mu,\sigma^2)=-\frac{n}{2}(\ln 2\pi+\ln\sigma^2)-\frac{1}{2\sigma^2}\sum_{i=1}^{n}(x_i-\mu)^2$$

分别对 μ 和 σ^2 求偏导数并令其为 0，得

$$\begin{cases}\dfrac{\partial}{\partial\mu}(\ln L)=\dfrac{1}{\sigma^2}\sum\limits_{i=1}^{n}(x_i-\mu)\triangleq 0\\ \dfrac{\partial}{\partial\sigma^2}(\ln L)=-\dfrac{n}{2\sigma^2}+\dfrac{1}{2\sigma^4}\sum\limits_{i=1}^{n}(x_i-\mu)^2\triangleq 0\end{cases}$$

解得 μ 和 σ^2 的极大似然估计值分别为 $\hat{\mu}=\frac{1}{n}\sum_{i=1}^{n}x_i=\bar{x}$; $\hat{\sigma}^2=\frac{1}{n}\sum_{i=1}^{n}(x_i-\bar{x})^2$，相应地，$\mu$ 和 σ^2 的极大似然估计量分别为 $\hat{\mu}=\frac{1}{n}\sum_{i=1}^{n}X_i=\bar{X}$, $\hat{\sigma}^2=\frac{1}{n}\sum_{i=1}^{n}(X_i-\bar{X})^2$.

6.2 判别估计量好坏的标准

上一节我们用矩估计法和极大似然估计法来估计参数，但由于参数的估计量可能不唯一，故需要建立判别估计量好坏的标准，得到的“最佳估计量” $\hat{\theta}(X_1,X_2,\cdots,X_n)$ 应当是在某种意义下最接近于 θ. 通常有以下三个标准来判别估计量的好坏：无偏性、有效性和一致性.

6.2.1 无偏性

定义 3 若 $\hat{\theta}=\hat{\theta}(X_1,X_2,\cdots,X_n)$ 是未知参数 θ 的估计量，若 $E(\hat{\theta})$ 存在，且对 $\forall\theta\in\Theta$ 有 $E(\hat{\theta})=\theta$，则称 $\hat{\theta}$ 是 θ 的无偏估计量，并称 $\hat{\theta}$ 具有无偏性.

例 6-7 设总体 X 的均值 $E(X)=\mu$，方差 $D(X)=\sigma^2$，证明样本均值 $\bar{X}=\frac{1}{n}\sum_{i=1}^{n}X_i$ 是总体均值 μ 的无偏估计量.

证 因为样本 $X_1,X_2,\cdots,X_n$ 相互独立，且与总体 X 服从相同分布，所以有 $E(X_i)=\mu,D(X_i)=\sigma^2,i=1,2,\cdots,n$.

由于

$$E(\bar{X})=E\left(\frac{1}{n}\sum_{i=1}^{n}X_i\right)=\frac{1}{n}E\left(\sum_{i=1}^{n}X_i\right)=\frac{1}{n}\sum_{i=1}^{n}E(X_i)=\frac{1}{n}\sum_{i=1}^{n}\mu=\frac{1}{n}\cdot n\mu=\mu$$

所以样本均值 $\overline{X}$ 是总体均值 μ 的无偏估计量.

无偏性是对估计量的一个基本要求. 在多次抽样的平均意义下，给出接近真值的估计，这一点可由大数定律保证.

例 6-8 设总体 $X \sim E(\theta)$，相应的概率密度函数为

$$f(x;\theta)=\begin{cases}\dfrac{1}{\theta}\mathrm{e}^{-\frac{x}{\theta}}, x>0\\ 0, \quad 其他\end{cases}$$

其中 $\theta>0$ 为未知，又设 $(X_1,X_2,\cdots,X_n)$ 是 X 的一样本，求证：$\overline{X}$ 和 $nZ=n[\min\{X_1,X_2,\cdots,X_n\}]$ 都是 θ 的无偏估计.

证 由于 $E(\overline{X})=E(X)=\theta$，则 $\overline{X}$ 是 θ 的无偏估计；
易证 $Z=\min\{X_1,X_2,\cdots,X_n\}$ 服从参数为 $\dfrac{\theta}{n}$ 的指数分布，相应的概率密度函数为

$$f_Z(x;\theta)=\begin{cases}\dfrac{n}{\theta}\mathrm{e}^{-\frac{nx}{\theta}}, x>0\\ 0, \quad 其他\end{cases}$$

于是 $E(Z)=\dfrac{\theta}{n}$，则有 $E(nZ)=\theta$，即 nZ 是 θ 的无偏估计.

事实上，本例中 $(X_1,X_2,\cdots,X_n)$ 中的每一个 X_i 均可作为 θ 的无偏估计. 那么，究竟哪个无偏估计更好、更合理？人们常用无偏估计方差的大小作为衡量无偏估计优劣的标准，为此引入了估计量的有效性概念.

6.2.2 有效性

定义 4 设 $\hat{\theta}_1=\hat{\theta}_1(X_1,X_2,\cdots,X_n)$ 与 $\hat{\theta}_2=\hat{\theta}_2(X_1,X_2,\cdots,X_n)$ 都是参数 θ 的无偏估计量，若 $D(\hat{\theta}_1)<D(\hat{\theta}_2)$，则称 $\hat{\theta}_1$ 较 $\hat{\theta}_2$ 有效. 当样本容量 n 一定时，若 θ 的所有无偏估计量中，$\hat{\theta}$ 的方差 $D(\hat{\theta})$ 最小，则称 $\hat{\theta}$ 是参数 θ 的有效估计量.

例 6-9 证明：设总体 X 的均值 $E(X)=\mu$，方差 $D(X)=\sigma^2$，则样本均值 $\overline{X}$ 作为总体均值 μ 的估计量较个别样本 $X_i(i=1,2,\cdots,n)$ 有效.

证 $\overline{X}$ 与 X_i 都是总体均值 μ 的无偏估计量，即

$$E(\overline{X})=\mu, E(X_i)=\mu, i=1,2,\cdots,n$$

又

$$D(\overline{X}) = = D\left(\frac{1}{n}\sum_{i=1}^{n}X_i\right)=\frac{1}{n^2}\sum_{i=1}^{n}D(X_i) = \frac{1}{n^2}n\sigma^2 = \frac{\sigma^2}{n}$$

所以当 $n\geqslant 2$ 时，$D(\overline{X})<D(X_i)$，故样本均值 $\overline{X}$ 作为总体均值 μ 的估计量较个别样本 $X_i\ (i=1,2,\cdots,n)$ 有效.

例 6-10 从总体 X 中抽取样本 X_1,X_2,X_3，证明下列三个统计量

$$\hat{\theta}_1=\frac{X_1}{2}+\frac{X_2}{3}+\frac{X_3}{6}, \hat{\theta}_2=\frac{X_1}{2}+\frac{X_2}{4}+\frac{X_3}{4}, \hat{\theta}_3=\frac{X_1}{3}+\frac{X_2}{3}+\frac{X_3}{3}$$

都是总体均值 $E(X)=\mu$ 的无偏估计量，并确定哪个估计量更有效.

证 $$E(\hat{\theta}_1)=E\left(\frac{X_1}{2}+\frac{X_2}{3}+\frac{X_3}{6}\right)=\frac{\mu}{2}+\frac{\mu}{3}+\frac{\mu}{6}=\mu$$

$$E(\hat{\theta}_2)=E\left(\frac{X_1}{2}+\frac{X_2}{4}+\frac{X_3}{4}\right)=\frac{\mu}{2}+\frac{\mu}{4}+\frac{\mu}{4}=\mu$$

$$E(\hat{\theta}_3)=E\left(\frac{X_1}{3}+\frac{X_2}{3}+\frac{X_3}{3}\right)=\frac{\mu}{3}+\frac{\mu}{3}+\frac{\mu}{3}=\mu$$

所以三个统计量都是总体均值 μ 的无偏估计量.

$$D(\hat{\theta}_1)=D\left(\frac{X_1}{2}+\frac{X_2}{3}+\frac{X_3}{6}\right)=\frac{\sigma^2}{4}+\frac{\sigma^2}{9}+\frac{\sigma^2}{36}=\frac{28}{72}\sigma^2$$

$$D(\hat{\theta}_2)=D\left(\frac{X_1}{2}+\frac{X_2}{4}+\frac{X_3}{4}\right)=\frac{\sigma^2}{4}+\frac{\sigma^2}{16}+\frac{\sigma^2}{16}=\frac{27}{72}\sigma^2$$

$$D(\hat{\theta}_3)=D\left(\frac{X_1}{3}+\frac{X_2}{3}+\frac{X_3}{3}\right)=\frac{\sigma^2}{9}+\frac{\sigma^2}{9}+\frac{\sigma^2}{9}=\frac{24}{72}\sigma^2$$

由于 $D(\hat{\theta}_3)=\frac{24}{72}\sigma^2$ 值最小，所以 $\hat{\theta}_3$ 是三个估计量中最有效估计量.

6.2.3 一致性

上面提出的判断估计量好坏的标准都是在无偏性的前提下给出的，而且所考虑的估计量 $\hat{\theta}=\hat{\theta}(X_1,X_2,\cdots,X_n)$ 都是在样本容量 n 固定的条件下讨论的. 实际上，样本容量 n 的大小与估计量 $\hat{\theta}$ 是有关的，有时为了强调这一点，常记 $\hat{\theta}$ 为 $\hat{\theta}_n$. 显然，当 n 越大时，$\hat{\theta}_n$ 提供的信息越多，从而在某种意义上，$\hat{\theta}_n$ 越接近于未知参数 θ 的真值. 否则，我们有理由怀疑这个估计量 $\hat{\theta}_n$ 是否合适，基于这一点我们引入一致性（有的教材又称为相合性）的概念.

定义 5 对于任意给定的正数 ε，有 $\lim\limits_{n\to\infty}P\{|\hat{\theta}_n-\theta|<\varepsilon\}=1$，则称 $\hat{\theta}_n$ 是参数 θ 的一致估计量.

例 6-11 设总体 X 的均值 $E(X)=\mu$，方差 $D(X)=\sigma^2$，证明样本均值 $\overline{X}$ 是总体均值 μ 的一致估计量.

证 因为样本 $X_1,X_2,\cdots,X_n$ 相互独立，且与总体 X 服从相同的分布，所以

$$E(X_i)=\mu,D(X_i)=\sigma^2,i=1,2,\cdots,n$$

于是，由切比雪夫定理知

$$\lim_{n\to\infty}P\left(\left|\frac{1}{n}\sum_{i=1}^{n}X_i-\frac{1}{n}\sum_{i=1}^{n}E(X_i)\right|<\varepsilon\right)=\lim_{n\to\infty}P(|\overline{X}-\mu|<\varepsilon)=1$$

所以 $\overline{X}$ 是 μ 的一致估计量.

6.3 正态总体参数的区间估计

参数的点估计值给出了一个具体的数值，但点估计值本身只是未知参数的一个近似值. 人们在测量或计算时想知道近似值的精确程度. 因此，对于未知参数 θ，除了求出它

的点估计 $\hat{\theta}$ 外，我们还希望估计出一个范围，该范围包含参数 θ 真值的可信程度.

设 $\hat{\theta}$ 为未知参数 θ 的估计量，其误差小于某个正数 ε 的概率为 $1-\alpha$（$0<\alpha<1$），即

$$P\{|\hat{\theta}-\theta|<\varepsilon\}=1-\alpha$$

或

$$P(\hat{\theta}-\varepsilon<\theta<\hat{\theta}+\varepsilon)=1-\alpha$$

这表明，随机区间 $(\hat{\theta}-\varepsilon,\hat{\theta}+\varepsilon)$ 包含参数 θ 真值的概率（可信程度）为 $1-\alpha$，则这个区间 $(\hat{\theta}-\varepsilon,\hat{\theta}+\varepsilon)$ 就称为置信区间，$1-\alpha$ 称为置信水平.

定义 6 设总体 X 的分布中含有一个未知参数 θ，若对于给定的概率 $1-\alpha(0<\alpha<1)$，存在两个统计量 $\hat{\theta}_1=\theta_1(X_1,X_2,\cdots,X_n)$ 与 $\hat{\theta}_2=\theta_2(X_1,X_2,\cdots,X_n)$，使得

$$P\{\hat{\theta}_1<\theta<\hat{\theta}_2\}=1-\alpha$$

则随机区间（$\hat{\theta}_1$，$\hat{\theta}_2$）称为参数 θ 的置信水平为 $1-\alpha$ 的置信区间，$\hat{\theta}_1$ 称为置信下限，$\hat{\theta}_2$ 称为置信上限，$1-\alpha$ 称为置信水平或置信度.

在学习区间估计方法之前，我们先介绍标准正态分布的上 α 分位点概念.

设 $X\sim N(0,1)$，若 z_α 满足条件 $P\{X>z_\alpha\}=\alpha$，$0<\alpha<1$，则称点 z_α 为标准正态分布的上 α 分位点. 例如求 $z_{0.01}$. 按照 α 分位点定义，我们有 $P\{X>z_{0.01}\}=0.01$，则 $P\{X\leqslant z_{0.01}\}=0.99$，即 $\phi(z_{0.01})=0.99$. 查表可得 $z_{0.01}=2.327$.

例 6-12 设 $X_1,X_2,\cdots,X_n$ 来自总体 $X\sim N$（μ，σ^2）的一个样本，其中 σ^2 已知，μ 为未知参数，求 μ 的置信度为 $1-\alpha$ 的置信区间（这里 $\alpha=0.05$）.

解 由 6.2 节我们知道，$\overline{X}$ 是 μ 的无偏估计，因为 $U=\dfrac{\overline{X}-\mu}{\sigma/\sqrt{n}}\sim N(0,1)$

据标准正态分布的 α 分位点的定义有 $P\{|U|<z_{\alpha/2}\}=1-\alpha$

即
$$P\left\{\overline{X}-\frac{\sigma}{\sqrt{n}}z_{\alpha/2}\leqslant\mu\leqslant\overline{X}+\frac{\sigma}{\sqrt{n}}z_{\alpha/2}\right\}=1-\alpha$$

所以 μ 的置信度为 $1-\alpha$ 的置信区间为

$$\left(\overline{X}-\frac{\sigma}{\sqrt{n}}z_{\alpha/2},\overline{X}+\frac{\sigma}{\sqrt{n}}z_{\alpha/2}\right)$$

有时为了方便简写成 $\overline{X}\pm\dfrac{\sigma}{\sqrt{n}}z_{\alpha/2}$.

由 $\alpha=0.05$，查表得 $z_{\alpha/2}=z_{0.025}=1.96$.

又若 $\sigma=1$，$n=16$，$\bar{x}=5.4$，则得到一个置信度为 0.95 的置信区间为

$$5.4\pm\frac{1}{\sqrt{16}}\times1.96,\text{即}(4.91,5.89)$$

6.3.1 单个正态总体的情形

设已给定置信水平为 $1-\alpha$，总体 $X\sim N(\mu,\sigma^2)$，$X_1,X_2,\cdots,X_n$ 为一个样本，$\overline{X}$，S^2 分别是样本均值和样本方差.

（1）σ^2 已知时 μ 的置信区间.

我们知道 $\overline{X}$ 是 μ 的无偏估计，且有统计量$\dfrac{\overline{X}-\mu}{\sigma/\sqrt{n}} \sim N(0,1)$，由标准正态分布的上 α 分位点的定义和图 6-1，有 $P\left\{\left|\dfrac{\overline{X}-\mu}{\sigma/\sqrt{n}}\right|<z_{\alpha/2}\right\}=1-\alpha$

即
$$P\left\{\overline{X}-\frac{\sigma}{\sqrt{n}}z_{\alpha/2}<\mu<\overline{X}+\frac{\sigma}{\sqrt{n}}z_{\alpha/2}\right\}=1-\alpha$$

这样，我们就得到了 μ 的一个置信水平为 $1-\alpha$ 的置信区间

$$\left(\overline{X}-\frac{\sigma}{\sqrt{n}}z_{\alpha/2},\overline{X}+\frac{\sigma}{\sqrt{n}}z_{\alpha/2}\right)$$

这样的置信区间常写成

$$\left(\overline{X}\pm\frac{\sigma}{\sqrt{n}}z_{\alpha/2}\right)$$

（2）σ^2 未知时 μ 的置信区间.

已知统计量$\dfrac{\overline{X}-\mu}{S/\sqrt{n}}\sim t(n-1)$，由 t 分布的上 α 分位点的定义和图 6-2，可得

$$P\left\{-t_{\alpha/2}(n-1)<\frac{\overline{X}-\mu}{S/\sqrt{n}}<t_{\alpha/2}(n-1)\right\}=1-\alpha$$

即
$$P\left\{\overline{X}-\frac{S}{\sqrt{n}}t_{\alpha/2}(n-1)<\mu<\overline{X}+\frac{S}{\sqrt{n}}t_{\alpha/2}(n-1)\right\}=1-\alpha$$

得到 μ 的一个置信水平为 $1-\alpha$ 的置信区间

$$\left(\overline{X}\pm\frac{S}{\sqrt{n}}t_{\alpha/2}(n-1)\right)$$

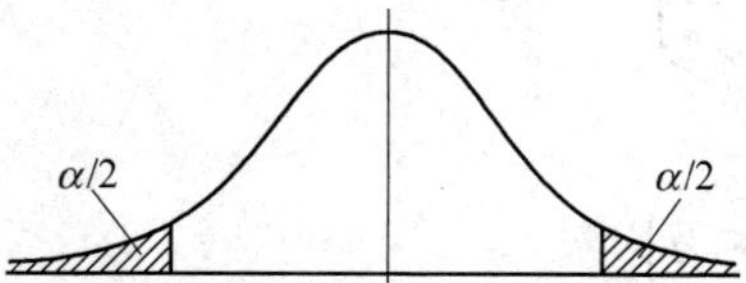

图 6-1

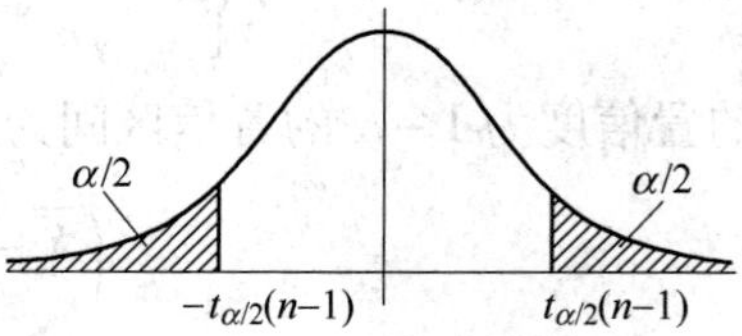

图 6-2

（3）μ 已知时 σ^2 的置信区间.

已知 $\dfrac{1}{\sigma^2}\sum\limits_{i=1}^{n}(X_i-\mu)^2\sim\chi^2(n)$，由$\chi^2$ 分布的上 α 分位点的定义和图 6-3，取对称的分位点$\chi^2_{1-\alpha/2}$和$\chi^2_{\alpha/2}$可得

$$P\left\{\chi^2_{1-\alpha/2}(n)<\frac{1}{\sigma^2}\sum_{i=1}^{n}(X_i-\mu)^2<\chi^2_{\alpha/2}(n)\right\}=1-\alpha$$

即
$$P\left\{\frac{\sum\limits_{i=1}^{n}(X_i-\mu)^2}{\chi^2_{\alpha/2}(n)}<\sigma^2<\frac{\sum\limits_{i=1}^{n}(X_i-\mu)^2}{\chi^2_{1-\alpha/2}(n)}\right\}=1-\alpha$$

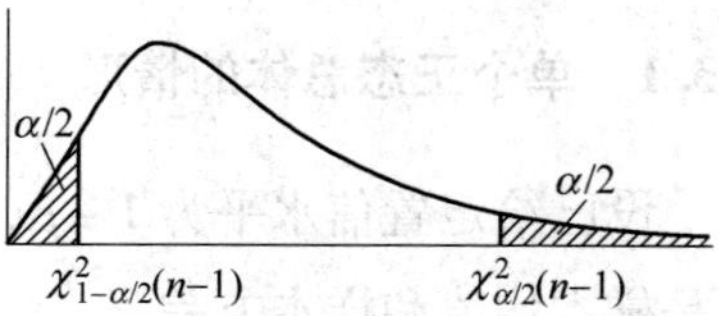

图 6-3

于是得到方差 σ^2 的一个置信水平为 $1-\alpha$ 的置信区间

$$\left(\frac{\sum_{i=1}^{n}(X_i-\mu)^2}{\chi^2_{\alpha/2}(n)},\frac{\sum_{i=1}^{n}(X_i-\mu)^2}{\chi^2_{1-\alpha/2}(n)}\right).$$

(4) μ 未知时 σ^2 的置信区间.

σ^2 的无偏估计为 S^2，且统计量 $\frac{(n-1)S^2}{\sigma^2}\sim\chi^2(n-1)$. 选取分位点 $\chi^2_{1-\alpha/2}$ 和 $\chi^2_{\alpha/2}$

可得
$$P\left\{\chi^2_{1-\alpha/2}(n-1)<\frac{(n-1)S^2}{\sigma^2}<\chi^2_{\alpha/2}(n-1)\right\}=1-\alpha$$

即
$$P\left\{\frac{(n-1)S^2}{x^2_{\alpha/2}(n-1)}<\sigma^2<\frac{(n-1)S^2}{x^2_{1-\alpha/2}(n-1)}\right\}=1-\alpha$$

得到方差 σ^2 的一个置信水平为 $1-\alpha$ 的置信区间

$$\left(\frac{(n-1)S^2}{\chi^2_{\alpha/2}(n-1)},\frac{(n-1)S^2}{\chi^2_{1-\alpha/2}(n-1)}\right)$$

6.3.2 两个正态总体的情形

设总体 $X\sim N(\mu_1,\sigma_1^2)$，$Y\sim N(\mu_2,\sigma_2^2)$，且 X 与 Y 相互独立，$X_1,X_2,\cdots,X_n$ 来自 X 的一个样本，$Y_1,Y_2,\cdots,Y_n$ 为来自 Y 的一个样本，对给定置信水平为 $1-\alpha$，且设 $\overline{X}$，$\overline{Y}$，S_1^2,S_2^2 分别为总体 X 与 Y 的样本均值与样本方差.

(1) 求 $\mu_1-\mu_2$ 的置信区间.

1) 当 σ_1^2，σ_2^2 已知时:

由抽样分布可知
$$U=\frac{(\overline{X}-\overline{Y})-(\mu_1-\mu_2)}{\sqrt{\frac{\sigma_1^2}{m}+\frac{\sigma_2^2}{n}}}\sim N(0,1)$$

所以可以得到 $\mu_1-\mu_2$ 的置信水平为 $1-\alpha$ 的置信区间为

$$(\overline{X}-\overline{Y})\pm z_{\frac{\alpha}{2}}\cdot\sqrt{\frac{\sigma_1^2}{m}+\frac{\sigma_2^2}{n}}$$

2) 当 σ_1^2，σ_2^2 未知时，但 m，n 均较大（大于 50），可用 S_1^2 和 S_2^2 分别代替 σ_1^2，σ_2^2，则可得 $\mu_1-\mu_2$ 的置信水平为 $1-\alpha$ 的近似置信区间为

$$(\overline{X}-\overline{Y})\pm z_{\frac{\alpha}{2}}\cdot\sqrt{\frac{S_1^2}{m}+\frac{S_2^2}{n}}$$

3) 当 $\sigma_1^2=\sigma_2^2=\sigma^2$，且 σ^2 未知时，由抽样分布可知:

若令 $S^{*2}=\frac{(m-1)\ S_1^2+\ (n-1)\ S_2^2}{m+n-2}$，则 $T=\frac{(\overline{X}-\overline{Y})\ -\ (\mu_1-\mu_2)}{\sqrt{\frac{1}{m}+\frac{1}{n}}\cdot S^*}\sim t\ (m+n-2)$

由 t 分布分位数的定义有：$P\{|T|\leqslant t_{\frac{\alpha}{2}}(m+b-2)\}=1-\alpha$，从而可得 $\mu_1-\mu_2$ 的可信度为 $1-\alpha$ 的置信区间为

$$(\overline{X}-\overline{Y})\pm t_{\frac{\alpha}{2}}(m+n-2)\ \cdot S^*\ \cdot\sqrt{\frac{1}{m}+\frac{1}{n}}$$

(2) μ_1，μ_2 均未知时，σ_1^2/σ_2^2 的置信区间.

据抽样分布知 $F=\dfrac{S_1^2/\sigma_1^2}{S_2^2/\sigma_2^2}\sim F(m-1,n-1)$，由 F 分布的分位数定义及其特点：

$$P\{F_{1-\frac{\alpha}{2}}(m-1,n-1)<F<F_{\frac{\alpha}{2}}(m-1,n-1)\}=1-\alpha$$

可得 σ_1^2/σ_2^2 的置信水平为 $1-\alpha$ 的置信区间为

$$\left(\frac{S_1^2/S_2^2}{F_{\frac{\alpha}{2}}(m-1,n-1)},\frac{S_1^2/S_2^2}{F_{1-\frac{\alpha}{2}}(m-1,n-1)}\right)$$

习题

6-1 设 $X_1,X_2,\cdots,X_n$ 为准总体的一个样本，求下列各总体的密度函数或分布律中的未知参数的矩估计量.

(1) $f(x)=\begin{cases}\theta c^{\theta}x^{-(\theta+1)}, & x>c\\ 0, & \text{其他}\end{cases}$ 其中 $c>0$ 为已知，$\theta>1$，θ 为未知参数.

(2) $f(x)=\begin{cases}\sqrt{\theta}x^{\sqrt{\theta}-1}, & 0\leqslant x\leqslant 1\\ 0, & \text{其他}\end{cases}$ 其中 $\theta>0$，θ 为未知参数.

(3) $P(X=x)=\dbinom{m}{x}p^x(1-p)^{m-x}$，$x=0,1,2,\cdots,m$，$0<p<1$，$p$ 为未知参数.

6-2 设总体 X 的密度函数为 $f(x,\theta)$，$X_1,X_2,\cdots,X_n$ 为其样本，求 θ 的极大似然估计.

(1) $f(x,\theta)=\begin{cases}\theta e^{-\theta x}, & x\geqslant 0\\ 0, & x<0\end{cases}$

(2) $f(x,\theta)=\begin{cases}\theta x^{\theta-1}, & 0<x<1\\ 0, & \text{其他}\end{cases}$

(3) $f(x,\theta)=\begin{cases}(\theta+1)x^{\theta}, & 0<x<1\\ 0, & \text{其他}\end{cases}$ （其中 $\theta>-1$）

(4) $f(x,\theta)=\begin{cases}2e^{-2(x-\theta)}, & x>\theta\\ 0, & x\leqslant\theta\end{cases}$

6-3 设 X_1,X_2,X_3,X_4 是来自均值为 θ 的指数分布总体的样本，其中 θ 未知，设有估计量

$$T_1=\frac{1}{6}(X_1+X_2)+\frac{1}{3}(X_3+X_4)$$

$$T_2=(X_1+2X_2+3X_3+4X_4)/5$$

$$T_3=(X_1+X_2+X_3+X_4)/4$$

(1) 指出 T_1，T_2，T_3 哪几个是 θ 的无偏估计量；

(2) 在上述 θ 的无偏估计中指出哪一个较为有效.

6-4 某车间生产的螺钉，其直径 $X\sim N(\mu,\sigma^2)$，由过去的经验知道 $\sigma^2=0.06$，今随机抽取6枚，测得其长度（单位 mm）如下：

14.7　15.0　14.8　14.9　15.1　15.2

试求 μ 的置信概率为 0.95 的置信区间.

6-5 纤度是衡量纤维粗细程度的一个量，某厂化纤纤度 $X\sim N(\mu,\sigma^2)$，抽取 9 根纤维，测量其纤度为：1.36，1.49，1.43，1.41，1.27，1.40，1.32，1.42，1.47，试按两种情况：(1) 若 $\sigma^2=0.048^2$；(2) 若 σ^2 未知，求 μ 的置信度为 0.95 的置信区间.

6-6　为分析某自动设备加工的零件的精度，抽查 16 个零件，测量其长度，得 $\bar{x} = 12.075\text{mm}$，$s = 0.0494\text{mm}$，设零件长度 $X \sim N(\mu, \sigma^2)$，取置信度为 0.95，求：（1）σ^2 的置信区间；（2）σ 的置信区间.

6-7　设某种砖头的抗压强度 $X \sim N(\mu, \sigma^2)$，今随机抽取 20 块砖头，测得数据如下（kg/cm^2）：

64　69　49　92　55　97　41　84　88　99

84　66　100　98　72　74　87　84　48　81

（1）求 μ 的置信概率为 0.95 的置信区间；

（2）求 σ^2 的置信概率为 0.95 的置信区间.

6-8　研究两种固体燃料火箭推进器的燃烧率，设两者都服从正态分布，并且已知燃烧率的标准差均近似地为 0.05cm/s，取样本容量为 $n_1 = n_2 = 20$，得燃烧率的样本均值分别为 $\bar{x}_1 = 18\text{cm/s}$，$\bar{x}_2 = 24\text{cm/s}$. 设两样本独立，求两燃烧率总体均值差 $\mu_1 - \mu_2$ 的置信度为 0.99 的置信区间.

6-9　某厂分别从两条流水生产线上抽取样本：$X_1, X_2, \cdots, X_{12}$ 及 $Y_1, Y_2, \cdots, Y_{17}$ 测得 $\overline{X} = 10.6$（克），$\overline{Y} = 9.5$（克），$S_1^2 = 2.4$，$S_2^2 = 4.7$. 设两个正态总体的均值分别为 μ_1 和 μ_2，且有相同方差，试求 $\mu_1 - \mu_2$ 的置信度 95% 的置信区间.

6-10　为了估计磷肥对农作物增产的作用，现选 20 块条件大致相同的土地，10 块不施磷肥，另外 10 块施磷肥，得亩产量（单位：kg）如下：

不施磷肥的

560　590　560　570　580　570　600　550　570　550

施磷肥的

620　570　650　600　630　580　570　600　600　580

设不施磷肥亩产和施磷肥亩产均服从正态分布，其方差相同. 试对施磷肥平均亩产与不施磷肥平均亩产之差作区间估计（$\alpha = 0.05$）.

6-11　设两位化验员 A，B 独立地对某种肥料用同样的方法各做 10 次测定，其测定值的样本方差依次为 $S_A^2 = 0.5419$，$S_B^2 = 0.6065$. 设 σ_A^2，σ_B^2 分别为 A，B 所测定的测定值总体的方差，设总体均为正态的. 设两样本独立，求方差比 σ_A^2 / σ_B^2 的置信度为 0.95 的置信区间.

6-12　为估计制造某种产品所需的单件平均工时（单位：小时），现制造 5 件，记录每件所需工时如下 10.5，11，11.2，12.5，12.8，设制造单件产品所需工时 $X \sim N(\mu, \sigma^2)$，试求均值 μ 的 95% 单侧置信下限和方差 σ^2 的 95% 的单侧置信上限.

横线下习题为部分往届考研题.

6-13　（99 研考）设总体 X 的概率密度为

$$f(x) = \begin{cases} \dfrac{6x}{\theta^3}(\theta - x), & 0 < x < \theta \\ 0, & \text{其他} \end{cases}$$

$X_1, X_2, \cdots, X_n$ 是取自总体 X 的简单随机样本，求：

（1）θ 的矩估计量 θ；

（2）$D(\theta)$.

6-14　（00 研考）设某种元件的使用寿命 X 的概率密度为

$$f(x;\ \theta) = \begin{cases} 2\mathrm{e}^{-2(x-\theta)}, & x > 0 \\ 0, & x \leqslant \theta \end{cases}$$

其中 $\theta > 0$ 为未知参数. 又设 $x_1, x_2, \cdots, x_n$ 是 X 的一组样本观测值，求参数 θ 的极大似然估计值.

6-15 （02 研考）设总体 X 的概率分别为

X	0	1	2	3
p	θ^2	$2\theta(1-\theta)$	θ^2	$1-2\theta$

其中 $\theta\left(0<\theta<\frac{1}{2}\right)$ 是未知参数，利用总体 X 的如下样本值

3，1，3，0，3，1，2，3

求 θ 的矩估计值和极大似然估计值.

6-16 （04 研考）已知一批零件的长度 X（单位：cm）服从正态分布 $N(\mu,1)$，从中随机地抽取 16 个零件，得到长度的平均值为 40cm，则 μ 的置信度为 0.95 的置信区间是_________.

6-17 （03 研考）设总体 X 的概率密度为

$$f(x)=\begin{cases}2e^{-2(x-\theta)}, & x>0\\ 0, & x\leqslant\theta\end{cases}$$

其中 $\theta>0$ 是未知参数，从总体 X 中抽取简单随机样本 $X_1,X_2,\cdots,X_n$，记 $\hat{\theta}=\min(X_1,X_2,\cdots,X_n)$.

（1）求总体 X 的分布函数 $F(x)$；

（2）求统计量 $\hat{\theta}$ 的分布函数 $F_{\hat{\theta}}(x)$；

（3）如果用 $\hat{\theta}$ 作为 θ 的估计量，讨论它是否具有无偏性.

6-18 （04 研考）设总体 X 的分布函数为

$$F(x,\beta)=\begin{cases}1-\dfrac{1}{x^{\beta}}, & x>1\\ 0, & x\leqslant 1\end{cases}$$

其中未知参数 $\beta>1,X_1,X_2,\cdots,X_n$ 为来自总体 X 的简单随机样本，求：

（1）β 的矩估计量；

（2）β 的极大似然估计量.

6-19 （91 研考）设总体 X 的概率密度为

$$f(x,\lambda)=\begin{cases}\lambda a x^{\alpha-1}e^{-\lambda x^{\alpha}}, & x>0\\ 0, & x\leqslant 0\end{cases}$$

其中 $\lambda>0$ 是未知参数，$\alpha>0$ 已知常数. 试根据来自总体 X 的简单随机样本 $X_1,X_2,\cdots,X_n$，求 λ 的极大似然估计量 $\overline{\lambda}$.

6-20 （93 研考）设总体 X 的方差为 1，根据来自 X 的容量为 100 的简单随机样本，测得样本均值为 5，则 X 的数学期望的置信度近似等于 0.95 的置信区间为___________.

6-21 （96 研考）设由来自正态总体 $X\sim N(\mu,0.9^2)$ 容量为 9 的简单随机样本，得样本均值 $\overline{X}=5$，则未知参数 μ 的置信度为 0.95 的置信区间是_________.

6-22 （00 研考）设 0.51，1.25，0.80，2.00 是来自总体 X 的简单随机样本值，已知 $Y=\ln X$ 服从正态分布 $N(\mu,1)$.

（1）求 X 的数学期望 $E(X)$（记 $E(X)$ 为 b）；

（2）求 μ 的置信度为 0.95 的置信区间；

（3）利用上述结果求 b 的置信度为 0.95 的置信区间.

6-23 （02 研考）设总体 X 的概率密度为

$$f(x;\theta)=\begin{cases}e^{-(x-\theta)}, & 若\ x\geqslant\theta\\ 0, & 若\ x<\theta\end{cases}$$

则 $X_1,X_2,\cdots,X_n$ 是来自总体 X 的简单随机样本，则未知参数 θ 的矩估计量为_________.

6-24 （04 研考）设随机变量 X 的分布函数为

$$F(x,\alpha,\beta)=\begin{cases}1-\left(\dfrac{\alpha}{x}\right)^{\beta}, & x>\alpha \\ 0, & x\leqslant\alpha\end{cases}$$

其中参数 $\alpha>0$，$\beta>1$. 设 $X_1,X_2,\cdots,X_n$ 为来自总体 X 的简单随机样本，求：

（1）当 $\alpha=1$ 时，未知参数 β 的矩估计量；

（2）当 $\alpha=1$ 时，未知参数 β 的极大似然估计量；

（3）当 $\beta=2$ 时，未知参数 α 的极大似然估计量.

7 假设检验

7.1 假设检验的基本概念

实际问题中，一个总体中原来参数 θ 为 θ_0，但由于时间的推移或是生产条件的改变，参数 θ 可能要变化，θ 是变大了，还是变小了，或者是没变？我们可以通过“假设检验”来实现.

例如将某地区成年男性身高记作总体 X，这就是检验 Y 的均值 μ 的变化情况. 当检验平均身高有没有变化时，可以用检验假设 H_0：$\mu=172$：H_1：$\mu\neq172$ 表示. H_0 称为原假设，H_1 称为备择假设（一般它是 H_0 的对立面），H_0 与 H_1 统称为检验假设.

当检验平均身高有没有提高时，可以用检验假设 H_0：$\mu\leqslant172$；H_1：$\mu>172$ 表示，也可以用检验假设 H_0：$\mu=172$；H_1：$\mu>172$ 表示.

又例如，甲、乙两台包装机包装糖果，各随机抽取一个样本，算得样本标准差分别为 21(g)和 23(g). 问能否据此认为甲包装机工作更稳定一些？

如果将甲、乙两台包装机包装白糖的质量分别记作总体 X 和 Y，这就是比较 X 与 Y 的方差 σ_x^2 与 σ_y^2 大小，可以用检验假设 H_0：$\sigma_x^2\geqslant\sigma_y^2$；$H_1$：$\sigma_x^2<\sigma_y^2$ 表示，也可用检验假设 H_0：$\sigma_x^2=\sigma_y^2$；H_1：$\sigma_x^2<\sigma_y^2$ 表示.

在第 6 章，样本均值 $\overline{X}$ 可作为总体均值 μ 的一个无偏估计，故当 H_0 成立时，$\bar{x}$ 与 $\mu_0=0.5$ 应该比较接近，但由于抽样的随机性，$\bar{x}$ 与 $\mu_0=0.5$ 之间不可避免地会出现一定的差异，故一般 $|\bar{x}-\mu_0|\neq0$，但是如果 $|\bar{x}-\mu_0|$ 太大时我们有理由怀疑 H_0 的正确性，并进而拒绝 H_0. 那么 $|\bar{x}-\mu_0|$ 的值大到什么程度才算是太大了呢？这就需要知道 $\overline{X}-\mu_0$ 的分布，从它的分布可以确定一个合理的值 k，使得当 $|\bar{x}-\mu_0|\geqslant k$ 时就拒绝 H_0，于是问题就变成了如何从 $\overline{X}-\mu_0$ 的分布来确定临界值 k. 注意，在这里我们称 $|\bar{x}-\mu_0|\geqslant k$ 拒绝域.

上述关于接受还是拒绝 H_0 的讨论，实际上就是要找到一个临界值 k，当 H_0 成立时，随机事件 $\{|\overline{X}-\mu_0|>k\}$ 是不太可能发生的，即它是一个小概率事件，设其概率为 α，即当 H_0 成立时，有 $P_{H_0}\{|\overline{X}-\mu_0|>k\}=\alpha$. 这里的 α 称为显著性水平.

由第 6 章知，当 H_0 成立时，$U=\dfrac{\overline{X}-\mu_0}{\sigma_0/\sqrt{n}}\sim N(0,1)$，查标准正态分布表有上 $\dfrac{\alpha}{2}$ 分位数 $z_{\frac{\alpha}{2}}$ 满足

$$P_{H_0}\left\{|U|>z_{\frac{\alpha}{2}}\right\}=P_{H_0}\left\{|\overline{X}-\mu_0|>z_{\frac{\alpha}{2}}\cdot\frac{\sigma_0}{\sqrt{n}}\right\}=\alpha$$

从而解得临界值 $k=z_{\frac{\alpha}{2}}\cdot\dfrac{\sigma_0}{\sqrt{n}}$. 因而我们得到如下判别准则：

当$|\overline{X}-\mu_0|>z_{\frac{\alpha}{2}}\cdot\frac{\sigma_0}{\sqrt{n}}$时，拒绝$H_0$，接受$H_1$；

当$|\overline{X}-\mu_0|\leqslant z_{\frac{\alpha}{2}}\cdot\frac{\sigma_0}{\sqrt{n}}$时，接受$H_0$.

7.1.1 假设检验的基本原理与推理方法

假设检验的基本原理：先提出检验假设H_0与H_1，我们假设原假设H_0成立，在此基础上随机抽取一个样本进行统计推断. 如果通过推断得到一个合理现象（不是小概率事件），则接受原假设H_0，拒绝备择假设H_1；相反，如果通过推断得到一个小概率事件，则拒绝原假设H_0，接受备择假设H_1.

假设检验的推理方法是用置信区间的方法，根据已知条件（要充分利用已知信息）选择一个分布已知的统计量T，由检验的显著性水平α（是一个比较小的数，常取0.05，0.01，0.025等，一般它是事先给定的）确定一个H_0的拒绝域W，满足

$$P(T\in W)=\alpha \quad 或 \quad P(T\in W)\leqslant\alpha$$

再由取定的样本观测值计算统计量T，如果$T\in W$，则说明这个样本是小概率事件，现在小概率事件于一次抽样中居然发生了，我们有理由认为H_0不合理，于是拒绝H_0，而接受H_1；否则（既$T\notin W$），不合理现象没有发生，我们没有理由拒绝H_0，于是接受H_0，而拒绝H_1.

7.1.2 假设检验的基本步骤

（1）根据实际问题提出原假设H_0及备择假设H_1；

（2）选取适当的统计量，并在H_0为真的条件下确定该统计量的分布；

（3）根据问题的要求确定显著性水平α（一般题目中会给定），并在H_0为真的假定下，由统计量的分布确定出临界值C进而求出拒绝域W；

（4）由样本观察值计算出检验统计量的值，视其是否落入拒绝域W对H_0作出判断.

7.1.3 两类错误

在实际应用中，我们按小概率原则确定H_0的拒绝域而达到检验H_0的目的是存在误差的，很可能犯两类错误. 虽然在假设H_0为真时，发生作出拒绝H_0这一错误判断的概率很小，它小于等于α，但这一错误还是可以发生的. 在统计学上，当H_0本来是正确的，但检验后作出了拒绝H_0的判断，这种错误称为第一类错误，也称拒真错误.

$$P(拒绝H_0|H_0为真)\leqslant\alpha$$

同样，当H_0本来是不正确的，但检验后作出了接受H_0的判断，这种错误称为第二类错误，也称受伪错误.

$$P(接受H_0|H_0不真)=\beta$$

当样本容量n一定时，α变小，则β变大，相反，β变小，则α变大. 要使α，β同时变小，则只能增大样本容量n.

7.2 单个正态总体参数的假设检验

设 $X_1, X_2, \cdots, X_n$ 为来自总体 $X \sim N(\mu, \sigma^2)$ 的样本，样本均值和样本方差分别为 $\overline{X} = \frac{1}{n}\sum_{i=1}^{n} X_i, S^2 = \frac{1}{n-1}\sum_{i=1}^{n}(X_i - \overline{X})^2$.

7.2.1 正态总体均值 μ 的假设检验

7.2.1.1 σ^2 已知时 μ 的假设检验

检验假设：H_0：$\mu = \mu_0$，H_1：$\mu \neq \mu_0$（双侧检验）

由于 σ^2 已知，选统计量

$$U = \frac{\overline{X} - \mu_0}{\sigma / \sqrt{n}}$$

在 H_0 成立时，统计量 U（又称为 U 统计量）服从标准正态分布，既 $U \sim N(0,1)$. 检验的拒绝域为：$W = \{|U| > u_{\frac{\alpha}{2}}\}$.

例 7-1 某糖厂用自动包装机进行包糖，要求每袋 0.5kg，假定该机器包装质量 $X \sim N(\mu, 0.015^2)$，现从生产线上随机取九袋称重得 $\overline{X} = 0.509$，问该包装机生产是否正常？

解 由题意，包装机装糖质量 $X \sim N(\mu, 0.015^2)$，原假设 H_0：$\mu = 0.5$，备择假设 H_1：$\mu \neq 0.5$，由于 $\sigma_0^2 = 0.015^2$ 已知，可用 U-检验，取显著水平 $\alpha = 0.05$，查标准正态分布表有上 $\frac{\alpha}{2}$ 分位数 $z_{\alpha/2} = z_{0.0255} = 1.96$，而 $|U| = \left|\frac{\sqrt{9}\ (0.509 - 0.5)}{0.015}\right| = 1.8 < 1.96$，没有落入拒绝域 W 内，故接受原假设，即认为包装机生产正常.

上述这种假设，其备择假设 H_1：$\mu \neq \mu_0$ 表明期望值 μ 可能大于 μ_0，也可能小于 μ_0，我们称这种检验为双侧检验.

有时，我们只关心总体的期望是否增大，如产品的质量、材料的强度等是否随着工艺改革而比以前提高，此时需检验假设 H_0：$\mu \leqslant \mu_0$，H_1：$\mu > \mu_0$，还有一些问题，如新工艺是否降低了产品中的次品数，此时要检验假设 H_0：$\mu \geqslant \mu_0$，H_1：$\mu < \mu_0$，像这种备择假设 H_1：$\mu > \mu_0$（或 $\mu < \mu_0$）表示期望值只可能大于 μ_0（或只能小于 μ_0），这种检验称为单侧检验. 假设 H_0：$\mu \leqslant \mu_0$，H_1：$\mu > \mu_0$，当 σ^2 为已知时，仍用 U-检验. 统计量 $U = \frac{\overline{X} - \mu_0}{\sigma / \sqrt{n}}$，只有当 H_1：$\mu > \mu_0$ 成立时有变大的趋势，因此，对于给定的显著性水平 α（见图 7-1），该检验的拒绝域应取为 $W = \{U > z_\alpha\}$.

同理，对于假设 H_0：$\mu \geqslant \mu_0$，H_1：$\mu < \mu_0$ 在给定的显著性水平 α（见图 7-2），该检验的拒绝域应取为 $W = \{U < -z_\alpha\}$.

例 7-2 设某产品平均寿命 5000h 为达到标准，现从一大批产品中抽出 12 件试验结果如下：

5059，3797，3631，5050，7474，5077，4545，6279，3532，2773，7419，5116

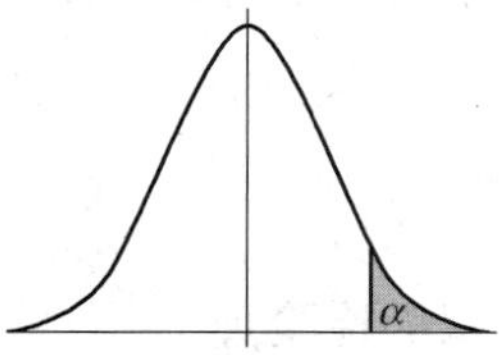

图 7-1

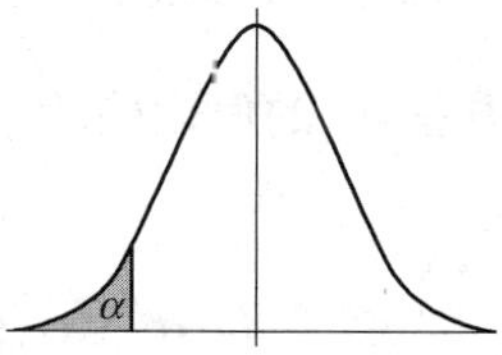

图 7-2

假设该产品的寿命 $X \sim N(\mu,1400)$，试问此批产品是否合格?

解 由题意可知该产品寿命 $X \sim N(\mu,1400)$，要检验假设 H_0：$\mu \geqslant 5000 \leftrightarrow H_1$：$\mu < 5000$，计算知 $\bar{x} = 4986$，$n = 12$，$\sigma = \sqrt{1400}$，则 $U = \dfrac{\bar{X}-\mu_0}{\sigma/\sqrt{n}} = \dfrac{\sqrt{12}\ (4986-5000)}{\sqrt{1400}} = -1.296$，取 $\alpha = 0.05$，查得 $z_\alpha = \mu_{0.05} = 1.645$，拒绝域 $W = \{U < -z_\alpha\}$，而此时 $-1.296 > -1.645$，故可接受 H_0，即认为该批产品合格.

7.2.1.2 σ^2 未知时 μ 的假设检验

检验假设：H_0：$\mu = \mu_0 \leftrightarrow H_1$：$\mu \neq \mu_0$ （双侧检验）

现在总体方差 σ^2 未知，U-检验不能使用，由于样本方差 S^2 是 σ^2 的无偏估计量，故考虑用样本方差 S^2 代替 σ^2，因此选取检验统计量

$$T = \frac{\bar{X}-\mu_0}{S/\sqrt{n}}.$$

在 H_0 成立时，T 服从自由度为 $n-1$ 的 t 分布，即 $T \sim t(n-1)$.

与例题 7-1 分析类似，$|T|$不能太大，即$|T|$太大是一个小概率事件. 若给定的显著性水平 α，查 t 分布表可得 $t_{\alpha/2}$，使 $P\{|T| > t_{\alpha/2}(n-1)\} = \alpha$，从而得检验的拒绝域为 $W = \{|T| > -t_{\alpha/2}(n-1)\}$，即 $W = \{T < -t_{\alpha/2}(n-1)$ 或 $T > t_{\alpha/2}(n-1)\}$.

类似地，对于单侧检验我们有如下结论：

(1) H_0：$\mu \leqslant \mu_0 \leftrightarrow H_1$：$\mu > \mu_0$，其检验的拒绝域为 $W = \{T > t_\alpha(n-1)\}$；

(2) H_0：$\mu \geqslant \mu_0 \leftrightarrow H_1$：$\mu < \mu_0$，其检验的拒绝域为 $W = \{T < -t_\alpha(n-1)\}$.

例 7-3 化肥厂用自动包装机包装化肥，某日随机抽取 9 包，测得质量（单位：kg）如下：

49.7 49.7 50.3 50.5 49.7 50.1 49.9 50.5 50.4

若每包化肥的质量服从正态分布，问是否可以认为这天每包化肥的平均质量为 50kg（取显著性水平 $\alpha = 0.05$）?

解 设每包化肥质量为 X，则 $X \sim N(\mu,\sigma^2)$，$\mu_0 = 50$，σ^2 未知.

根据题意得到如下假设：H_0：$\mu = 50 \leftrightarrow H_1$：$\mu \neq 50$，由于 σ^2 未知，故采用 T-检验，计算知 $\bar{x} = \sum_{i=1}^{9} x_i = 50.1$，$s = \sqrt{\frac{1}{8}\sum_{i=1}^{9}(x_i-\bar{x})^2} \approx 0.335$，对显著性水平 $\alpha = 0.05$，查表得 $t_{\frac{\alpha}{2}}(n-1) = t_{0.025}(8) = 2.31$ 于是

$$|T| = \left|\frac{\bar{x}-\mu_0}{s/\sqrt{n}}\right| = \frac{|50.1-50|}{0.335/\sqrt{9}} \approx 0.896 < 2.31 = t_{0.025}(8)$$

于是接受 H_0，拒绝 H_1，即认为这天每包化肥的平均质量为50(kg).

7.2.2 正态总体方差 σ^2 的假设检验

要求检验假设

$$H_0:\sigma^2=\sigma_0^2\leftrightarrow H_1:\sigma^2\neq\sigma_0^2\text{（双侧检验）}$$

或

$$\left.\begin{array}{l}H_0:\ \sigma^2\leqslant\sigma_0^2\leftrightarrow H_1:\ \sigma^2>\sigma_0^2\\ H_0:\ \sigma^2\geqslant\sigma_0^2\leftrightarrow H_1:\ \sigma^2<\sigma_0^2\end{array}\right.\text{（单侧检验）}$$

现在分别对 μ 已知和 μ 未知两种情形进行讨论.

7.2.2.1 μ 已知时 σ^2 的假设检验

假设 H_0：$\sigma^2=\sigma_0^2\leftrightarrow H_1$：$\sigma^2\neq\sigma_0^2$，选取检验统计量 $\chi^2=\sum\limits_{i=1}^{n}\left(\dfrac{X_i-\mu_0}{\sigma_0}\right)^2$，容易证明在 H_0 成立时，χ^2 服从自由度为 n 的 χ^2 分布，既 $\chi^2\sim\chi^2(n)$.

在 H_0 成立时，χ^2 不能过大，也不能过小. 对给定的显著性水平 α，由于

$$P\{\chi^2<\chi_{\alpha/2}(n)\}=\alpha/2,P\{\chi^2>\chi_{1-\alpha/2}(n)\}=\alpha/2$$

故 H_0 的拒绝域为 $W=\{\chi^2<\chi_{1-\alpha/2}(n)$或$\chi^2>\chi_{\alpha/2}(n)\}$.

假设 H_0：$\sigma^2\leqslant\sigma_0^2\leftrightarrow H_1$：$\sigma^2>\sigma_0^2$，$\chi^2$ 大一些较合理，χ^2 过小不合理，χ^2 过小是小概率事件. 对给定的显著性水平 α，由于 $P\{\chi^2<\chi_{1-\alpha}(n)\}=\alpha$，故 H_0 的拒绝域为 $W=\{\chi^2<\chi_{1-\alpha}(n)\}$.

假设 H_0：$\sigma^2\geqslant\sigma_0^2\leftrightarrow H_1$：$\sigma^2<\sigma_0^2$，$\chi^2$ 小一些较合理，χ^2 过大不合理，χ^2 过大是小概率事件. 对给定的显著性水平 α，由于 $P\{\chi^2>\chi_{\alpha}(n)\}=\alpha$，故 H_0 的拒绝域为 $W=\{\chi^2>\chi_{\alpha}(n)\}$.

例 7-4 设某砖厂生产的砖的抗断强度 $X\sim N(32.50,1.21)$，某天从该厂生产的砖中随机抽取 6 块，测得抗断强度如下（单位：kg/cm²）：

32.56 29.66 31.64 30.00 31.77 31.03

以显著性水平 $\alpha=0.01$，检验这天该厂生产的砖的抗断强度的标准差是否为 1.1kg/cm²?

解 这里 $\sigma_0^2=1.21$，而 $\mu=\mu_0=32.50$ 已知.

提出假设检验：（原假设）H_0：$\sigma^2=\sigma_0^2=1.21$；（备择假设）H_1：$\sigma^2\neq\sigma_0^2=1.21$，由于 $\mu=\mu_0$ 已知，在 H_0 成立时，检验统计量 $\chi^2=\dfrac{1}{\sigma_0^2}\sum\limits_{i=1}^{6}(X_i-\mu_0)^2\sim\chi^2(n)$.

由于显著性水平 $\alpha=0.01$，查表得 $\chi^2_{1-\frac{\alpha}{2}}(n)=\chi^2_{0.95}(6)=1.64$，$\chi^2_{\frac{\alpha}{2}}(n)=\chi^2_{0.05}(6)=12.6$

$$\chi^2=\frac{1}{\sigma_0^2}\sum_{i=1}^{6}(X_i-\mu_0)^2\approx14.56>12.6=\chi^2_{0.05}(6)$$

故拒绝 H_0，接受 H_1，即这天该厂生产的砖的抗断强度的标准差不能认为是 1.1kg/cm².

7.2.2.2 μ 未知时 σ^2 的假设检验

假设 H_0：$\sigma^2=\sigma_0^2\leftrightarrow H_1$：$\sigma^2\neq\sigma_0^2$，样本方差 S^2 是 σ^2 的无偏似然估计，当原假设 H_0 成立时，S^2 应该在 σ_0^2 的附近，比值 S^2/σ_0^2 不能太大也不能太小，则在原假设 H_0 成立时，选取检验统计量

$$\chi^2=\frac{(n-1)S^2}{\sigma_0^2}\sim\chi^2(n-1)$$

对给定的显著性水平 α，由于 $P\{\chi^2<\chi_{1-\alpha/2}(n-1)\}=P\{\chi^2>\chi_{\alpha/2}(n-1)\}=\alpha/2$，故 H_0 的拒绝域 $W=\{\chi^2<\chi_{1-\alpha/2}(n-1)$ 或 $\chi^2>\chi_{\alpha/2}(n-1)\}$.

假设 H_0：$\sigma^2\leqslant\sigma_0^2\leftrightarrow H_1$：$\sigma^2>\sigma_0^2$，$\chi^2$ 大一些较合理，χ^2 过小不合理，被认为是小概率事件. 对给定的显著性水平 α，由于 $P\{\chi^2<\chi_{1-\alpha}(n-1)\}=\alpha$，故 H_0 的拒绝域为 $W=\{\chi^2<\chi_{1-\alpha}(n-1)\}$.

假设 H_0：$\sigma^2\geqslant\sigma_0^2\leftrightarrow H_1$：$\sigma^2<\sigma_0^2$，$\chi^2$ 小一些较合理，χ^2 过大不合理，被认为是小概率事件，对给定的显著性水平 α，由于 $P\{\chi^2>\chi_{\alpha}(n-1)\}=\alpha$，故 H_0 的拒绝域为 $W=\{\chi^2>\chi_{\alpha}(n-1)\}$.

例 7-5 某类钢板每块的质量 X 服从正态分布，其一项质量指标是钢板质量的方差不得超过 0.016(kg). 现从某天生产的钢板中随机抽取 25 块，得其样本方差为 0.025(kg)，问在显著性水平 $\alpha=0.05$ 下，该天生产的钢板质量的方差是否满足要求?

解 由题意建立假设检验：H_0：$\sigma^2\leqslant0.016\leftrightarrow H_1$：$\sigma^2>0.016$.
此处 $n=25$，对显著性水平 $\alpha=0.05$，查表得 $\chi_{\alpha}^2(n)=\chi_{0.05}^2(24)=36.415$，
现在计算

$$\chi^2=\frac{(n-1)S^2}{\sigma_0^2}=\frac{(25-1)\cdot0.025}{0.016}=37.5>36.415$$

故拒绝 H_0，认为该天生产的钢板质量的方差不满足要求.

7.3 两个正态总体参数的假设检验

设有两独立正态总体 $X\sim N(\mu_1,\sigma_1^2)$，$Y\sim N(\mu_2,\sigma_2^2)$，$X_1,X_2,\cdots,X_{n_1}Y_1,Y_2,\cdots,Y_{n_2}$ 分别为来自总体 X 与 Y 的两个样本. $\overline{X}=\frac{1}{n_1}\sum_{i=1}^{n_x}X_i$ 和 $\overline{Y}=\frac{1}{n_2}\sum_{j=1}^{n_y}Y_i$ 分别是两个样本的均值，$S_1^2=\frac{1}{n_1-1}\sum_{i=1}^{n_x}(X_i-\overline{X})$ 和 $S_2^2=\frac{1}{n_2-1}\sum_{j=1}^{n_y}(Y_j-\overline{Y})^2$ 分别是两个样本的方差.

两个正态总体参数的假设检验，就是比较 μ_1 与 μ_2 之间、σ_1^2 与 σ_2^2 之间的关系.

7.3.1 两个正态总体均值差 $\mu_1-\mu_2$ 的假设检验

7.3.1.1 方差已知时两个正态总体均值差 $\mu_1-\mu_2$ 的假设检验

当 σ_1^2 及 σ_2^2 已知时，考虑如下的假设检验问题：

H_0：$\mu_1=\mu_2\leftrightarrow H_1$：$\mu_1\neq\mu_2$（双侧检验）

由抽样分布中的定理知 $\overline{X}\sim N\left(\mu_1,\ \frac{1}{n_1}\sigma_1^2\right)$，$\overline{Y}\sim N\left(\mu_2,\ \frac{1}{n_2}\sigma_2^2\right)$，

又 $\overline{X}$ 与 $\overline{Y}$ 独立，从而有

$$\overline{X}-\overline{Y}\sim N\left(\mu_1-\mu_2,\frac{\sigma_1^2}{n_1}+\frac{\sigma_2^2}{n_2}\right)$$

当原假设 H_0 成立时，统计量

$$U=\frac{\overline{X}-\overline{Y}}{\sqrt{\sigma_1^2/n_1+\sigma_2^2/n_2}}\sim N(0,1)$$

否则 $|U|$ 有增大的趋势，故对给定的显著性水平 α，为使犯第二类错误的概率最小，取拒绝域 $W=\{|U|>z_{\alpha/2}\}$，其中 $z_{\alpha/2}$ 是标准正态分布的上分位数 $z_{\alpha/2}$.

若 H_0：$\mu_1=\mu_2\leftrightarrow H_1$：$\mu_1<\mu_2$（单侧检验），此时，$U$ 不能过小，U 过小是小概率事件. 由 $P(U<-z_\alpha)\leqslant\alpha$，得 H_0 的拒绝域为 $W=\{U<-z_\alpha\}$.

若 H_0：$\mu_1=\mu_2\leftrightarrow H_1$：$\mu_1>\mu_2$，此时，$U$ 不能过大，U 过大是小概率事件. 由 $P(U>z_\alpha)\leqslant\alpha$，得 H_0 的拒绝域为 $W=\{U>z_\alpha\}$.

例 7-6 设 X 与 Y 分别服从正态分布 $X\sim N(\mu_1,14^2)$ 和 $Y\sim N(\mu_2,15^2)$，各抽取容量为 50 的样本，算得 $\bar{x}=280$，$\bar{y}=286$. 问 X 与 Y 有无明显差异（取显著性水平 $\alpha=0.05$）?

解 这里 $\sigma_1^2=14^2$，$\sigma_2^2=15^2$ 为已知.

由题意提出假设 H_0：$\mu_1=\mu_2\leftrightarrow H_1$：$\mu_1\neq\mu_2$

由 σ_1^2 及 σ_2^2 已知，选统计量

$$U=\frac{\overline{X}-\overline{Y}}{\sqrt{\frac{\sigma_1^2}{n_1}+\frac{\sigma_2^2}{n_2}}}\sim N(0,1)$$

对显著性水平 $\alpha=0.05$，查表得 $u_{\frac{\alpha}{2}}=u_{0.025}=1.96$，

$$|U|=\frac{|280-286|}{\sqrt{\frac{14^2}{50}+\frac{15^2}{50}}}\approx 2.07>1.96=u_{\frac{\alpha}{2}}$$

从而拒绝 H_0，接受 H_1，即 X 与 Y 有明显差异.

7.3.1.2 *方差未知时两个正态总体均值差 $\mu_1-\mu_2$ 的假设检验*

当 $\sigma_1^2=\sigma_2^2=\sigma^2$ 未知时，考虑如下假设检验问题：

H_0：$\mu_1=\mu_2\leftrightarrow H_1$：$\mu_1\neq\mu_2$（双侧检验）

由于 σ_1^2 及 σ_2^2 未知，考虑用 S_1^2 和 S_2^2 分别近似替代 σ_1^2 和 σ_2^2，为使分布已知，应选统计量

$$T=\frac{\overline{X}-\overline{Y}}{\sqrt{\frac{(n_1-1)S_1^2+(n_2-1)S_2^2}{n_1+n_2-2}}\sqrt{\frac{1}{n_1}+\frac{1}{n_2}}}$$

在 H_0 成立及 $\sigma_1^2=\sigma_2^2$ 时，T 服从自由度为 n_1+n_2-2 的 t 分布，即 $t\sim t(n_1+n_2-2)$.

与前面相同的道理，此时，$|T|$ 不能过大，$|T|$ 过大是小概率事件. 由 $P(|T|>t)=\alpha$，查表得 $t=t_{\frac{\alpha}{2}}(n_1+n_2-2)$. 于是，$H_0$ 的拒绝域为 $W=\{|T|>t_{\frac{\alpha}{2}}(n_1+n_2-2)\}$.

若 H_0：$\mu_1=\mu_2\leftrightarrow H_1$：$\mu_1<\mu_2$（单侧检验），类似地，$T$ 不能过小，T 过小是小概率事件. 由 $P(T<-t_\alpha(n_1+n_2-2))\leqslant\alpha$，得 H_0 的拒绝域为 $W=\{T<-t_\alpha(n_1+n_2-2)\}$.

若 H_0：$\mu_1=\mu_2\leftrightarrow H_1$：$\mu_1>\mu_2$，此时，$T$ 不能过大，T 过大是小概率事件. 由 $P(T>t_\alpha(n_1+n_2-2))\leqslant\alpha$，得 H_0 的拒绝域为 $W=\{T>t_\alpha(n_1+n_2-2)\}$.

例 7-7 某厂在采用一项新工艺的前后，分别抽取 10 个电子产品进行寿命试验. 计算

得到：采用新工艺前电子产品寿命的样本均值为2460(h)，样本标准差为56(h)；采用新工艺后电子产品寿命的样本均值为2550(h)，样本标准差为48(h). 设电子产品的寿命服从正态分布，问由此是否可以认为采用新工艺后电子产品的平均寿命有显著提高（取显著性水平 $\alpha=0.01$，假定采用新工艺前、后电子产品寿命的方差不变)?

解 设采用新工艺前电子产品寿命为 $X, X\sim N(\mu_1,\sigma_1^2)$，采用新工艺后电子产品寿命为 Y，$Y\sim N(\mu_2,\sigma_2^2)$，这里 σ_1^2 及 σ_2^2 未知.

由题意提出假设 H_0：$\mu_1=\mu_2\leftrightarrow H_1$：$\mu_1<\mu_2$

由于 σ_x^2 及 σ_y^2 未知，在 H_0 成立的条件下，选取假设检验统计量

$$T=\frac{\overline{X}-\overline{Y}}{\sqrt{\frac{(n_1-1)S_1^2+(n_2-1)S_2^2}{n_1+n_2-2}}\sqrt{\frac{1}{n_1}+\frac{1}{n_2}}}\sim t(n_1+n_2-2)$$

显著性水平 $\alpha=0.01$，查表得 $t_\alpha(n_1+n_2-2)=t_{0.01}(18)=2.55$. 由 $n_1=n_2=10$，$\overline{x}=2460$，$\overline{y}=2550$，$s_1=56$，$s_2=48$，计算得

$$T=\frac{2460-2550}{\sqrt{\frac{9\times56^2+9\times48^2}{10+10-2}}\sqrt{\frac{1}{10}+\frac{1}{10}}}=\frac{-90\sqrt{10}}{\sqrt{56^2+48^2}}\approx-3.86<-2.55=-t_{0.01}(18)$$

从而拒绝 H_0，即采用新工艺后电子产品的平均寿命有显著提高.

7.3.2 两个正态总体方差比 σ_1^2/σ_2^2 的假设检验

我们在用 t-检验去检验两个总体的均值是否相等时，作了一个重要的假设就是这两个总体方差是相等的，即 $\sigma_1^2=\sigma_2^2=\sigma^2$，否则我们就不能用 t-检验. 如果我们事先不知道方差是否相等，就必须先进行方差是否相等的检验. 本书只介绍当两总体的均值未知时，两个正态总体方差比 σ_1^2/σ_2^2 的假设检验问题：

$$H_0:\sigma_1^2=\sigma_2^2\leftrightarrow H_1:\sigma_1^2\neq\sigma_2^2$$

选取检验统计量

$$F=\frac{S_1^2}{S_2^2}$$

若 H_0 成立，由抽样分布定理知 $F\sim F(n_1-1,n_2-1)$，因为由于样本方差 S^2 是 σ^2 的无偏估计量，于是当 H_0 成立时，$\frac{S_1^2}{S_2^2}$应该在1的附近，不能过于偏大和偏小，于是类似于前面推导，我们得到 H_0 的拒绝域为

$$W=\{F<F_{1-\alpha/2}(n_1-1,n_2-1)\quad 或\quad F>F_{\alpha/2}(n_1-1,n_2-1)\}$$

若 H_0：$\sigma_1^2=\sigma_2^2\leftrightarrow H_1$：$\sigma_1^2<\sigma_2^2$，$H_0$ 的拒绝域为 $W=\{F<F_{1-\alpha}(n_1-1,n_2-1)\}$；

若 H_0：$\sigma_1^2=\sigma_2^2\leftrightarrow H_1$：$\sigma_1^2>\sigma_2^2$，$H_0$ 的拒绝域为 $W=\{F>F_\alpha(n_1-1,n_2-1)\}$.

例 7-8 测得两批电子元件的电阻（单位：Ω）为：

A 批（总体 X）：0.140，0.137，0.143，0.142，0.114，0.137

B 批（总体 Y）：0.135，0.140，0.142，0.136，0.137，0.140

并设 $X\sim N(\mu_1,\sigma_1^2)$ 和 $Y\sim N(\mu_2,\sigma_2^2)$，且两总体 X 与 Y 相互独立，试在显著性水平

$\alpha=0.05$ 下检验假设 H_0：$\sigma_1^2=\sigma_2^2 \leftrightarrow H_1$：$\sigma_1^2\neq\sigma_2^2$.

解 选取统计量 $F=\frac{S_1^2}{S_2^2}$，则当 H_0 成立时，$F\sim F(n_1-1,n_2-1)$，在显著性水平 α 下检验的拒绝域为 $W=\{F<F_{1-\alpha/2}(n_1-1,n_2-1)$ 或 $F>F_{\alpha/2}(n_1-1,n_2-1)\}$.

由已知有 $n_1=n_2=6$，并经计算得到 $s_1^2=8\times10^{-6}$，$s_2^2=7.1\times10^{-6}$，$F=1.13$.

对于显著性水平 $\alpha=0.05$，查表得 $F_{0.025}(5,5)=7.15, F_{0.975}(5,5)=1/F_{0.025}(5,5)=0.14$.

由于 $0.14<F=1.13<7.15$，故接受 H_0，即在显著性水平 $\alpha=0.05$ 下 $\sigma_1^2=\sigma_2^2$.

习 题

7-1 已知某炼铁厂的铁水含碳量在正常情况下服从正态分布 $N(4.55,0.108^2)$. 现在测了 5 炉铁水，其含碳量（%）分别为

4.27 4.40 4.42 4.35 4.37

问若标准差不改变，总体平均值有无显著性变化($\alpha=0.05$)？

7-2 某种矿砂的 5 个样品中的含镍量（%）经测定为

3.24 3.26 3.24 3.27 3.25

设含镍量服从正态分布，问在 $\alpha=0.05$ 下能否接受假设：这批矿砂的含镍量为 3.25.

7-3 测量某种溶液中的水分，从它的 10 个测定值得出 $\overline{x}=0.452(\%)$，$S=0.037(\%)$. 设测定值总体为正态，μ 为总体均值，α 为总体标准差，试在水平 $\alpha=0.05$ 下检验.

（1）H_0：$\mu=0.5$（%）；H_1：$\mu<0.5$（%）；

（2）H_0'；$\sigma=0.04$（%）；H_1'：$\sigma<0.04$（%）.

7-4 某种导线的电阻服从正态分布 $N(\mu,0.005^2)$. 今从新生产的一批导线中抽取 9 根，测其电阻，得 $S=0.007\Omega$. 对于 $\alpha=0.05$，能否认为这批导线电阻的标准差仍为 0.005？

7-5 两位化验员 A，B 对一种矿砂的含铁量各自独立地用同一方法做了 5 次分析，得到样本方差分别为 $0.4322(\%^2)$ 与 $0.5006(\%^2)$. 若 A，B 所得的测定值的总体都是正态分布，其方差分别为 σ_A^2，σ_B^2，试在水平 $\alpha=0.05$ 下检验方差齐性的假设 H_0：$\sigma_A^2=\sigma_B^2$；H_1：$\sigma_A^2\neq\sigma_B^2$.

8 方差分析

一般情况下，一个事件受到的影响因素并非单一. 例如，电子商务的销售额会受到流量、客单价、转化率等因素的影响，虽然在这众多因素中，每一个因素的改变都可能影响最终的结果，但有些因素影响较大，有些因素影响较小. 因此，在实际问题中，找出对事件最终结果有显著影响的那些因素非常有意义. 方差分析就是根据试验的结果进行分析，通过建立数学模型，得出各因素影响效应的经典方法.

8.1 单因素试验的方差分析

8.1.1 基本概念

试验指标：指考察对象的某种特征.

因素：影响试验指标的条件. 用大写字母 A,B,C 等表示. 因素可分为两类：可控制的（购买数量、投入成本等）和不可控制的（如天气与运气等）. 在本章中所提到的因素皆为可控制因素.

水平：因素所处的状态. 大写字母加下标表示，如 A_1,A_2,A_3 等.

单因素试验：一项试验中只有一个因素在改变.

多因素试验：一项试验中多于一个因素在改变.

8.1.2 假设前提

假定单因素 A 具有 $A_1,A_2,\cdots,A_r$ 这 r 个水平，在每个水平 $A_i(i=1,2,\cdots,r)$下，若将要考察的指标看成一个总体，则有 r 个总体，假设：

（1）每个总体均服从 $N(\mu,\sigma^2)$；

（2）r 个总体的方差相同；

（3）抽取的每个总体中的样本相互独立.

设第 i 个总体的期望为 μ_i，则

假设检验：$H_0:\mu_1=\mu_2=\cdots=\mu_r$.

备择假设：$H_1:\mu_1,\mu_2,\cdots,\mu_r$ 不全相等.

假设在水平 $A_i(i=1,2,\cdots,r)$下，进行了 n_i 次相互独立试验，获得试验数据为 X_{i1}，$X_{i2},\cdots,X_{in_i}$我们记数据的总个数为 $n=\sum_{i=1}^{r}n_i$.

由假设有 $X_{ij}\sim N(\mu_i,\sigma^2)$（$\mu_i$ 和 σ^2 未知），即 $X_{ij}-\mu_i\sim N(0,\sigma^2)$，

则 $X_{ij}-\mu_i$ 可视为随机误差. 记 $X_{ij}-\mu_i=\varepsilon_{ij}$，得数学模型如下：

$$\begin{cases}X_{ij}=\mu_i+\varepsilon_{ij},i=1,2,\cdots,r,j=1,2,\cdots,n_i\\ \varepsilon_{ij}\sim N(0,\sigma^2),\text{各个 }\varepsilon_{ij}\text{相互独立},\mu_i\text{ 和 }\sigma^2\text{ 未知}\end{cases}\tag{8-1}$$

方差分析的作用：

(1) 检验模型（式（8-1））中 r 个总体的均值是否相等；

(2) 对未知参数 $\mu_1,\mu_2,\cdots,\mu_r,\sigma^2$ 进行估计.

我们记总平均 $\mu=\frac{1}{n}\sum_{i=1}^{r}n_i\mu_i$，其中 $n=\sum_{i=1}^{r}n_i$. $\delta_i=\mu_1-\mu(i=1,2,\cdots,r)$ 为因素 A 的第 i 个水平 A_i 的效应.

显然有

$$\sum_{i=1}^{r}n_i\delta_i=\sum_{i=1}^{r}n_i(\mu_i-\mu)=0$$

上述数学模型可改写为

$$\begin{cases}X_{ij}=\mu+\delta_i+\varepsilon_{ij},i=1,2,\cdots,r,j=1,2,\cdots,n_r\\ \sum_{i=1}^{r}n_i\delta_i=0\\ \varepsilon_{ij}\sim N(0,\sigma^2),\text{各个 }\varepsilon_{ij}\text{相互独立},\mu_i\text{ 和 }\sigma^2\text{ 未知}\end{cases}\tag{8-2}$$

从而检验假设等价于：

$$H_0:\delta_1=\delta_2=\cdots=\delta_r$$
$$H_1:\delta_1,\delta_2,\cdots,\delta_r\text{ 不全为零}$$

8.1.3 偏差平方和

在水平 A_i 下，试验数据总和记为 $X_{i.}=\sum_{j=1}^{n_i}X_{ij}$，其样本均值为 $\overline{X}_{i.}=\frac{1}{n_i}\sum_{j=1}^{n_i}X_{ij}$，因素 A 下的所有水平的样本总均值为

$$\overline{X}=\frac{1}{n}\sum_{i=1}^{r}\sum_{j=1}^{n_i}X_{ij}=\frac{1}{r}\sum_{i=1}^{r}\overline{X_i}$$

为了研究产生样本 $X_{ij}(i=1,2,\cdots,r,j=1,2,\cdots,k)$ 之间差异性的原因，确定因素 A 的影响大小，常用偏差平方和来比较各个体间的差异程度：

$$S_T=\sum_{i=1}^{r}\sum_{j=1}^{n_i}(X_{ij}-\overline{X})^2\tag{8-3}$$

S_T 称为总偏差平方和，它能反映所有试验数据之间的差异.

假设 H_0 成立，则可得出 r 个总体间无显著差异的结论，即因素 A 对试验指标没有显著影响，所有的 X_{ij} 都可以看作来自同一个总体，每个 X_{ij} 间的差异只是因为随机因素引起. 若 H_0 不成立，则可得出在总偏差中除随机因素引起的差异外，还有因素 A 的不同水平的影响而产生的差异的结论. 若不同水平的影响产生的差异比随机因素引起的差异大很多，我们就认为因素 A 对试验指标有显著影响.

因此，将总偏差平方和中的这两种差异分开，然后对它们进行比较，便能得到因素 A 对试验指标的影响程度.

因为

$$S_T=\sum_{i=1}^{r}\sum_{j=1}^{n_i}(X_{ij}-\overline{X})^2=\sum_{i=1}^{r}\sum_{j=1}^{n_i}[(X_{ij}-\overline{X}_{i.})+(\overline{X}_{i.}-\overline{X})]^2$$

$$= \sum_{i=1}^{r}\sum_{j=1}^{n_i}(X_{ij}-\overline{X}_{i.})^2 + 2\sum_{i=1}^{r}\sum_{j=1}^{n_i}(X_{ij}-\overline{X}_{i.})(\overline{X}_{i.}-\overline{X}) + \sum_{i=1}^{r}n_i(\overline{X}_{i.}-\overline{X})^2$$

而据$\overline{X_{i.}}$和 $\overline{X}$ 的定义有：

$$\sum_{i=1}^{r}\sum_{j=1}^{n_i}(X_{ij}-\overline{X}_{i.})(\overline{X_{i.}}-\overline{X}) = 0$$

所以有

$$S_T = \sum_{i=1}^{r}\sum_{j=1}^{n_i}(X_{ij}-\overline{X}_{i.})^2 + \sum_{i=1}^{r}n_i(\overline{X_{i.}}-\overline{X})^2 = S_E + S_A$$

记

$$S_T = S_A + S_E \tag{8-4}$$

其中 $S_A = \sum_{i=1}^{r}n_i(\overline{X}_{i.}-\overline{X})^2$，$S_E = \sum_{i=1}^{r}\sum_{j=1}^{n_i}(X_{ij}-\overline{X}_{i.})^2$.

式（8-4）称为平方和分解式. S_A，S_E 分别称作组间（偏差）平方和与组内（偏差）平方和，见表 8-1.

表 8-1

	S_A	S_E
名称	组间（偏差）平方和	组内（偏差）平方和
来源	因素 A 取不同水平引起	由随机误差引起
作用	反映在每个水平下的样本均值与样本总均值的差异	反映在水平 A_i 下样本值与该水平下的样本均值之间的差异
公式	$\sum_{i=1}^{r}n_i(\overline{X}_{i.}-\overline{X})^2$	$\sum_{i=1}^{r}\sum_{j=1}^{n_i}(X_{ij}-\overline{X}_{i.})^2$

8.1.4 方差分析法

若 H_0 成立，则全部 X_{ij}都服从正态分布 $N(\mu,\sigma^2)$且相互独立，可得：

（1）$S_T/\sigma^2 \sim \chi^2(n-1)$；

（2）$S_E/\sigma^2 \sim \chi^2(n-r)$，$E(S_E) = \frac{1}{st}\sum_{j=1}^{s}\sum_{k=1}^{t}X_{ijk}\sigma^2$. 所以 $S_E/(n-r)$为 σ^2 的无偏估计；

（3）$S_A/\sigma^2 \sim \chi^2(r-1)$，且 $E(S_A) = (r-1)\sigma^2$，因此 $S_A/(r-1)$为 σ^2 的无偏估计；

（4）S_E 与 S_A 相互独立.

若计算出组间差异比组内差异大很多的话，说明因素的各水平间存在显著差异，r 个总体不服从同一正态总体，即 H_0 不成立. 此时，比值$\frac{(n-r)S_A}{(r-1)S_E}$有偏大的趋势. 因此，可选用统计量

$$F = \frac{S_A/(r-1)}{S_E/(n-r)} = \frac{(n-r)S_A}{(r-1)S_E}$$

若 H_0 为真，则有

$$F=\frac{(n-r)S_A}{(r-1)S_E}\sim F(r-1,n-r) \tag{8-5}$$

一般步骤：我们可以由样本观察值和公式计算出 S_E，S_A，将其带入上式计算出统计量 F 的观察值，然后在给定的检验水平 α 下，查表得 $F_\alpha(r-1,n-r)$ 的值，由于 H_0 不真时，S_A 值偏大，导致 F 值偏大，即有：

(1) 若 $F>F_\alpha(r-1,n-r)$，则拒绝 H_0，表示因素 A 各水平下的效应存在显著差异；

(2) 若 $F<F_\alpha(r-1,n-r)$ 时，则接受 H_0，表示因素 A 各水平下的效应无显著差异.

一般地，人们常在实际分析中采用如下记号和算法：

$$T_{i\cdot}=\sum_{j=1}^{n_i}X_{ij},i=1,2,\cdots,r,T=\sum_{i=1}^{r}\sum_{j=1}^{n_i}X_{ij}=\sum_{i=1}^{r}X_{i\cdot}$$

$$S_T=\sum_{i=1}^{r}\sum_{j=1}^{n_i}X_{ij}^{\ 2}-\frac{T^2}{n},S_A=\sum_{i=1}^{r}\frac{T_{i\cdot}^2}{n_i}-\frac{T^2}{n},S_E=S_T-S_A$$

为表达更为直观，我们将上面的步骤制成一个表格，这个表格称为单因素方差分析表(见表 8-2).

表 8-2 单因素方差分析表

方差来源	平方和	自由度	均方和	F 比
因素 A	S_A	$r-1$	$MS_A=\frac{S_A}{r-1}$	$F=\frac{MS_A}{MS_E}$
误差 E	S_E	$n-r$	$MS_E=\frac{S_E}{n-r}$	
总和 T	S_T	$n-1$		

例 8-1 设有甲、乙、丙三条流水线，生产规格相同的男士手表的某零部件，现对三条流水线上的手表进行取样，测量零部件的厚度精确至千分之一厘米，得结果如表 8-3 所示.

表 8-3 零部件的厚度

甲 厂	乙 厂	丙 厂
0.236	0.257	0.258
0.238	0.253	0.264
0.248	0.255	0.259
0.245	0.254	0.267
0.243	0.261	0.262

在这个试验里，我们将零部件的厚度作为试验的指标，因素为流水线，不同的三个流水线是这个因素的三个不同的水平. 若除去流水线这一因素外，其他条件完全都相同，那

这一试验就可以看作是单因素试验. 我们可以通过上述方差分析的方法考察各生产线所生产的零部件有无显著的差异，若是厚度存在显著差异，就表明生产线这一因素对此零部件厚度的影响是显著的.

例 8-2 某电脑厂家对一种笔记本电脑设计了四种新外型，为了考察哪种外型最受欢迎，选了 10 个有近似相同销售量的商场作试验. 其中两种外型各指定两个商场进行销售，另两种外型各指定三个商场进行销售. 若在试验期中各商场的货架排放地理位置、空间都几乎一致，营业员促销方法大体相同，在观察一定时期的销售量后得到数据如表 8-4 所示.

表 8-4 销售量

外型	商场			商场数 n_i
	1	2	3	
A_1	12	18		2
A_2	14	12	13	3
A_3	19	17	21	3
A_4	24	30		2

在这里，我们要考察四种外型的笔记本电脑销售量是否相同，因此外型就被看成是一个因素，记为 A，它有四种不同的外型，则对应了因素 A 的四个水平，记作：A_1, A_2, A_3, A_4. 同时将第 i 种外型在第 j 个商场的销售量记为

$$x_{ij}, i=1,2,3,4; j=1,2,\cdots,m_i (\text{在本例中}, m_1=2, m_2=3, m_3=3, m_4=2)$$

由于商场间的差异可忽略不计，因此一种外型在不同商场里的销售量被看作为此种外型的若干次独立重复观察，所以可以把一种外型看作一个总体. 比较四种外型的销售量是否相同，相当于要比较的四个总体的均值是否一致.

例 8-3 在例 8-1 中，检验假设（$\alpha=0.05$）

$$H_0: \mu_1=\mu_2=\mu_3, H_1: \mu_1, \mu_2, \mu_3 \text{ 不全相等}$$

解 这里 $r=3, n_1=n_2=n_3=5, n=15$,

$$S_T = \sum_{i=1}^{3}\sum_{j=1}^{5} X_{ij} - \frac{T^2}{15} = 0.963912 - \frac{3.8^2}{15} = 0.00124533$$

$$S_A = \sum_{i=1}^{3}\frac{T_{i.}^2}{n_i} - \frac{T^2}{n} = \frac{1}{5}(1.21^2+1.28^2+1.31^2) - 3.8^2/15 = 0.00105333$$

$$S_E = S_T - S_A = 0.000192$$

S_T, S_A, S_E 的自由度依次为 $n-1=14, r-1=2, n-r=12$，得方差分析表如表 8-5 所示.

表 8-5

方差来源	平方和	自由度	均方和	F 比
因素 误差	0.0085333 0.000192	2 12	0.00052667 C.000016	32.92
总和	0.00124533	14		

因 $F_{0.05}(2,12)=3.89<32.92$，故在水平 0.05 下拒绝 H_0，认为各流水线生产的零部件厚度有显著的差异.

例 8-4 在例 8-2 中，检验假设（$\alpha=0.05$）

$$H_0:\mu_1=\mu_2=\mu_3=\mu_4, H_1:\mu_1,\mu_2,\mu_3,\mu_4 \text{ 不全相等}$$

解 这里 $r=4$，$n_1=n_4=2$，$n_2=n_3=3$，$n=10$

$$T_{1.}=30,\ T_{2.}=39,\ T_{3.}=57,\ T_{4.}=54,\ T=180$$

$$S_T=\sum_{i=1}^{4}\sum_{j=1}^{n_i}X_{ij}^2-\frac{T^2}{n}=3544-3240=304$$

$$S_A=\sum_{i=1}^{4}\frac{T_{i.}^2}{n_i}-\frac{T^2}{n}=3498-3240=258$$

S_T,S_A,S_E 的自由度依次为 $n-1=9$，$r-1=3$，$n-r=6$，得方差分析表如表 8-6 所示.

表 8-6

方差来源	平方和	自由度	均方和	F 比
因素	258	3	86	
误差	46	6	7.67	11.2
总和	304	9		

因 $F_{0.05}(3,6)=4.74<11.22$，故在显著性水平 0.05 下拒绝 H_0，即认为四种外型的销售量存在显著差异，这说明不同外型在市场上受欢迎的程度不同.

8.2 双因素试验的方差分析

实际问题中，我们更多的是要同时考虑两个因素或两个以上的因素对试验指标的影响. 例如，大数据时代，通常要考虑数据源、收集数据的技术和收集数据的方式对所搜集的数据的质量是否有显著影响. 所搜集的数据的质量是试验的指标，数据源、收集数据的技术和收集数据的方式便是三个因素. 多因素方差分析的基本思想与单因素方差分析相同，唯一不同之处是除了考察各因素试验指标的影响，还要考察各因素不同水平的搭配对试验指标的影响.

我们将双因素试验的方差分析分为无重复试验和等重复试验这两种情况来讨论. 无重复试验主要检验两个因素对试验指标有无显著影响；等重复试验还要考察两个因素不同水平的搭配对试验指标有无显著影响.

8.2.1 无重复试验双因素试验的方差分析

设有影响试验指标的两个因素 A，B，因素 A 有 r 个水平 $A_1,A_2,\cdots,A_r$，因素 B 有 s 个水平 B_1，B_2，$\cdots$，B_s. 对因素 A，B 的每一个水平的任意一对组合 (A_i,B_j)，$(i=1,2,\cdots,r,$ $j=1,2,\cdots,s)$ 进行一次试验，得到 $r\cdot s$ 个试验观测值 X_{ij}，如表 8-7 所示.

表 8-7

试验结果 因素 B / 因素 A	B_1	B_2	…	B_s
A_1	X_{11}	X_{12}	…	X_{1s}
A_2	X_{21}	X_{22}	…	X_{2s}
⋮	⋮	⋮	⋮	⋮
A_r	X_{r1}	X_{r2}	…	X_{rs}

8.2.2 假设前提

与单因素方差分析的假设前提相同，仍假设：

（1）$X_{ij} \sim N(\mu_{ij},\sigma^2)$，$\mu_{ij}$，$\sigma^2$ 未知，$i=1,\cdots,r;j=1,\cdots,s.$

（2）每个总体的方差相同.

（3）各 X_{ij}相互独立，$i=1,\cdots,r;j=1,\cdots,s.$

这样，通过检验各个总体的均值是否相等就可以比较同一因素的各个总体的均值是否一致，故检验假设为：

$$H_{0A}: \quad \mu_{1j}=\mu_{2j}=\cdots=\mu_{rj}=\mu_{\cdot j} \quad j=1,\cdots,s$$
$$H_{0B}: \quad \mu_{i1}=\mu_{i2}=\cdots=\mu_{is}=\mu_{i\cdot} \quad i=1,\cdots,r$$

备择假设为

$$H_{1A}:\mu_{1j},\mu_{2j},\cdots,\mu_{rj}\text{不全相等}$$
$$H_{1B}:\mu_{i1},\mu_{i2},\cdots,\mu_{is}\text{不全相等}$$

由假设有 $X_{ij} \sim N(\mu_{ij},\sigma^2)$（$\mu_{ij}$和 σ^2 未知），记 $X_{ij}-\mu_i=\varepsilon_{ij}$，即有 $\varepsilon_{ij}=X_{ij}-\mu_{ij} \sim N(0,\sigma^2)$，故 $X_{ij}-\mu_{ij}$可视为随机误差. 从而得到如下数学模型

$$\begin{cases} X_{ij}=\mu_{ij}+\varepsilon_{ij}, i=1,\cdots,r;j=1,\cdots,s \\ \varepsilon_{ij} \sim N(0,\sigma^2), \mu_{ij},\sigma^2 \text{ 未知，} \varepsilon_{ij}\text{相互独立} \end{cases}$$

引入记号：

$$\mu = \frac{1}{rs}\sum_{i=1}^{r}\sum_{j=1}^{s}\mu_{ij}$$

$$\mu_{i\cdot} = \frac{1}{s}\sum_{j=1}^{s}\mu_{ij},\ i = 1,2,\cdots,r$$

$$\mu_{\cdot j} = \frac{1}{r}\sum_{i=1}^{r}\mu_{ij},\ j = 1,2,\cdots,s$$

$$\alpha_i = \mu_{i\cdot} - \mu,\ i = 1,2,\cdots,r$$

$$\beta_j = \mu_{\cdot j} - \mu,\ j = 1,2,\cdots,s$$

显然，$\sum_{i=1}^{r}\alpha_i = 0$，$\sum_{j=1}^{s}\beta_j = 0$. 我们称 μ 为总平均，α_i 为水平 A_i 的效应，β_j 为水平 B_j 的效应. 且 $\mu_{ij}=\mu+\alpha_i+\beta_j$.

因此，模型可写成：

$$\begin{cases} X_{ij} = \mu + \alpha_i + \beta_j + \varepsilon_{ij} \quad (i = 1,2,\cdots,r, j = 1,2,\cdots,s) \\ \varepsilon_{ij} \sim N(0,\sigma^2), \mu_{ij}, \sigma^2 \text{ 未知, 各 } \varepsilon_{ij} \text{ 相互独立} \\ \sum_{i=1}^{r} \alpha_i = 0, \sum_{j=1}^{s} \beta_j = 0 \end{cases}$$

检验假设：

$$\begin{cases} H_{0A}: \alpha_1 = \alpha_2 = \cdots = \alpha_r = 0 \\ H_{1A}: \alpha_1, \alpha_2, \cdots, \alpha_r \text{ 不全为零} \end{cases}$$

$$\begin{cases} H_{0B}: \beta_1 = \beta_2 = \cdots = \beta_s = 0 \\ H_{1B}: \beta_1, \beta_2, \cdots, \beta_s \text{ 不全为零} \end{cases}$$

若 H_{0A}(或 H_{0B})成立，则认为因素 A(或 B)对试验指标的影响不显著，若 H_{0A}(或 H_{0B})不成立，则认为因素 A(或 B)对试验指标的影响显著.

8.2.3 偏差平方和

和单因素方差分析一样，我们需要将总偏差平方和进行分解. 通常记：

$$\overline{X} = \frac{1}{rs} \sum_{i=1}^{r} \sum_{j=1}^{s} X_{ij}$$

$$\overline{X}_{i\cdot} = \frac{1}{s} \sum_{j=1}^{s} X_{ij}, i = 1,\cdots,r$$

$$\overline{X}_{\cdot j} = \frac{1}{r} \sum_{i=1}^{r} X_{ij}, j = 1,\cdots,s$$

总偏差平方和

$$S_T = \sum_{i=1}^{r} \sum_{j=1}^{s} (X_{ij} - \overline{X})^2$$

$$= \sum_{i=1}^{r} \sum_{j=1}^{s} [(\overline{X}_{i\cdot} - \overline{X}) + (\overline{X}_{\cdot j} - \overline{X}) + (X_{ij} - \overline{X}_{i\cdot} - \overline{X}_{\cdot j} - \overline{X})]^2$$

由于在 S_T 的展式中三个交叉项的乘积都等于零，故有

$$S_T = S_A + S_B + S_E$$

其中

$$S_A = \sum_{i=1}^{r} \sum_{j=1}^{s} (\overline{X}_{i\cdot} - \overline{X})^2 = s \sum_{i=1}^{r} (\overline{X}_{i\cdot} - \overline{X})^2$$

$$S_B = \sum_{i=1}^{r} \sum_{j=1}^{s} (\overline{X}_{\cdot j} - \overline{X})^2 = r \sum_{j=1}^{s} (\overline{X}_{\cdot j} - \overline{X})^2$$

$$S_E = \sum_{i=1}^{r} \sum_{j=1}^{s} (X_{ij} - \overline{X}_{i\cdot} - \overline{X}_{\cdot j} - \overline{X})^2$$

其中，S_E 为误差平方和；S_A 为因素 A 的偏差平方和；S_B 为因素 B 的偏差平方和.

可以证明，当 H_{0A}，H_{0B}成立时，有：

(1) $S_T/\sigma^2, S_A/\sigma^2, S_B/\sigma^2, S_E/\sigma^2$ 分别服从自由度依次为 $rs-1, r-1, s-1, (r-1)(s-1)$的$\chi^2$ 分布；

(2) S_T, S_A, S_B, S_E 相互独立.

8.2.4 检验方法

当 H_{0A}为真时，可以证明

$$F_A=\frac{S_A/(r-1)}{S_E/(r-1)(s-1)}\sim F(r-1,(r-1)(s-1))$$

取显著性水平为 α，得假设 H_{0A} 的拒绝域为

$$F_A=\frac{S_A/(r-1)}{S_E/(r-1)(s-1)}\geqslant F_\alpha(r-1,(r-1)(s-1))$$

类似地，当 H_{0B} 为真时，可以证明

$$F_B=\frac{S_B/(s-1)}{S_E/(r-1)(s-1)}\sim F(s-1,(r-1)(s-1))$$

取显著性水平为 α，得假设 H_{0B} 的拒绝域为

$$F_B=\frac{S_B/(s-1)}{S_E/(r-1)(s-1)}\geqslant F_\alpha(s-1,(r-1)(s-1))$$

实际分析中，常采用如下简便算法和记号：

记

$$T=\sum_{i=1}^{r}\sum_{j=1}^{s}X_{ij}=rs\overline{X}$$

$$T_{i\cdot}=\sum_{j=1}^{s}X_{ij}=s\overline{X}_{i\cdot},i=1,\cdots,r$$

$$T_{\cdot j}=T_{\cdot j}=\sum_{i=1}^{r}X_{ij}=r\overline{X}_{\cdot j},j=1,\cdots,s$$

则

$$S_T=\sum_{i=1}^{r}\sum_{j=1}^{s}X_{ij}^2-\frac{T^2}{rs}$$

$$S_A=\frac{1}{s}\sum_{i=1}^{r}T_{i\cdot}^2-\frac{T^2}{rs}$$

$$S_B=\frac{1}{r}\sum_{j=1}^{s}T_{\cdot j}^2-\frac{T^2}{rs}$$

$$S_E=S_T-S_A-S_B$$

可得方差分析表如表 8-8 所示.

表 8-8 无重复试验双因素试验的方差分析表

方差来源	平方和	自由度	均方和	F 比
因素 A	S_A	$r-1$	$\overline{S}_A=\frac{S_A}{r-1}$	$F_A=\overline{S}_B/\overline{S}_E$
因素 B	S_B	$s-1$	$\overline{S}_B=\frac{S_B}{s-1}$	$F_B=\overline{S}_B/\overline{S}_E$
误差	S_E	$(r-1)(s-1)$	$\overline{S}_E=\frac{S_E}{(r-1)(s-1)}$	
总和	S_T	$rs-1$		

例 8-5 设四个班的大学生在网站 A_1,A_2,A_3 各浏览一小时，其浏览量如表 8-9 所示，问不同网站或不同班级对网站浏览量是否有显著影响($\alpha=0.05$)？

表 8-9

浏览量 班级 网站	B_1	B_2	B_3	B_4
A_1	50	47	47	53
A_2	53	54	57	58
A_3	52	42	41	48

解 由题意知 $r=3$，$s=4$，

按计算公式计算得

$$T_{1\cdot}=197, T_{2\cdot}=222, T_{3\cdot}=183$$

$$T_{\cdot 1}=155, T_{\cdot 2}=143, T_{\cdot 3}=145, T_{\cdot 4}=159$$

$$T=602, \sum_{i=1}^{3}\sum_{j=1}^{4}X_{ij}^2=30518$$

$$S_T=\sum_{i=1}^{3}\sum_{j=1}^{4}x_{ij}^2-\frac{T^2}{12}=317.67$$

$$S_A=\frac{1}{4}\sum_{i=1}^{3}T_{i\cdot}^2-\frac{T^2}{12}=195.17$$

$$S_B=\frac{1}{3}\sum_{j=1}^{4}T_{\cdot j}^2-\frac{T^2}{12}=59.67$$

$$S_E=S_T-S_A-S_B=62.83$$

因此有

$$F_A=\frac{195.17/2}{62.83/6}=9.32$$

$$F_B=\frac{59.67/3}{62.83/6}=1.90$$

当 $\alpha=0.05$ 时，查表得

$$F_\alpha(r-1,(r-1))=F_{0.05}(2,6)=5.14$$

$$F_\alpha(s-1,(r-1)(s-1))=F_{0.05}(3,6)=4.76$$

列出方差分析表如表 8-10 所示.

表 8-10

方差来源	平方和	自由度	F 比	F 的临界值
因素 A	$S_A=195.17$	2	$F_A=9.32$	$F_{0.05}(2,6)=5.14$
因素 B	$S_B=59.67$	3	$F_B=1.90$	$F_{0.05}(3,6)=4.76$
误差	$S_E=62.83$	6		
总和	$S_T=317.67$	11		

由此表知，$F_A>F_{0.05}(2,6)$，$F_B<F_{0.05}(3,6)$，说明网站的差异对浏览量有显著影响，而不同班级对浏览量无显著影响.

习　题

8-1　对一批由同样原料五种不同的工艺做成的产品进行寿命试验，设每种工艺处理 4 个产品，测得损坏率的结果如表 8-11 所示.

表 8-11

产品号	工艺				
	A_1	A_2	A_3	A_4	A_5
1	4.3	6.1	6.5	9.3	9.5
2	7.8	7.3	8.3	8.7	8.8
3	3.2	4.2	8.6	7.2	11.4
4	6.5	4.1	8.2	10.1	7.8

试在水平 $\alpha=0.05$ 下检验不同的工艺对产品的损坏率是否有显著影响.

8-2　某软件开发公司新开发了 5 个软件，对 12 月份不同城市软件的销售量（份）进行数据统计，如表 8-12 所示.

表 8-12

		因素 B（软件）					
		1	2	3	4	5	$T_{i\cdot}$
因素 A（区域）	北京	76	67	81	56	51	331
	上海	82	69	96	59	70	376
	广州	68	59	67	54	42	290
	深圳	63	56	64	58	37	278
	$T_{\cdot j}$	289	251	308	227	200	1275

试在水平 $\alpha=0.05$ 下检验，不同城市软件的销售量的均值有无显著差异.

8-3　某试验研究 5 个不同品牌的同一硬件寿命情况，调查数据如表 8-13 所示. 试在水平 $\alpha=0.05$ 下检验这 5 个品牌的此硬件使用寿命间的差异是否显著？

表 8-13

硬件号	品牌				
	甲	乙	丙	丁	戊
1	5.0	5.5	5.1	5.0	5.2
2	4.7	4.9	4.5	4.7	4.9
3	4.9	5.0	4.9	4.7	5.1
4	4.6	4.8	4.5	4.7	4.9
5	4.9	5.6	5.0	4.7	4.9

9 线性回归分析

在自然界和社会经济活动中，现象与现象之间，或者说变量与变量之间常常存在着某种相互制约、相会依赖的关系，此关系有两种：一种是可以用函数形式来表示的变量间关系，称为确定性关系. 例如正方形的边长设为 x，则正方形的面积 S 可以用函数 $S(x)=x^2$ 计算，这里的 S 和 x 之间的关系为确定性关系. 另一种是相关关系，这种关系表现出变量与变量之间存在着某种关系，但不能够完全确定. 如个人的收入与消费之间的关系. 一般来说，收入高一些，消费要高一些，但同样收入的人，消费却往往大相径庭.

回归分析是通过大量试验和观测数据去挖掘暗含在变量之间相关关系的一种数学方法. 在大数据相关学习中，回归分析占有着十分重要的地位.

如果随机变量 Y(因变量)与普通变量 $X_1,X_2,\cdots,X_p$(自变量)间存在一定的相关性,因为 Y 是随机变量，对于 $X=(X_1,X_2,\cdots,X_p)$ 的各种取值 $x=(x_1,x_2,\cdots,x_p)$，Y 有它对应的分布函数 $F(y\mid x)$，若我们掌握了 x 取值的变化带来的 $F(y\mid x)$ 变化的规律，那么就能掌握随机变量 Y 与普通变量 x 之间的相关关系了，但是这样做的话往往非常繁杂，甚至是不可能的. 作为一种近似，我们可以研究取确定值 x 时 Y 的数学期望 $E(Y|X=x)$，如果 $E(Y|X=x)$ 存在，则随 x 的取值确定了它的值,它是关于变量 x 的函数. 我们把这个函数记为 $\mu(x)$，称为 Y 关于 x 的回归函数. 因此，研究 $E(Y|X=x)=\mu(x)$ 与 x 的函数关系也就可以研究 Y 与 x 的相关关系.

若函数 $\mu(x)$ 是线性函数，即 $E(Y|X=x)=\mu(x)=\beta_0+\beta_1x_1+\cdots+\beta_px_p$，那么此回归模型被称为线性回归模型.

在所有相关关系中，最简单的关系是由两个变量组成的关系. 比如笔记本电脑的销售量 Y 随市场需求量 x 的升降而变化，网站点击量 Y 随网站功能 x 的增减而改变等. 我们通过假定随机变量 Y 与普通变量 x 间存在着相关关系，并用 $E(Y|X=x)=\mu(x)$ 表示它们之间的相关关系，从而建立两个变量之间的关系模型. 由于两个变量 Y 和 X 之间是相关关系，不存在完全确定的函数关系，所以我们引入随机误差 $\varepsilon=y-E(Y|X=x)$，得到两变量 Y 和 X 之间的关系 $y=\mu(x)+\varepsilon$.

当 $\mu(x)=\beta_0+\beta_1x$ 为线性函数时，即有 $y=\beta_0+\beta_1x+\varepsilon$，此回归模型称为一元线性回归模型. 通常，设 $\varepsilon\sim N(0,\sigma^2)$，称为随机误差项，随机变量 y 称为因变量，模型中的 β_0，β_1 称为回归系数.

当给定 X 和 Y 的一组观测值 $(x_1,y_1),(x_2,y_2),\cdots,(x_n,y_n)$，若我们可以得到 β_0，β_1 的估计 $\hat{\beta}_0$，$\hat{\beta}_1$，则我们称 $y=\hat{\beta}_0+\hat{\beta}_1x$ 为 y 关于 x 的回归方程，或称回归直线；称 $\hat{y}$ 为 y 的拟合值或预测值.

在一元线性回归中主要解决下列一些问题：

（1）给定观测值 $(x_1,y_1),(x_2,y_2),\cdots,(x_n,y_n)$ 对回归系数 β_0，β_1 的估计问题；

（2）对回归系数的假设检验问题；

（3）在 $x=x_0$ 处对 y 做预测，即对 y 做区间估计.

9.1 最小二乘估计

已知变量 x 和 y 的观测值 $(x_1,y_1),(x_2,y_2),\cdots,(x_n,y_n)$，下面寻求未知参数 β_0，β_1 的估计，思路如下：将 $x_1,x_2,\cdots,x_n$ 分别代入回归函数 $y=\beta_0+\beta_1 x$，得到 $\hat{y}_1$，$\hat{y}_2$，$\cdots$，$\hat{y}_n$，它们与实际值 y_1，y_2，$\cdots$，y_n 是不相同的. 我们希望得到的估计 $\hat{\beta}_0$，$\hat{\beta}_1$ 能够使得 $\hat{y}_i$ 与 y_i 之间尽量靠近，即要求总偏差

$$Q(\beta_0,\beta_1)=\sum_{i=1}^{n}\varepsilon_i^2=\sum_{i=1}^{n}(y_i-\beta_0-\beta_1 x_i)^2$$

达到最小.

以上估计未知参数 β_0 和 β_1 的方法称为未知参数 β_0 和 β_1 的最小二乘估计.

最小二乘估计法的步骤如下：

求 $Q(\beta_0,\beta_1)$ 的极值点：

$$\frac{\partial Q}{\partial \beta_0}=-2\sum_{i=1}^{n}(y_i-\beta_0-\beta_1 x_i)=C$$

$$\frac{\partial Q}{\partial \beta_1}=-2\sum_{i=1}^{n}(y_i-\beta_0-\beta_1 x_i)x_i=0$$

则有

$$\begin{cases} n\beta_0+\left(\sum_{i=1}^{n}x_i\right)\beta_1=\sum_{i=1}^{n}y_i \\ \left(\sum_{i=1}^{n}x_i\right)\beta_0+\left(\sum_{i=1}^{n}x_i^2\right)\beta_1=\sum_{i=1}^{n}x_i y_i \end{cases}$$

解得

$$\begin{cases} \hat{\beta}_1=\dfrac{n\sum_{i=1}^{n}x_i y_i-\left(\sum_{i=1}^{n}x_i\right)\left(\sum_{i=1}^{n}y_i\right)}{n\sum_{i=1}^{n}x_i^2-\left(\sum_{i=1}^{n}x_i\right)^2}=\dfrac{\sum_{i=1}^{n}(x_i-\bar{x})(y_i-\bar{y})}{\sum_{i=1}^{n}(x_i-\bar{x})^2} \\ \hat{\beta}_0=\dfrac{1}{n}\sum_{i=1}^{n}y_i-\dfrac{\hat{b}}{n}\sum_{i=1}^{n}x_i=\bar{y}-\hat{\beta}_1\bar{x} \end{cases}$$

其中 $\bar{x}=\dfrac{1}{n}\sum_{i=1}^{n}x_i,\bar{y}=\sum_{i=1}^{n}y_i,\hat{\beta}_0,\hat{\beta}_1$ 为未知参数 β_0 和 β_1 的最小二乘估计值.

为了方便计算，引入记号：

$$S_{xx}=\sum_{i=1}^{n}(x_i-\bar{x})^2=\sum_{i=1}^{n}x_i^2-\frac{1}{n}\left(\sum_{i=1}^{n}x_i\right)^2$$

$$S_{yy}=\sum_{i=1}^{n}(y_i-\bar{y})^2=\sum_{i=1}^{n}y_i^2-\frac{1}{n}\left(\sum_{i=1}^{n}y_i\right)^2$$

$$S_{xy} = \sum_{i=1}^{n}(x_i - \bar{x})(y_i - \bar{y}) = \sum_{i=1}^{n} x_i y_i - \frac{1}{n}\left(\sum_{i=1}^{n} x_i\right)\left(\sum_{i=1}^{n} y_i\right)$$

则，β_0 和 β_1 的估计值可由下列公式得出

$$\hat{\beta}_1 = \frac{S_{xx}}{S_{xy}}$$

$$\hat{\beta}_0 = \frac{1}{n}\sum_{i=1}^{n} y_i - \left(\frac{1}{n}\sum_{i=1}^{n} x_i\right)\hat{\beta}_1$$

例 9-1 为研究某一化学反应过程中温度 x(℃)对产品得率 Y(%)的影响，测得数据如表 9-1 所示。

表 9-1

温度 x/℃	100	110	120	130	140	150	160	170	180	190
得率 Y/%	45	51	54	61	66	70	74	78	85	89

求变量 Y 关于 x 的线性回归方程.

解 $n=10$，经计算得

$$\sum_{i=1}^{10} x_i = 1450, \sum_{i=1}^{10} y_i = 673, \sum_{i=1}^{10} x_i^2 = 218500, \sum_{i=1}^{10} y_i^2 = 47225, \sum_{i=1}^{10} x_i y_i = 101570$$

$$S_{xx} = 218500 - \frac{1}{10} \times 1450^2 = 8250$$

$$S_{xy} = 101570 - \frac{1}{10} \times 1450 \times 673 = 3985$$

故得

$$\hat{\beta}_1 = S_{xx}/S_{xy} = 0.48303$$

$$\hat{\beta}_0 = \frac{1}{10} \times 673 - \frac{1}{10} \times 1450 \times 0.48303 = -2.73935$$

于是得到回归直线方程

$$\hat{y} = -2.73935 + 0.48303x$$

9.2 σ^2 的估计

前面我们学习了一元线性回归模型 $y = \beta_0 + \beta_1 x + \varepsilon$,其中 $\varepsilon \sim N(0, \sigma^2)$. 由期望的性质知 $E\{[Y - (\beta_0 + \beta_1 x)]^2\} = E(\varepsilon^2) = D(\varepsilon) + [E(\varepsilon)]^2 = \sigma^2$.

记 $\hat{y}_i = \hat{y}|_{x=x_i} = \hat{\beta}_0 + \hat{\beta}_1 x_i$，则称 $y_i - \hat{y}_i$ 为 x_i 处的残差.

$Q_e = \sum_{i=1}^{n}(y_i - \hat{y}_i)^2 = \sum_{i=1}^{n}(y_i - \hat{\beta}_0 - \hat{\beta}_1 x_i)^2$ 称为残差平方和.

将 Q_e 进行分解：

$$Q_e = \sum_{i=1}^{n}(y_i - \hat{y}_i)^2 = \sum_{i=1}^{n}[y_i - \bar{y} - \hat{\beta}_1(x_i - \bar{x})]^2$$

$$= \sum_{i=1}^{n}(y_i - \bar{y})^2 - 2\hat{\beta}_1\sum_{i=1}^{n}(x_i - \bar{x})(y_i - \bar{y}) + (\hat{\beta}_1)^2\sum_{i=1}^{n}(x_i - \bar{x})^2$$

$$= S_{yy} - 2\hat{\beta}_1 S_{xy} + (\hat{\beta}_1)^2 S_{xx}$$

而 $\hat{\beta}_1 = \frac{S_{xx}}{S_{xy}}$，所以 $Q_e = S_{yy} - \hat{\beta}_1 S_{xy}$

相应的统计量为 $$Q_e = S_{YY} - \hat{\beta}_1 S_{XY}$$

显然 $$\frac{Q_e}{\sigma^2} \sim \chi^2(n-2)$$

从而 σ^2 的无偏估计量为 $$\hat{\sigma}^2 = \frac{Q_e}{n-2} = \frac{1}{n-2}[S_{YY} - \hat{\beta}_1 S_{XY}]$$

例 9-2 求例 9-1 中 σ^2 的无偏估计.

解 由例 9-1 中的计算结果得

$$S_{yy} = \sum_{i=1}^{n} y_i^2 - \frac{1}{n}\left(\sum_{i=1}^{n} y_i\right)^2 = 47225 - \frac{1}{10} \times 673^2 = 1932.1$$

又已知 $S_{xy} = 3985$，$\hat{\beta}_1 = 0.48303$，故

$$Q_e = S_{yy} - \hat{\beta}_1 S_{xy} = 7.23, \quad \hat{\sigma}^2 = \frac{Q_e}{n-2} = 7.23/8 = 0.90$$

9.3 线性相关关系的显著性检验

在前面的学习中，我们假定随机变量 Y 关于普通变量 x 的回归函数 $\mu(x) = a + bx$，在实际中，随机变量 Y 关于普通变量 x 是否具有线性相关关系，即 $\mu(x)$ 是否可以由变量 x 的线性表达，先是要根据相关专业知识和实践经验来探索，然后观察由试验得到的数据运用假设检验的方法来进行检验，以此来判断所求得的线性回归方程 $\mu(x)$ 是否具有科学性与实用价值. 一般情况下，若线性假设 $\mu(x) = a + bx$ 符合实际，则 b 不应为零，因为若 $b = 0$，则 $\mu(x) = a$ 就是一个常数函数，而不是关于 x 的函数了.

因此，我们提出假设 H_0：$\beta_1 = 0 \leftrightarrow H_1$：$\beta_1 \neq 0$.

选择用 t 检验法来检验，可以得到

$$\hat{\beta}_1 \sim N(\beta_1, \sigma^2 / S_{xx})$$

$$\frac{(n-2)\hat{\sigma}^2}{\sigma^2} = \frac{Q_e}{\sigma^2} \sim \chi^2(n-2)$$

且 $\hat{\beta}_1$ 与 Q_e 相互独立，则有

$$\frac{\hat{\beta}_1 - \beta_1}{\sqrt{\sigma^2 / S_{xx}}} \Bigg/ \sqrt{\frac{(n-2)\hat{\sigma}^2}{\sigma^2} / (n-2)} \sim t(n-2)$$

$$\frac{\hat{\beta}_1 - \beta_1}{\hat{\sigma}} \sqrt{S_{xx}} \sim t(n-2)$$

其中，$\hat{\sigma} = \sqrt{\sigma^2}$.

当 H_0 为真时，$\beta_1 = 0$，有

$$t = \frac{\hat{\beta}_1}{\hat{\sigma}} \sqrt{S_{xx}} \sim t(n-2)$$

又因为 $E(\hat{\beta}_1) = \beta_1 = 0$，则可以得 H_0 的拒绝域为

$$W=\left\{|t|=\frac{|\hat{\beta}_1|}{\hat{\sigma}}\sqrt{S_{xx}}\geqslant t_{\alpha/2}(n-2)\right\}$$

其中，α 为显著性水平.

当计算值落在 H_0 的拒绝域时，我们判定回归效果是显著的，若落在 H_0 的接受域内，我们则判定回归效果不显著.

造成回归效果不显著的原因通常为以下三种：

(1) x 及随机误差外的其他不可忽略的因素影响了 Y 的取值；

(2) $\mu(x)$ 是 x 的非线性函数，而不是关于 x 的线性函数；

(3) Y 与 x 不存在相关关系.

例 9-3 检验例 9-1 中回归方程的回归效果是否显著，取 $\alpha=0.05$.

解 由例 9-1 和例 9-2 知 $\hat{\beta}_1=0.48303$，$S_{xx}=8250$，$\hat{\sigma}^2=0.9$. 查表得

$$t_{0.05/2}(n-2)=t_{0.025}(8)=2.3060$$

则假设 H_0：$\beta_1=0$ 的拒绝域为

$$W=\left\{|t|=\frac{|\hat{\beta}_1|}{\hat{\sigma}}\sqrt{S_{xx}}\geqslant 2.3060\right\}$$

由于

$$|t|=\frac{0.48303}{\sqrt{0.90}}\times\sqrt{8250}=46.25>2.3060$$

故拒绝 H_0：$\beta_1=0$，认为回归效果是显著的.

9.4 一元线性回归的预测

所谓对 y 预测就是当 $x=x_0$ 时对 y 做区间估计，这个名称工程技术，例如由近几天的气温资料对明天气温作出估计称为气温预报.

当 $x=x_0$ 时，y 的值 y_0 为：$y_0=\beta_0+\beta_1x_0+\varepsilon_0$，其中 $\varepsilon_0\sim N(0,\sigma^2)$. 对 y_0 的区间估计不能用 $\beta_0+\beta_1x_0$ 的值，因为这里的 β_0 和 β_1 是未知的，但是可以用 $\hat{\beta}_0+\hat{\beta}_1x_0$ 作区间估计.

记 $\hat{y}_0=\hat{\beta}_0+\hat{\beta}_1x_0$，考察 $y_0-\hat{y}_0=y_0-(\hat{\beta}_0+\hat{\beta}_1x_0)$ 的概率分布，这里假定 y_0 与 $y_1,y_2,\cdots,y_n$ 相互独立. 易证 $y_0-\hat{y}_0$ 服从正态分布，且

$$E(y-\hat{y}_0)=E[\beta_0+\beta_1x_0+\varepsilon_0-(\hat{\beta}_0+\hat{\beta}_1x_0)]=0,$$

$$D(y_0-\hat{y}_0)=\left[1+\frac{1}{n}+\frac{(x_0-\bar{x})^2}{\sum_{i=1}^{n}(x_i-\bar{x})^2}\right]\sigma^2$$

即

$$y_0-\hat{y}_0\sim N\left(0,\left(1+\frac{1}{n}+\frac{(x_0-\bar{x})^2}{\sum_{i=1}^{n}(x_i-\bar{x})^2}\right)\sigma^2\right)$$

又由于 $\frac{(n-2)\hat{\sigma}^2}{\sigma^2}\sim\chi^2(n-2)$，故 $T=(y_0-\hat{y}_0)\Big/\sqrt{\hat{\sigma}^2\left[1+\frac{1}{n}+\frac{(x_0-\bar{x})^2}{L_{xx}}\right]}\sim t(n-2)$，于是对于给定的置信水平 $1-\alpha$，查自由度为 $n-2$ 的 T 分布表可得满足 $P(|T|>t_{\alpha/2})=\alpha$ 的临界值 $t_{\alpha/2}$.

根据不等式的恒等变形可得 y_0 的置信度为 $1-\alpha$ 的置信区间为：

$$\left(\hat{y}_0 - t_{\alpha/2}\sqrt{\hat{\sigma}^2\left[1 + \frac{1}{n} + \frac{(x_0 - \bar{x})^2}{L_{xx}}\right]}, \hat{y}_0 + t_{\alpha/2}\sqrt{\hat{\sigma}^2\left[1 + \frac{1}{n} + \frac{(x_0 - \bar{x})^2}{L_{xx}}\right]}\right)$$

9.5　可线性化的一元非线性回归

通常情况下，两个变量 Y 与 x 之间的相关关系往往不是线性的，而是非线性（或曲线）的，但我们只要进行变量替换，将其做线性化处理，就能直接利用线性回归方程的方法. 下面介绍 5 类常用曲线的线性化处理.

（1）双曲线 $\frac{1}{y} = a + \frac{b}{x}$. 函数图像如图 9-1 所示.

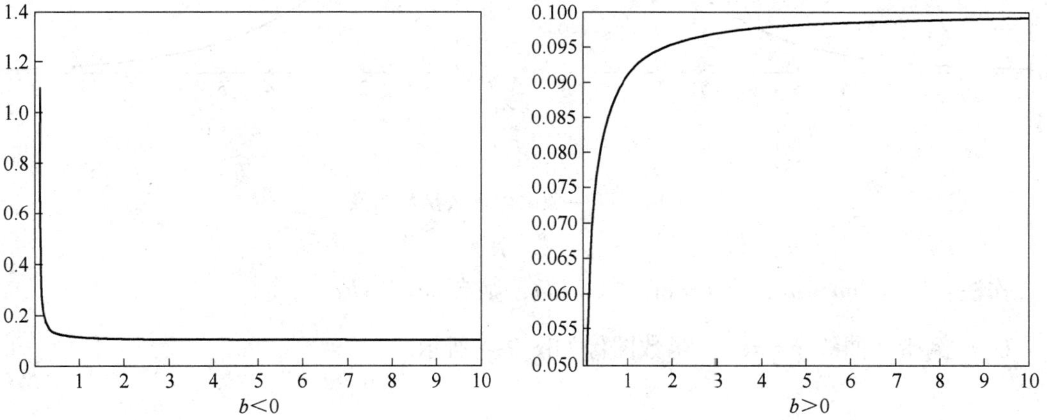

图 9-1　第一象限内双曲线函数图像

作法：令 $u = \frac{1}{x}$，$v = \frac{1}{y}$，则有 $v = a + bu$.

（2）幂函数曲线 $y = ax^b$. 函数图像如图 9-2 所示.

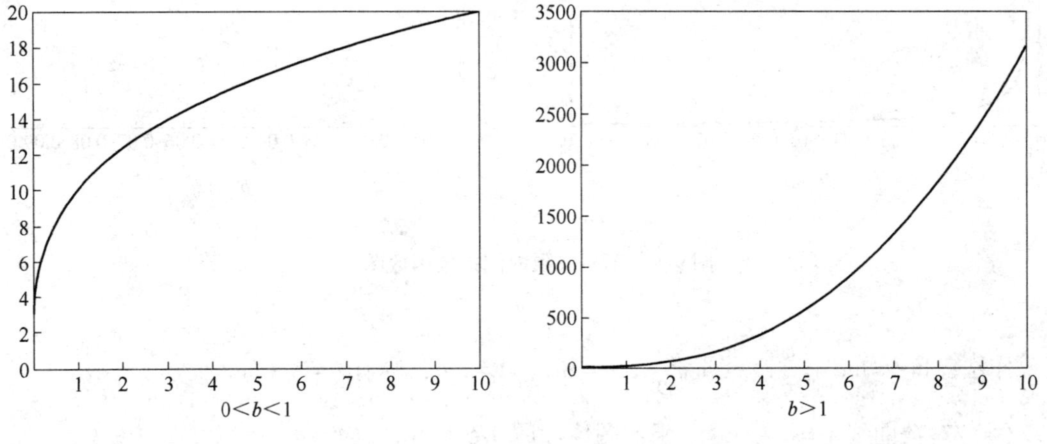

图 9-2　第一象限内幂函数图像

作法：$\ln y = \ln a + b\ln x$，令 $u = \ln x$，$v = \ln y$，$A = \ln a$，则有 $v = A + bu$.

（3）指数曲线 $y = ae^{bx}$. 函数图像如图 9-3 所示.

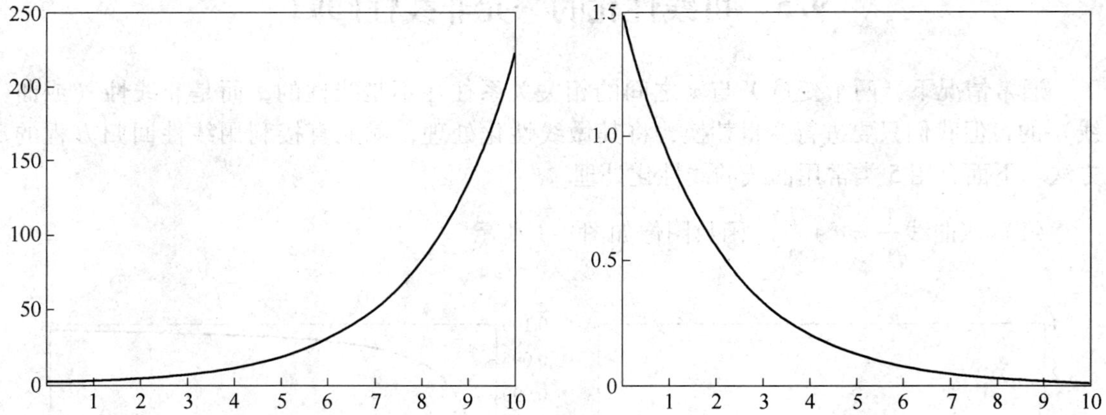

$b>0$　　　　$b<0$

图 9-3　第一象限内指数函数图像

作法：$\ln y = \ln a + bx$，令 $v = \ln y$，$A = \ln a$，则有 $v = A + bx$.

（4）倒指数曲线 $y = ae^{\frac{b}{x}}$. 函数图像如图 9-4 所示.

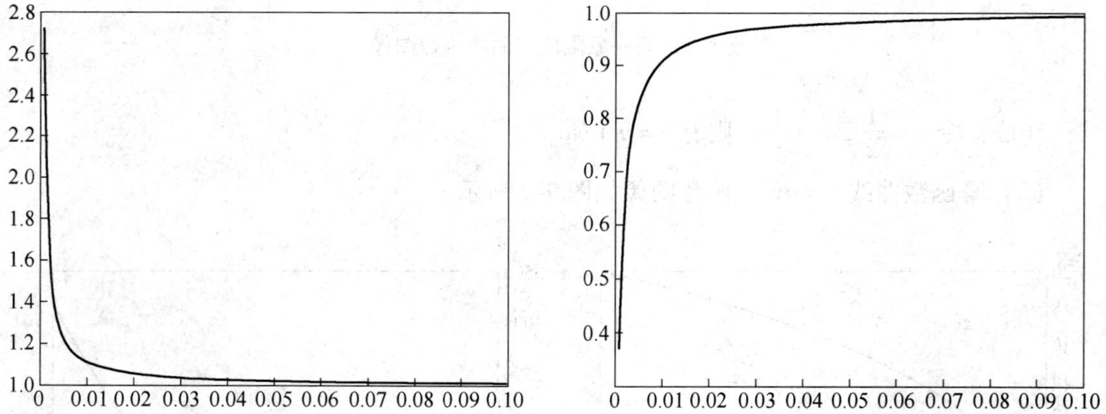

$b>0$　　　　$b<0$

图 9-4　第一象限内倒指数函数图像

作法：$\ln y = \ln a + \dfrac{b}{x}$，令 $u = \dfrac{1}{x}$，$v = \ln y$，$A = \ln a$，则有 $v = A + bu$.

（5）对数曲线 $y = a + b\ln x$. 函数图像如图 9-5 所示.

作法：令 $u = \ln x$，则有 $y = a + bu$.

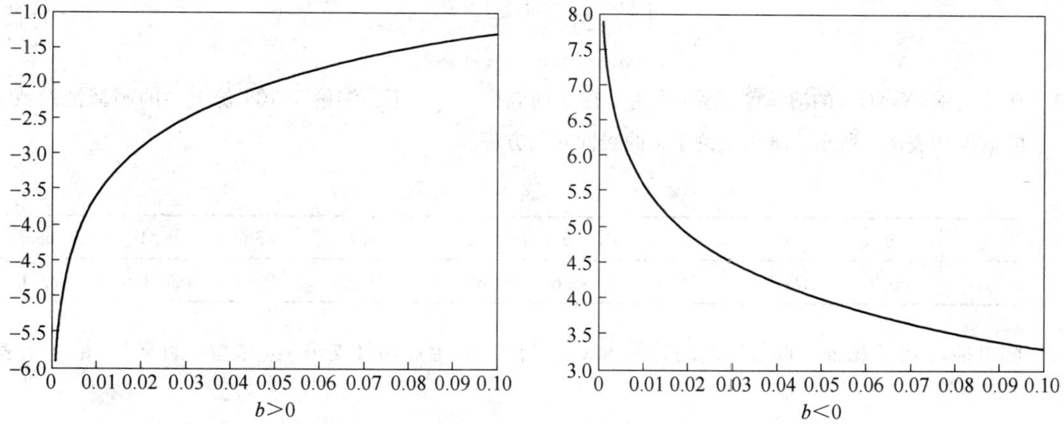

图 9-5 第一象限内对数函数图像

9.6 逻辑回归

逻辑回归（logistic regression）是一种广义的线性回归分析模型，主要应用于研究某些事件发生的概率，有着良好的判别和预测功能. 例如在医学上，可以探讨引发疾病的各种危险因素，并根据检查后已获得的危险因素预测某种疾病发生的概率. 它在数据挖掘领域、经济预测等方面的应用也越来越广泛.

逻辑回归是一种有监督的学习，主要用于分类问题，因为它的预测结果只有两种，即 0 和 1.

Logistic 回归的基本原理：利用一组观测数据拟合一个 Logistic 回归模型，然后根据这个模型研究总体中若干个自变量与一个因变量取某个值（如 $y=1$）时的概率之间的关系.

一般地，

$$P=\frac{\exp(\beta^{\mathrm{T}}x)}{1+\exp(\beta^{\mathrm{T}}x)}$$

称作 Logistic 回归函数. 它是典型的增长函数，表示概率 P 与变量 x 之间的非线性关系. 其中 x 取值为整个实数域，P 的取值为$[0,1]$. 于是，我们用上式计算得到的 P 值大于等于 0.5 的归为类别 1，小于 0.5 的归为类别 0，从而对事件进行分类.

显然有：

$$P'=P(1-P)$$

将 Logistic 回归函数线性化，则有

$$\ln\left(\frac{P}{1-P}\right)=\beta^{\mathrm{T}}x=\beta_0+\beta_1x_1+\cdots+\beta_nx_n$$

定义 1 一个关于 P 的函数

$$y(p)=\ln\frac{P}{1-P}=\beta_0+\beta_1x_1+\cdots+\beta_nx_n$$

称为 Logit 函数，也叫逻辑斯蒂变换.

当概率 P 在 0 ~ 1 取值时，Logit 可以取任意实数，避免了线性概率模型的结构缺陷.

习 题

9-1 在硝酸钠($NaNO_3$)的溶解度试验中,测得在不同温度 x(℃)下,溶解于 100 份水中的硝酸钠份数 y 的数据如表 9-2 所示,试求 y 关于 x 的线性回归方程.

表 9-2

x_i	0	4	10	15	21	29	36	51	68
y_i	66.7	71.0	76.3	80.6	85.7	92.9	99.4	113.6	125.1

9-2 随机抽取 10 个微商,调研他们的月收入 x(单位:千元)和月支出 y(单位:百元),记录于表 9-3 中.

表 9-3

x	20	15	20	25	16	20	18	19	22	16
y	17	14	18	20	13	19	17	18	20	14

(1) 在直角坐标系下作 x 与 y 的散点图,试判断 y 与 x 是否存在线性关系.

(2) 求 y 与 x 的一元线性回归方程.

(3) 对所得的回归方程作显著性检验($\alpha = 0.001$).

9-3 某车间为了规定工时定额,需确定加工零件所花费的时间,为此做了 4 次试验,得到的数据如表 9-4 所示.

表 9-4

零件的个数 x/个	2	3	4	5
加工的时间 y/h	2.5	3	4	4.5

若加工时间 y 与零件个数 x 之间有较好的相关关系,(1) 求加工时间与零件个数的线性回归方程;(2) 试预报加工 10 个零件需要的时间.

10 机器学习常用统计分析方法

在大数据时代，人工智能无疑是最热门的词汇之一，也是当今人类社会发展最关注的领域之一. 机器学习作为人工智能的一个分支，其核心是“使用算法解析数据，从中学习，然后对世界上的某件事情做出决定或预测”. 它和数据挖掘有一定的相似性，是一门多领域交叉学科，涉及概率论与统计学、凸分析、计算复杂性理论等学科. 但数据挖掘是从大数据之间找相互特性，而机器学习则注重算法的设计，让计算机能从观测数据中自动“学习”规律，并利用规律对未知数据进行预测.

机器学习的经典算法涉及了大量的统计学内容，与统计推断联系尤为紧密，在这一章我们将学习在机器学习中常用的几种统计分析方法.

10.1 判别分析

在日常生活和社会实践中，我们常常会遇到判别分析问题. 判别分析就是利用已经测得的数据找出一种判别函数，使得这一函数具有某种最优性质，从而把属于不同类别的样本点尽可能地区别开来. 例如，某网站有部分消费者的资料，记录了每个消费者若干相关指标数据，就可以利用这些资料找出一种方法对一个新的消费者进行分类，然后做出有针对性的商品推荐.

用数学语言来表达：设有 n 个样本，对每个样本测得 p 项指标（变量）的数据，已知每个样本属于 k 个类别（或总体）$G_1,G_2,\cdots,G_k$ 中的某一类，且它们的分布函数分别为 $F_1(x),F_2(x),\cdots,F_k(x)$. 利用这些数据把属于不同类别的样本点尽可能地区别开来，并对测得同样 p 项指标（变量）数据的一个新样本，能判别出这个样本归属于哪一类.

定义 1 设 $R_1,R_2,\cdots,R_k$ 是 p 维空间 R^p 的 k 个子集，若它们互不相交，且它们的和集为 R^p，则称 $R_1,R_2,\cdots,R_k$ 为 R^p 的一个划分.

10.1.1 距离判别法

定义 2 设 X 和 Y 是来自均值向量为 $\boldsymbol{\mu}$，协方差为 $\sum(>0)$ 的总体 G 中的 p 维样本，则总体 G 内两点 X 和 Y 之间的马氏距离定义为

$$D^2(X,Y) = (X-Y)'\sum{}^{-1}(X-Y) \tag{10-1}$$

定义点 X 到总体 G 的马氏距离为

$$D^2(X,G) = (X-\boldsymbol{\mu})'\sum{}^{-1}(X-\boldsymbol{\mu}) \tag{10-2}$$

当 $\sum = \boldsymbol{E}$（单位矩阵）时，即为欧氏距离.

判别规则为：

$$\begin{cases} X \in G_1, & D^2(X,G_1) \leqslant D^2(X,G_2) \\ X \in G_2, & D^2(X,G_1) > D^2(X,G_2) \end{cases} \tag{10-3}$$

即：通过求新样品 X 到 G_1 的距离与到 G_2 的距离之差对 X 进行判别，若差值为正，X 属于 G_2；否则 X 属于 G_1.

$$\begin{aligned}
&D^2(X,G_1) - D^2(X,G_2) \\
&= (X-\mu_1)'\sum{}^{-1}(X-\mu_1) - (X-\mu_2)'\sum{}^{-1}(X-\mu_2) \\
&= X'\sum{}^{-1}X - 2X'\sum{}^{-1}\mu_1 + \mu'\sum{}^{-1}\mu_1 - (X'\sum{}^{-1}X - 2X'\sum{}^{-1}\mu_2 + \mu_2'\sum{}^{-1}\mu_2) \\
&= 2X'\sum{}^{-1}(\mu_2-\mu_1) + \mu_1'\sum{}^{-1}\mu_1 - \mu_2'\sum{}^{-1}\mu_2 \\
&= 2X'\sum{}^{-1}(\mu_2-\mu_1) + (\mu_1+\mu_2)'\sum{}^{-1}(\mu_1-\mu_2) \\
&= -2\left(X - \frac{\mu_1+\mu_2}{2}\right)'\sum{}^{-1}(\mu_1-\mu_2) \\
&= -2(X-\bar{\mu})'\alpha = -2\alpha'(X-\bar{\mu})
\end{aligned}$$

其中，$\bar{\mu} = \frac{1}{2}(\mu_1+\mu_2)$是两个总体均值的平均值，$\alpha = \sum{}^{-1}(\mu_1-\mu_2)$，记

$$W(X) = \alpha'(X-\bar{\mu}) \tag{10-4}$$

则判别规则式（10-3）可表示为

$$\begin{cases} X \in G_1, & W(X) \geqslant 0 \\ X \in G_2, & W(X) < 0 \end{cases} \tag{10-5}$$

这里称 $W(X)$为两总体距离的判别函数，由于它是 X 的线性函数，故又称为线性判别函数，α 称为判别系数.

两个总体的距离判别问题中，利用 $W(X) = \alpha'(X-\bar{\mu})$可以得到空间 R^p 的一个划分

$$\begin{cases} R_1 = \{X: W(X) \geqslant 0\} \\ R_2 = \{X: W(X) < 0\} \end{cases} \tag{10-6}$$

新的样本 X 落入 R_1 推断 $X \in G_1$，落入 R_2 推断 $X \in G_2$.

10.1.2 Fisher 判别法

Fisher 判别法是由 Fisher 在 1936 年提出来的，该方法的主要思想借助于方差分析的思想，将多维数据投影到某个方向上，投影的原则是将总体与总体之间尽可能地分开，然后再选择合适的判别规则，将新的样品进行分类判别. 该判别方法对总体的分布不做任何要求.

从 k 个总体中抽取具有 p 个指标的样品观测数据，借助方差分析的思想构造一个线性判别函数：

$$U(X) = u_1X_1 + u_2X_2 + \cdots + u_pX_p = u'X \tag{10-7}$$

其中，系数 $u = (u_1, u_2, \cdots, u_p)'$确定的原则是使得总体之间区别最大，而使每个总体内部的离差最小.

有了线性判别函数后，对于一个新的样品，将它的 p 个指标值代入线性判别函数式（10-7）中求出 $U(X)$值，然后根据判别一定的规则，就可以判别新的样品属于哪个总体.

设有两个总体 G_1，G_2，其均值分别为 μ_1 和 μ_2，协方差矩阵为 $\sum_1$ 和 $\sum_2$. 当 $X \in G_i$ 时，我们可以计算出 $u'X$ 的均值和方差，即

$$E(u'X) = E(u'X \mid G_i) = u'E(X \mid G_i) = u'\mu_i \triangleq \bar{\mu}_i, i = 1,2$$

$$D(u'X) = D(u'X \mid G_i) = u'D(X \mid G_i)u = u' \sum_i u \triangleq \sigma_i^2, i = 1,2$$

为了尽量使得总体之间差异大，则 $u'\mu_1 - u'\mu_2$ 尽可能地大，即 $\bar{\mu}_1 - \bar{\mu}_2$ 变大；同时要求每一个总体内的离差平方和最小，即 $\sigma_1^2 + \sigma_2^2$ 最小，则我们可以建立以下目标函数：

$$\Phi(u) = \frac{(\bar{\mu}_1 - \bar{\mu}_2)}{\sigma_1^2 + \sigma_2^2} \tag{10-8}$$

这样，问题就转化为，寻找 u 使得目标函数 $\Phi(u)$ 达到最大.

10.2 聚类分析

在生物、经济、社会等领域的研究中，存在着大量量化分类研究. 分类方法多半是人们依靠经验作定性分类，从而使许多分类具有主观性和任意性，不能很好地揭示客观事物内在的本质差别与联系. 对于多因素、多指标的分类问题，定性分类的准确性更加不好把握. 为了克服定性分类存在的不足，人们把数学方法引入分类中，形成了数值分类学. 后来，聚类分析方法从数值分类学中逐渐分离出来. 在机器学习的经典算法中，聚类分析的理论和应用占有举足轻重的地位.

聚类分析是分析如何对样品（或变量）进行量化分类的问题. 通常聚类分析分为 Q 型聚类和 R 型聚类. Q 型聚类是对样品进行分类处理，R 型聚类是对变量进行分类处理.

Q 型聚类分析，常用距离来测度样本之间的相似程度.

10.2.1 样本之间的相似程度

设每个样品有 p 个指标（变量）从不同方面描述其性质，形成一个 p 维的向量. 如果把 n 个样品看成 p 维空间中的 n 个点，则两个样品间相似程度就可用 p 维空间中的两点距离公式来度量.

令 d_{ij} 表示样品 x_i 与 x_j 的距离，存在以下的距离公式：

（1）明考夫斯基距离

$$d_{ij}(q) = \left(\sum_{k=1}^{p} |X_{ik} - X_{jk}|^q \right)^{1/q} \tag{10-9}$$

1）绝对距离（$q=1$）

$$d_{ij}(1) = \sum_{k=1}^{p} |X_{ik} - X_{jk}|$$

2）欧氏距离（$q=2$）

$$d_{ij}(2) = \left(\sum_{k=1}^{p} |X_{ik} - X_{jk}|^2 \right)^{1/2}$$

3）切比雪夫距离（$q=\infty$）

$$d_{ij}(\infty) = \max_{1 \leq k \leq p} |X_{ik} - X_{jk}|$$

（2）兰氏距离

$$d_{ij}(L) = \frac{1}{p}\sum_{k=1}^{p}\frac{|X_{ik} - X_{jk}|}{X_{ik} + X_{jk}} \tag{10-10}$$

（3）马氏距离．设 x_i 与 x_j 是来自均值向量为 μ，协方差为 $\sum(>0)$ 的总体 G 中的 p 维样品，则两个样品间的马氏距离为

$$d_{ij}^2(M) = (X_i - X_j)'\sum^{-1}(X_i - X_j) \tag{10-11}$$

一般来说，同一批数据若采用不同的距离公式，会得到不同的分类结果．因此我们在进行聚类分析时，应注意距离公式的选择．通常选择距离公式的基本原则为：

（1）要考虑所选距离公式在实际应用中有明确的意义．如欧氏距离有明确的空间距离概念，马氏距离有消除量纲影响的作用．

（2）要综合考虑对样本观测数据的预处理和将要采用的聚类分析方法．如在进行聚类分析之前已经对变量作了标准化处理，则通常就可采用欧氏距离．

（3）要考虑研究对象的特点和计算量的大小．样本间距离公式的选择比较复杂且带有一定主观性，我们应根据研究对象的特点不同做出具体分析．一般地，聚类分析前不妨试探性地多选择几个距离公式分别进行聚类，然后对聚类分析的结果进行对比分析，以确定最合适的距离测度方法．

10.2.2 *k*-均值法

k-均值法是 MacQueen 在 1967 提出的，基本思想是将每一个样品分配给最近中心（均值）的类中，它是一种无监督学习算法，常用于市场分析中分析不同用户属于哪类用户、社交网络中分析用户之间的关系、计算机集群设计分析、星系形成过程分析等．

k-均值法的主要步骤：

（1）将所有的样品分成 k 个初始类；

（2）通过欧氏距离将某个样品划入离中心最近的类中，并对获得样品与失去样品的类，重新计算中心坐标；

（3）重复步骤（2），直到所有的样品都不能再分配时为止．

例 10-1 假定有四个样品，测得两个变量的数据如表 10-1 所示，试用 *k*-均值法将四种样品聚成两类．

表 10-1 样品测量结果

	变量	
	X_1	X_2
A	5	3
B	−1	1
C	1	−2
D	−3	−2

解 计算步骤为：

（1）根据题目要求 $k=2$，为了实施均值法聚类，我们将这些样品随意分成两类，比

如(A,B)和(C,D)，然后计算这两个聚类的中心坐标，如表10-2所示.

表10-2 两个聚类的中心坐标

聚类	中心坐标	
	$\overline{X}_1$	$\overline{X}_2$
(A, B)	2	2
(C, D)	-1	-2

其中

$$\overline{X}_1=\frac{5+(-1)}{2}=2$$

（2）计算某个样品到各类中心的欧氏平方距离，然后将该样品分配给最近的一类. 对于样品有变动的类，重新计算它们的中心坐标，为下一步聚类做准备. 先计算A到两个类的平方距离：

$$d^2(A,(AB))=(5-2)^2+(3-2)^2=10$$
$$d^2(A,(CD))=(5+1)^2+(3+2)^2=61$$

由于A到(A,B)的距离小于到(C,D)的距离，因此A不用重新分配. 计算B到两个类的平方距离：

$$d^2(B,(AB))=(-1-2)^2+(1-2)^2=10$$
$$d^2(B,(CD))=(-1+1)^2+(1+2)^2=9$$

由于B到(A,B)的距离大于到(C,D)的距离，因此B要分配给(C,D)类，得到新的聚类是(A)和(B,C,D). 更新中心坐标如表10-3所示.

表10-3 两个新的聚类的中心坐标

聚 类	中心坐标	
	$\overline{X}_1$	$\overline{X}_2$
(A)	5	3
(B, C, D)	-1	-1

（3）再次检查每个样品，以决定是否需要重新分类. 计算各样品到各中心的距离平方，得结果见表10-4.

表10-4 样品聚类结果

聚 类	样品到中心的距离平方			
	A	B	C	D
(A)	0	40	41	89
(B, C, D)	52	4	5	5

此时，每个样品都已经分配给距离中心最近的类，因此聚类过程到此结束. 最终得到$k=2$的聚类结果是A独自成一类，B，C，D聚成一类.

应当注意的是：（1）在k-均值法中，k的选择非常重要，但对于不同的数据集，k的取值没有可借鉴性，一般都基于一些经验值和多次试验的结果. （2）当随机选到的某个聚类中心，如果在一次分类中，没有一个样本被分到这个聚类中心，则如果有固定的分类结果数量要求，则需要重新随机选择初始聚类中心进行 k-均值计算. 为了加快计算速度，可以存储这些没有任何分类结果的点，在随机选择初始聚类中心时避免选到这些点.

10.2.3 层次聚类法

10.2.3.1 层次聚类的原理

层次聚类法先计算样本之间的距离，每次将距离最近的点合并到同一个类，然后再计算类与类之间的距离，将距离最近的类合并为一个大类，不停的合并，直到合成了一个类. 其中类与类的距离的计算方法有最短距离法、最长距离法、中间距离法、类平均法等.

层次聚类算法根据层次分解的顺序分为自下向上和自上向下，这两种方法没有孰优孰劣之分，只是在实际应用的时候要根据数据特点以及你想要的“类”的个数，来考虑是自上而下更快还是自下而上更快. 为弥补分解与合并的不足，层次合并经常要与其他聚类方法相结合，如循环定位.

10.2.3.2 最小距离的凝聚层次聚类的流程

凝聚型层次聚类的策略是先将每个对象作为一个簇，然后合并这些原子簇为越来越大的簇，直到所有对象都在一个簇中，或者某个终结条件被满足.

(1) 将每个对象看作一类，计算两两之间的最小距离；

(2) 将距离最小的两个类合并成一个新类；

(3) 重新计算新类与所有类之间的距离；

(4) 重复 (2)、(3)，直到所有类最后合并成一类.

可以看出，凝聚的层次聚类并没有类似基本 k-均值法的全局目标函数，没有局部极小问题或是很难选择初始点的问题，也不需要预先制定聚类数，但其合并的操作往往是最终的，一旦合并两个簇之后就不会撤销，所以其计算存储的代价非常昂贵.

10.3 主成分分析

主成分分析是 Hotelling 于 1933 年首先提出的. 由于多个变量间往往存在一定程度的相关性，主成分分析的思想是通过线性组合的方式从指标中尽可能快地提取信息，当第一个线性组合不能提取更多的信息时，再考虑用第二个线性组合继续这个快速提取的过程，……，直到所提取的信息与原指标相差不多时为止. 一般来说，在主成分分析适用的场合，用较少的主成分就可以得到较多的信息量. 以各个主成分为分量，就得到一个更低维的随机向量. 因此，通过主成分既可以降低数据“维数”又保留了原数据的大部分信息.

主成分分析的数学模型：设 p 个变量构成的 p 维随机向量为 $\boldsymbol{X}=(X_1\cdots X_p)'$，对 $\boldsymbol{X}$ 作正交变换，令 $\boldsymbol{Y}=\boldsymbol{T}'\boldsymbol{X}$，其中 $\boldsymbol{T}$ 为正交阵，要求 $\boldsymbol{Y}$ 的各分量是不相关的，并且 $\boldsymbol{Y}$ 的第一个分量的方差是最大的，第二个分量的方差次之，……. 为了保持信息不丢失，$\boldsymbol{Y}$ 的各分量方差和与 $\boldsymbol{X}$ 的各分量方差和相等.

设 $\boldsymbol{Y}=(Y_1,Y_2,\cdots,Y_p)'$ 是 $\boldsymbol{X}$ 的主成分，由 $\sum$ 的所有特征根构成的对角阵为

$$\boldsymbol{\Lambda}=\begin{bmatrix}\lambda_1 & & 0\\ & \ddots & \\ 0 & & \lambda_p\end{bmatrix} \tag{10-12}$$

主成分可表示为

$$\boldsymbol{Y}=\boldsymbol{T}'\boldsymbol{X} \tag{10-13}$$

主成分分析的具体步骤为：

（1）将原始数据标准化 $X_i^*=\dfrac{X_i-E(X_i)}{\sqrt{D(X_i)}}$；

（2）建立变量的相关系数矩阵 $\boldsymbol{R}$；

（3）求 $\boldsymbol{R}$ 的特征根为 $\lambda_1^*\geqslant\cdots\geqslant\lambda_p^*\geqslant 0$，相应的特征向量为 $\boldsymbol{T}_1^*,\boldsymbol{T}_2^*,\cdots,\boldsymbol{T}_p^*$；

（4）由累积方差贡献率确定主成分的个数（m），并写出主成分为

$$\boldsymbol{Y}_i=(\boldsymbol{T}_i^*)'\boldsymbol{X}$$

性质 1 主成分的协方差矩阵是对角阵.

$$E(\boldsymbol{Y})=E(\boldsymbol{T}'\boldsymbol{X})=\boldsymbol{T}'\mu$$

$$D(\boldsymbol{Y})=\boldsymbol{T}'D(\boldsymbol{X})\boldsymbol{T}=\boldsymbol{T}'\sum\boldsymbol{T}=\boldsymbol{\Lambda} \tag{10-14}$$

性质 2 主成分的总方差等于原始变量的总方差.

$$\sum_{i=1}^{p}D(Y_i)=\sum_{i=1}^{p}D(X_i) \tag{10-15}$$

性质 3 主成分 Y_k 与原始变量 X_i 的相关系数为

$$\rho(Y_k,X_i)=\frac{\sqrt{\lambda_k}}{\sqrt{\sigma_{ii}}}t_{ki} \tag{10-16}$$

并称之为因子负荷量（或因子载荷量）.

性质 4 $\sum_{i=1}^{p}\rho^2(Y_k,X_i)\cdot\sigma_{ii}=\lambda_k(k=1,2,\cdots,p)$

主成分分析的目的是减少变量的个数，所以一般不会使用所有 p 个主成分的，忽略一些带有较小方差的主成分将不会给总方差带来太大的影响. 我们称

$$\varphi_k=\lambda_k\Big/\sum_{k=1}^{p}\lambda_k$$

为第 k 个主成分 Y_k 的贡献率. 第一主成分的贡献率最大，这表明 $Y_1=T_1'X$ 综合原始变量 $X_1,X_2,\cdots,X_p$ 的能力最强，而 $Y_2,Y_3,\cdots,Y_p$ 的综合能力依次递减. 若只取 $m(<p)$ 个主成分，则称

$$\psi_m=\sum_{k=1}^{m}\lambda_k\Big/\sum_{k=1}^{p}\lambda_k$$

为主成分 $Y_1,\cdots,Y_m$ 的累计贡献率，累计贡献率表明 $Y_1,\cdots,Y_m$ 综合 $X_1,X_2,\cdots,X_p$ 的能力. 通常取 m，使得累计贡献率达到一个较高的百分数.

附　　录

附录1　常见数值表

附表1　泊松分布 $P(X=m)=\frac{\lambda^m}{m!}e^{-\lambda}$ 数值表

m \ λ	0.1	0.2	0.3	0.4	0.5	0.6	0.7	0.8
0	0.904837	0.818731	0.740818	0.670320	0.606531	0.548812	0.496585	0.449329
1	0.090484	0.163746	0.222245	0.268128	0.303265	0.329287	0.347610	0.359463
2	0.004524	0.016375	0.033337	0.053626	0.075816	0.098786	0.121663	0.143785
3	0.000151	0.001092	0.003334	0.007150	0.012636	0.019757	0.028388	0.038343
4	0.000004	0.000055	0.000250	0.000715	0.001580	0.002964	0.004968	0.007669
5		0.000002	0.000015	0.000057	0.000158	0.000356	0.000696	0.001227
6			0.000001	0.000004	0.000013	0.000036	0.000081	0.000164
7					0.000001	0.000003	0.000008	0.000019
8							0.000001	0.000002
9								

m \ λ	0.9	1.0	1.5	2.0	2.5	3.0	3.5	4.0
0	0.406570	0.367879	0.223130	0.135335	0.082085	0.049787	0.030197	0.018316
1	0.365913	0.367879	0.334695	0.270671	0.205212	0.149361	0.105691	0.073263
2	0.164661	0.183940	0.251021	0.270671	0.256516	0.224042	0.184959	0.146525
3	0.049398	0.061313	0.125511	0.180447	0.213763	0.224042	0.215785	0.195367
4	0.011115	0.015328	0.047067	0.090224	0.133602	0.168031	0.188812	0.195367
5	0.002001	0.003066	0.014120	0.036089	0.066801	0.100819	0.132169	0.156293
6	0.000300	0.000511	0.003530	0.012030	0.027834	0.050409	0.077098	0.104196
7	0.000039	0.000073	0.000756	0.003437	0.009941	0.021604	0.038549	0.059540
8	0.000004	0.000009	0.000142	0.000859	0.003106	0.008102	0.016865	0.029770
9		0.000001	0.000024	0.000191	0.000863	0.002701	0.006559	0.013231
10			0.000004	0.000038	0.000216	0.000810	0.002296	0.005292
11				0.000007	0.000049	0.000221	0.000730	0.001925
12				0.000001	0.000010	0.000055	0.000213	0.000642
13					0.000002	0.000013	0.000057	0.000197
14						0.000003	0.000014	0.000056
15						0.000001	0.000003	0.000015
16							0.000001	0.000004
17								0.000001

续附表 1

λ / m	4. 5	5. 0	5. 5	6. 0	6. 5	7. 0	7. 5	8. 0
0	0. 011109	0. 006738	0. 004087	0. 002479	0. 001503	0. 000912	0. 000553	0. 000335
1	0. 049990	0. 033690	0. 022477	0. 014873	0. 009772	0. 006383	0. 004148	0. 002684
2	0. 112479	0. 084224	0. 061812	0. 044618	0. 031760	0. 022341	0. 015555	0. 010735
3	0. 168718	0. 140374	0. 113323	0. 089235	0. 068814	0. 052129	0. 038889	0. 028626
4	0. 189808	0. 175467	0. 155819	0. 133853	0. 111822	0. 091226	0. 072916	0. 057252
5	0. 170827	0. 175467	0. 171401	0. 160623	0. 145369	0. 127717	0. 109375	0. 091604
6	0. 128120	0. 146223	0. 157117	0. 160623	0. 157483	0. 149003	0. 136718	0. 122138
7	0. 082363	0. 104445	0. 123449	0. 137677	0. 146234	0. 149003	0. 146484	0. 139587
8	0. 046329	0. 065278	0. 084871	0. 103258	0. 118815	0. 130377	0. 137329	0. 139587
9	0. 023165	0. 036266	0. 051866	0. 068838	0. 085811	0. 101405	0. 114440	0. 124077
10	0. 010424	0. 018133	0. 028526	0. 041303	0. 055777	0. 070983	0. 085830	0. 099262
11	0. 004264	0. 008242	0. 014263	0. 022529	0. 032959	0. 045171	0. 058521	0. 072190
12	0. 001599	0. 003434	0. 006537	0. 011264	0. 017853	0. 026350	0. 036575	0. 048127
13	0. 000554	0. 001321	0. 002766	0. 005199	0. 008926	0. 014188	0. 021101	0. 029616
14	0. 000178	0. 000472	0. 001087	0. 002228	0. 004144	0. 007094	0. 011304	0. 016924
15	0. 000053	0. 000157	0. 000398	0. 000891	0. 001796	0. 003311	0. 005652	0. 009026
16	0. 000015	0. 000049	0. 000137	0. 000334	0. 000730	0. 001448	0. 002649	0. 004513
17	0. 000004	0. 000014	0. 000044	0. 000118	0. 000279	0. 000596	0. 001169	0. 002124
18	0. 000001	0. 000004	0. 000014	0. 000039	0. 000101	0. 000232	0. 000487	0. 000944
19		0. 000001	0. 000004	0. 000012	0. 000034	0. 000085	0. 000192	0. 000397
20			0. 000001	0. 000004	0. 000011	0. 000030	0. 000072	0. 000159
21				0. 000001	0. 000003	0. 000010	0. 000026	0. 000061
22					0. 000001	0. 000003	0. 000009	0. 000022
23						0. 000001	0. 000003	0. 000008
24							0. 000001	0. 000003
25								0. 000001

λ / m	8. 5	9. 0	9. 5	10	12	15	18	20
0	0. 000203	0. 000123	0. 000075	0. 000045	0. 000006	0. 000000	0. 000000	0. 000000
1	0. 001729	0. 001111	0. 000711	0. 000454	0. 000074	0. 000005	0. 000000	0. 000000
2	0. 007350	0. 004998	0. 003378	0. 002270	0. 000442	0. 000034	0. 000002	0. 000000
3	0. 020826	0. 014994	0. 010696	0. 007567	0. 001770	0. 000172	0. 000015	0. 000003
4	0. 044255	0. 033737	0. 025403	0. 018917	0. 005309	0. 000645	0. 000067	0. 000014

续附表 1

m \ λ	8. 5	9. 0	9. 5	10	12	15	18	20
5	0. 075233	0. 060727	0. 048266	0. 037833	0. 012741	0. 001936	0. 000240	0. 000055
6	0. 106581	0. 091090	0. 076421	0. 063055	0. 025481	0. 004839	0. 000719	0. 000183
7	0. 129419	0. 117116	0. 103714	0. 090079	0. 043682	0. 010370	0. 001850	0. 000523
8	0. 137508	0. 131756	0. 123160	0. 112599	0. 065523	0. 019444	0. 004163	0. 001309
9	0. 129869	0. 131756	0. 130003	0. 125110	0. 087364	0. 032407	0. 008325	0. 002908
10	0. 110388	0. 118580	0. 123502	0. 125110	0. 104837	0. 048611	0. 014985	0. 005816
11	0. 085300	0. 097020	0. 106661	0. 113736	0. 114368	0. 066287	0. 024521	0. 010575
12	0. 060421	0. 072765	0. 084440	0. 094780	0. 114368	0. 082859	0. 036782	0. 017625
13	0. 039506	0. 050376	0. 061706	0. 072908	0. 105570	0. 095607	0. 050929	0. 027116
14	0. 023986	0. 032384	0. 041872	0. 052077	0. 090489	0. 102436	0. 065480	0. 038737
15	0. 013592	0. 019431	0. 026519	0. 034718	0. 072391	0. 102436	0. 078576	0. 051649
16	0. 007221	0. 010930	0. 015746	0. 021699	0. 054293	0. 096034	0. 088397	0. 064561
17	0. 003610	0. 005786	0. 008799	0. 012764	0. 038325	0. 084736	0. 093597	0. 075954
18	0. 001705	0. 002893	0. 004644	0. 007091	0. 025550	0. 070613	0. 093597	0. 084394
19	0. 000763	0. 001370	0. 002322	0. 003732	0. 016137	0. 055747	0. 088671	0. 088835
20	0. 000324	0. 000617	0. 001103	0. 001866	0. 009682	0. 041810	0. 079804	0. 088835
21	0. 000131	0. 000264	0. 000499	0. 000889	0. 005533	0. 029865	0. 068403	0. 084605
22	0. 000051	0. 000108	0. 000215	0. 000404	0. 003018	0. 020362	0. 055966	0. 076914
23	0. 000019	0. 000042	0. 000089	0. 000176	0. 001574	0. 013280	0. 043800	0. 066881
24	0. 000007	0. 000016	0. 000035	0. 000073	0. 000787	0. 008300	0. 032850	0. 055735
25	0. 000002	0. 000006	0. 000013	0. 000029	0. 000378	0. 004980	0. 023652	0. 044588
26	0. 000001	0. 000002	0. 000005	0. 000011	0. 000174	0. 002873	0. 016374	0. 034298
27		0. 000001	0. 000002	0. 000004	0. 000078	0. 001596	0. 010916	0. 025406
28			0. 000001	0. 000001	0. 000033	0. 000855	0. 007018	0. 018147
29				0. 000001	0. 000014	0. 000442	0. 004356	0. 012515
30					0. 000005	0. 000221	0. 002613	0. 008344
31					0. 000002	0. 000107	0. 001517	0. 005383
32					0. 000001	0. 000050	0. 000854	0. 003364
33						0. 000023	0. 000466	0. 002039
34						0. 000010	0. 000246	0. 001199
35						0. 000004	0. 000127	0. 000685

附表2 标准正态分布函数 $\Phi(x)=\frac{1}{\sqrt{2\pi}}\int_{-\infty}^{x} e^{-\frac{u^2}{2}}du$ 数值表

x	0.00	0.01	0.02	0.03	0.04	0.05	0.06	0.07	0.08	0.09
0.0	0.5000	0.5040	0.5080	0.5120	0.5160	0.5199	0.5239	0.5279	0.5319	0.5359
0.1	0.5398	0.5438	0.5478	0.5517	0.5557	0.5596	0.5636	0.5675	0.5714	0.5753
0.2	0.5793	0.5832	0.5871	0.5910	0.5948	0.5987	0.6026	0.6064	0.6103	0.6141
0.3	0.6179	0.6217	0.6255	0.6293	0.6331	0.6368	0.6406	0.6443	0.6480	0.6517
0.4	0.6554	0.6591	0.6628	0.6664	0.6700	0.6736	0.6772	0.6808	0.6844	0.6879
0.5	0.6915	0.6950	0.6985	0.7019	0.7054	0.7088	0.7123	0.7157	0.7190	0.7224
0.6	0.7257	0.7291	0.7324	0.7357	0.7389	0.7422	0.7454	0.7485	0.7517	0.7549
0.7	0.7580	0.7611	0.7642	0.7673	0.7703	0.7734	0.7764	0.7794	0.7823	0.7852
0.8	0.7881	0.7910	0.7939	0.7967	0.7995	0.8023	0.8051	0.8078	0.8106	0.8133
0.9	0.8159	0.8186	0.8212	0.8238	0.8264	0.8289	0.8315	0.8340	0.8365	0.8389
1.0	0.8413	0.8438	0.8461	0.8485	0.8508	0.8531	0.8554	0.8577	0.8599	0.8621
1.1	0.8643	0.8665	0.8686	0.8708	0.8729	0.8749	0.8770	0.8790	0.8810	0.8830
1.2	0.8849	0.8869	0.8888	0.8907	0.8925	0.8944	0.8962	0.8980	0.8997	0.9015
1.3	0.9032	0.9049	0.9066	0.9082	0.9099	0.9115	0.9131	0.9147	0.9162	0.9177
1.4	0.9192	0.9207	0.9222	0.9236	0.9251	0.9265	0.9278	0.9292	0.9306	0.9319
1.5	0.9932	0.9345	0.9357	0.9370	0.9382	0.9394	0.9406	0.9418	0.9430	0.9441
1.6	0.9452	0.9465	0.9474	0.9484	0.9495	0.9505	0.9515	0.9525	0.9535	0.9545
1.7	0.9554	0.9564	0.9573	0.9582	0.9591	0.9599	0.9608	0.9616	0.9625	0.9633
1.8	0.9641	0.9648	0.9656	0.9664	0.9671	0.9678	0.9686	0.9693	0.9700	0.9706
1.9	0.9712	0.9719	0.9726	0.9732	0.9738	0.9744	0.9750	0.9756	0.9762	0.9767
2.0	0.9772	0.9778	0.9783	0.9788	0.9793	0.9798	0.9803	0.9808	0.9812	0.9817
2.1	0.9821	0.9826	0.9830	0.9834	0.9838	0.9842	0.9864	0.9850	0.9854	0.9857
2.2	0.9861	0.9864	0.9868	0.9871	0.9874	0.9878	0.9881	0.9884	0.9887	0.9890
2.3	0.9893	0.9896	0.9898	0.9901	0.9904	0.9906	0.9909	0.9911	0.9913	0.9916
2.4	0.9918	0.9920	0.9922	0.9925	0.9927	0.9929	0.9931	0.9932	0.9934	0.9936
2.5	0.9938	0.9940	0.9941	0.9943	0.9945	0.9946	0.9948	0.9940	0.9951	0.9952
2.6	0.9953	0.9955	0.9956	0.9957	0.9959	0.9960	0.9961	0.9962	0.9963	0.9964
2.7	0.9965	0.9966	0.9967	0.9968	0.9969	0.9970	0.9971	0.9972	0.9973	0.9974
2.8	0.9974	0.9975	0.9976	0.9977	0.9977	0.9978	0.9979	0.9979	0.9980	0.9981
2.9	0.9981	0.9982	0.9982	0.9983	0.9984	0.9984	0.9985	0.9985	0.9986	0.9986
3.0	0.9987	0.9987	0.9987	0.9988	0.9988	0.9989	0.9989	0.9989	0.9990	0.9990
3.1	0.9990	0.9991	0.9991	0.9991	0.9992	0.9992	0.9992	0.9992	0.9993	0.9993
3.2	0.9993	0.9993	0.9994	0.9994	0.9994	0.9994	0.9994	0.9995	0.9995	0.9995
3.3	0.9995	0.9995	0.9995	0.9996	0.9996	0.9996	0.9996	0.9996	0.9996	0.9997
3.4	0.9997	0.9997	0.9997	0.9997	0.9997	0.9997	0.9997	0.9997	0.9997	0.9998
3.5	0.9998	0.9998	0.9998	0.9998	0.9998	0.9998	0.9998	0.9998	0.9998	0.9998
3.6	0.9998	0.9998	0.9999	0.9999	0.9999	0.9999	0.9999	0.9999	0.9999	0.9999

附表3　对应于概率 $p(\chi^2 > \chi_\alpha^2) = \alpha$ 及自由度 k 的 χ_α^2 的数值表

k \ α	概率值												
	0.995	0.99	0.975	0.95	0.90	0.75	0.50	0.25	0.10	0.05	0.025	0.01	0.005
1	0.044	0.032	0.001	0.004	0.016	0.102	0.455	1.32	2.71	3.84	5.02	6.64	7.88
2	0.010	0.020	0.051	0.103	0.211	0.575	1.39	2.77	4.61	5.99	7.38	9.21	10.6
3	0.072	0.115	0.216	0.352	0.584	1.21	2.37	4.11	6.25	7.82	9.35	11.3	12.8
4	0.207	0.297	0.484	0.711	1.06	1.92	3.36	5.39	7.78	9.49	11.1	13.3	14.9
5	0.412	0.554	0.831	1.15	1.61	2.67	4.35	6.63	9.24	11.1	12.8	15.1	16.7
6	0.676	0.872	1.24	1.64	2.20	3.45	5.35	7.84	10.6	12.6	14.4	16.8	18.5
7	0.989	1.24	1.69	2.17	2.83	4.25	6.35	9.04	12.0	14.1	16.0	18.5	20.3
8	1.34	1.65	2.18	2.73	3.49	5.07	7.34	10.2	13.4	15.5	17.5	20.1	22.0
9	1.73	2.09	2.70	3.33	4.17	5.90	8.34	11.4	14.7	16.9	19.0	21.7	23.6
10	2.16	2.56	3.25	3.94	4.87	6.74	9.34	12.5	16.0	18.3	20.5	23.2	25.2
11	2.60	3.05	3.82	4.57	5.58	7.58	10.3	13.7	17.3	19.7	21.9	24.7	26.8
12	3.07	3.57	4.40	5.23	6.30	8.44	11.3	14.8	18.5	21.0	23.3	26.2	28.3
13	3.57	4.11	5.01	5.89	7.04	9.30	12.3	16.0	19.8	22.4	24.7	27.7	29.8
14	4.07	4.66	5.63	6.57	7.79	10.2	13.3	17.1	21.1	23.7	26.1	29.1	31.3
15	4.60	5.23	6.26	7.26	8.55	11.0	14.3	18.2	22.3	25.0	27.5	30.6	32.8
16	5.14	5.81	6.91	7.96	9.31	11.9	15.3	19.4	23.5	26.3	28.8	32.0	34.3
17	5.70	6.41	7.56	8.67	10.1	12.8	16.3	20.5	24.8	27.6	30.2	33.4	35.7
18	6.26	7.02	8.23	9.39	10.9	13.7	17.3	21.6	26.0	28.9	31.5	34.8	37.2
19	6.84	7.63	8.91	10.1	11.7	14.6	18.3	22.7	27.2	30.1	32.9	36.2	38.6
20	7.43	8.26	9.59	10.9	12.4	15.5	19.3	23.8	28.4	31.4	34.2	37.6	40.0
21	8.03	8.90	10.3	11.6	13.2	16.3	20.3	24.9	29.6	32.7	35.5	38.9	41.4
22	8.64	9.54	11.0	12.3	14.0	17.2	21.3	26.0	30.8	33.9	36.8	40.3	42.8
23	9.26	10.2	11.7	13.1	14.8	18.1	22.3	27.1	32.0	35.2	38.1	41.6	44.2
24	9.89	10.9	12.4	13.8	15.7	19.0	23.3	28.2	33.2	36.4	39.4	43.0	45.6
25	10.5	11.5	13.1	14.6	16.5	19.9	24.3	29.3	34.4	37.7	40.6	44.3	46.9
26	11.2	12.2	13.8	15.4	17.3	20.8	25.3	30.4	35.6	38.9	41.9	45.6	48.3
27	11.8	12.9	14.6	16.2	18.1	21.7	26.3	31.5	36.7	40.1	43.2	47.0	49.6
28	12.5	13.6	15.3	16.9	18.9	22.7	27.3	32.6	37.9	41.3	44.5	48.3	51.0
29	13.1	14.3	16.0	17.7	19.8	23.6	28.3	33.7	39.1	42.6	45.7	49.6	52.3
30	13.8	15.0	16.8	18.5	20.6	24.5	29.3	34.8	40.3	43.8	47.0	50.9	53.7
40	20.7	22.2	24.4	26.5	29.1	33.7	39.3	45.6	51.8	55.8	59.3	63.7	66.8
50	28.0	29.7	32.4	34.8	37.7	42.9	49.3	56.3	63.2	67.5	71.4	76.2	79.5
60	33.5	37.5	40.5	43.2	46.5	52.3	59.3	67.0	74.4	79.1	83.3	88.4	92.0

附表4　对应于概率 $p(t \geqslant t_\alpha)=\alpha$ 及自由度 k 的 t_α 的数值表

k \ α	0.45	0.40	0.35	0.30	0.25	0.20	0.15	0.10	0.05	0.025	0.01	0.005
1	0.158	0.325	0.51	0.727	1.000	1.376	1.963	3.08	6.31	12.71	31.8	63.7
2	142	289	445	617	0.816	1.061	1.386	1.885	2.92	4.30	6.96	9.92
3	137	277	424	584	765	0.978	1.250	1.638	2.35	3.18	4.54	5.84
4	134	271	414	569	741	941	1.910	1.533	2.13	2.78	3.75	4.60
5	132	267	408	559	727	920	1.156	1.476	2.02	2.57	3.36	4.03
6	131	265	404	553	718	906	1.134	1.440	1.943	2.45	3.14	3.71
7	130	263	402	549	711	896	1.119	1.415	1.895	2.36	3.00	3.50
8	130	262	399	546	706	889	1.108	1.397	1.860	2.31	2.90	3.36
9	129	261	398	543	703	883	1.100	1.383	1.833	2.26	2.82	3.25
10	129	260	397	542	700	879	1.093	1.372	1.812	2.23	2.76	3.17
11	129	260	396	540	697	876	1.088	1.363	1.796	2.20	2.72	3.11
12	128	259	395	539	695	873	1.083	1.356	1.782	2.18	2.68	3.06
13	128	259	394	538	694	870	1.079	1.350	1.771	2.16	2.65	3.01
14	128	258	393	537	692	868	1.076	1.345	1.761	2.14	2.62	2.98
15	128	258	393	536	691	866	1.074	1.341	1.753	2.13	2.60	2.95
16	128	258	392	535	690	865	1.071	1.337	1.746	2.12	2.58	2.92
17	128	257	392	534	689	863	1.069	1.333	1.770	2.11	2.57	2.90
18	127	257	392	534	688	862	1.067	1.330	1.734	2.10	2.55	2.88
19	127	257	391	533	688	861	1.066	1.328	1.729	2.09	2.54	2.86
20	127	257	391	533	687	860	1.064	1.325	1.725	2.09	2.53	2.85
21	127	257	391	532	686	859	1.063	1.323	1.721	2.08	2.52	2.83
22	127	256	390	532	686	858	1.061	1.321	1.717	2.07	2.51	2.82
23	127	256	390	532	685	858	1.060	1.319	1.714	2.07	2.50	2.81
24	127	256	390	531	685	857	1.059	1.318	1.711	2.06	2.49	2.80
25	127	256	390	531	684	856	1.058	1.316	1.708	2.06	2.48	2.79
26	127	256	390	531	684	856	1.058	1.315	1.706	2.06	2.48	2.78
27	127	256	389	531	684	855	1.057	1.314	1.703	2.05	2.47	2.77
28	127	256	389	530	683	855	1.056	1.313	1.701	2.05	2.47	2.76
29	127	256	389	530	683	854	1.055	1.311	1.699	2.04	2.46	2.76
30	127	256	389	530	683	854	0.055	1.310	1.697	2.04	2.46	2.75
40	126	255	388	529	681	851	0.050	1.303	1.684	2.02	2.42	2.70
60	126	254	387	527	679	848	0.046	1.296	1.671	2.00	2.39	2.66
120	126	254	386	526	677	845	1.041	1.289	1.658	1.980	2.36	2.62
∞	0.126	0.253	0.385	0.524	0.674	0.842	1.036	1.282	1.645	1.960	2.33	2.58

附表 5 对应于概率 $p(F \geqslant F_\alpha)=\alpha$ 及自由度 (k_1, k_2) 的 F_α 的数值表

$\alpha=0.05$

k_2 \ k_1	1	2	3	4	5	6	7	8	9	10	12	15	20	24	30	40	60	120	∞
1	161. 4	199. 5	215. 7	224. 6	230. 2	234. 0	236. 8	238. 9	240. 5	241. 9	243. 9	245. 9	248. 0	249. 1	250. 1	251. 1	252. 2	253. 3	254. 3
2	18. 51	19. 00	19. 16	19. 25	19. 30	19. 33	19. 35	19. 37	19. 38	19. 40	19. 41	19. 43	19. 45	19. 45	19. 46	19. 47	19. 48	19. 49	19. 50
3	10. 13	9. 55	9. 28	9. 12	9. 01	8. 94	8. 89	8. 85	8. 81	8. 79	8. 74	8. 70	8. 66	8. 64	8. 62	8. 59	8. 57	8. 55	8. 53
4	7. 71	6. 94	6. 59	6. 39	6. 26	6. 16	6. 09	6. 04	6. 00	5. 96	5. 91	5. 86	5. 80	5. 77	5. 75	5. 72	5. 69	5. 66	5. 63
5	6. 61	5. 79	5. 41	5. 19	5. 05	4. 95	4. 88	4. 82	4. 77	4. 74	4. 68	4. 62	4. 56	4. 53	4. 50	4. 46	4. 43	4. 40	4. 36
6	5. 99	5. 14	4. 76	4. 53	4. 39	4. 28	4. 21	4. 15	4. 10	4. 06	4. 00	3. 94	3. 87	3. 84	3. 81	3. 77	3. 74	3. 70	3. 67
7	5. 59	4. 74	4. 35	4. 12	3. 97	3. 87	3. 79	3. 73	3. 68	3. 64	3. 57	3. 51	3. 44	3. 41	3. 38	3. 34	3. 30	3. 27	3. 23
8	5. 32	4. 46	4. 07	3. 84	3. 69	3. 58	3. 50	3. 44	3. 39	3. 35	3. 28	3. 22	3. 15	3. 12	3. 08	3. 04	3. 01	2. 97	2. 93
9	5. 12	4. 26	3. 86	3. 63	3. 48	3. 37	3. 29	3. 23	3. 18	3. 14	3. 07	3. 01	2. 94	2. 90	2. 86	2. 83	2. 79	2. 75	2. 71
10	4. 96	4. 10	3. 71	3. 48	3. 33	3. 22	3. 14	3. 07	3. 02	2. 98	2. 91	2. 85	2. 77	32. 74	2. 70	2. 66	2. 62	2. 58	2. 54
11	4. 84	3. 98	3. 59	3. 36	3. 20	3. 09	3. 01	2. 95	2. 90	2. 85	2. 79	2. 72	2. 65	2. 61	2. 57	2. 53	2. 49	2. 45	2. 40
12	4. 75	3. 89	3. 49	3. 26	3. 11	3. 00	2. 91	2. 85	2. 80	2. 75	2. 69	2. 62	2. 54	2. 51	2. 47	2. 43	2. 38	2. 34	2. 30
13	4. 67	3. 81	3. 41	3. 18	3. 03	2. 92	2. 83	2. 77	2. 71	2. 67	2. 60	2. 53	2. 46	2. 42	2. 38	2. 34	2. 30	2. 25	2. 21
14	4. 60	3. 74	3. 34	3. 11	2. 96	2. 85	2. 76	2. 70	2. 65	2. 60	2. 53	2. 46	2. 39	2. 35	2. 31	2. 27	2. 22	2. 18	2. 13
15	4. 54	3. 68	3. 29	3. 06	2. 90	2. 79	2. 71	2. 64	2. 59	2. 54	2. 48	2. 40	2. 33	2. 29	2. 25	2. 20	2. 16	2. 11	2. 07
16	4. 49	3. 63	3. 24	3. 01	2. 85	2. 74	2. 66	2. 59	2. 54	2. 49	2. 42	2. 35	2. 28	2. 24	2. 19	2. 15	2. 11	2. 06	2. 01
17	4. 45	3. 59	3. 20	2. 96	2. 81	2. 70	2. 61	2. 55	2. 49	2. 45	2. 38	2. 31	2. 23	2. 19	2. 15	2. 10	2. 06	2. 01	1. 96
18	4. 41	3. 55	3. 16	2. 93	2. 77	2. 66	2. 58	2. 51	2. 46	2. 41	2. 34	2. 27	2. 19	2. 15	2. 11	2. 06	2. 02	1. 97	1. 92
19	4. 38	3. 52	3. 13	2. 90	2. 74	2. 63	2. 54	2. 48	2. 42	2. 38	2. 31	2. 23	2. 16	2. 11	2. 07	2. 03	1. 98	1. 93	1. 88
20	4. 35	3. 49	3. 10	2. 87	2. 71	2. 60	2. 51	2. 45	2. 39	2. 35	2. 28	2. 20	2. 12	2. 08	2. 04	1. 99	1. 95	1. 90	1. 84
21	4. 32	3. 47	3. 07	2. 84	2. 68	2. 57	2. 49	2. 42	2. 37	2. 32	2. 25	2. 18	2. 10	2. 05	2. 01	1. 96	1. 92	1. 87	1. 81
22	4. 30	3. 44	3. 05	2. 82	2. 66	2. 55	2. 46	2. 40	2. 34	2. 30	2. 23	2. 15	2. 07	2. 03	1. 98	1. 94	1. 89	1. 84	1. 78
23	4. 28	3. 42	3. 03	2. 80	2. 64	2. 53	2. 44	2. 37	2. 32	2. 27	2. 20	2. 13	2. 05	2. 01	1. 96	1. 91	1. 86	1. 81	1. 76
24	4. 26	3. 40	3. 01	2. 78	2. 62	2. 51	2. 42	2. 36	2. 30	2. 25	2. 18	2. 11	2. 03	1. 98	1. 94	1. 89	1. 84	1. 79	1. 73
25	4. 24	3. 39	2. 99	2. 76	2. 60	2. 49	2. 40	2. 34	2. 28	2. 24	2. 16	2. 09	2. 01	1. 96	1. 92	1. 87	1. 82	1. 77	1. 71
26	4. 23	3. 37	2. 98	2. 74	2. 59	2. 47	2. 39	2. 32	2. 27	2. 22	2. 15	2. 07	1. 99	1. 95	1. 90	1. 85	1. 80	1. 75	1. 69
27	4. 21	3. 35	2. 96	2. 73	2. 57	2. 46	2. 37	2. 31	2. 25	2. 20	2. 13	2. 06	1. 97	1. 93	1. 88	1. 84	1. 79	1. 73	1. 67
28	4. 20	3. 34	2. 95	2. 71	2. 56	2. 45	2. 36	2. 29	2. 24	2. 19	2. 12	2. 04	1. 96	1. 91	1. 87	1. 82	1. 77	1. 71	1. 65
29	4. 18	3. 33	2. 93	2. 70	2. 55	2. 43	2. 35	2. 28	2. 22	2. 18	2. 10	2. 03	1. 94	1. 90	1. 85	1. 81	1. 75	1. 70	1. 64
30	4. 17	3. 32	2. 92	2. 69	2. 53	2. 42	2. 33	2. 27	2. 21	2. 16	2. 09	2. 01	1. 93	1. 89	1. 84	1. 79	1. 74	1. 68	1. 62
40	4. 08	3. 23	2. 84	2. 61	2. 45	2. 34	2. 25	2. 18	2. 12	2. 08	2. 00	1. 92	1. 84	1. 79	1. 74	1. 69	1. 64	1. 58	1. 51
60	4. 00	3. 15	2. 76	2. 53	2. 37	2. 25	2. 17	2. 10	2. 04	1. 99	1. 92	1. 84	1. 75	1. 70	1. 65	1. 59	1. 53	1. 47	1. 39
120	3. 92	3. 07	2. 68	2. 45	2. 29	2. 17	2. 09	2. 02	1. 96	1. 91	1. 83	1. 75	1. 66	1. 61	1. 55	1. 50	1. 43	1. 35	1. 25
∞	3. 84	3. 00	2. 60	2. 37	2. 21	2. 10	2. 01	1. 94	1. 88	1. 83	1. 75	1. 67	1. 57	1. 52	1. 46	1. 39	1. 32	1. 22	1. 00

续附表5

$\alpha=0.025$

k_2 \ k_1	1	2	3	4	5	6	7	8	9	10	12	15	20	24	30	40	60	120	∞
1	647.8	799.5	864.2	899.6	921.8	937.1	948.2	956.7	963.3	968.6	976.7	984.9	993.1	997.2	1001	1006	1010	1014	1018
2	38.51	39.00	39.17	39.25	39.30	39.33	39.36	39.37	39.39	39.40	39.41	39.43	39.45	39.46	39.46	39.47	39.48	39.49	39.50
3	17.44	16.04	15.44	15.10	14.88	14.73	14.62	14.54	14.47	14.42	44.34	14.25	14.17	14.12	14.08	14.04	13.99	13.95	13.90
4	12.22	10.65	9.98	9.60	9.36	9.20	9.07	8.98	8.90	8.84	8.75	8.66	8.56	8.51	8.46	8.41	8.36	8.31	8.26
5	10.01	8.43	7.76	7.39	7.15	6.98	6.85	6.76	6.68	6.62	6.52	6.43	6.31	6.28	6.23	6.18	6.12	6.07	6.02
6	8.81	7.26	6.60	6.23	5.99	5.82	5.70	5.60	5.52	5.46	5.37	5.27	5.17	5.12	5.07	5.01	4.96	4.90	4.85
7	8.07	6.54	5.89	5.52	5.29	5.12	4.99	4.90	4.80	4.76	4.67	4.57	4.47	4.42	6.36	4.31	4.25	4.20	4.14
8	7.57	6.06	5.42	5.05	4.82	4.65	4.53	4.43	4.36	4.30	4.20	4.10	4.00	3.95	3.89	3.84	3.78	3.73	3.67
9	7.21	5.71	5.08	4.72	4.48	4.32	4.20	4.10	4.03	3.96	3.87	3.77	3.57	3.61	3.56	3.51	3.45	3.39	3.33
10	6.94	5.46	4.83	4.47	4.24	4.07	3.95	3.85	3.78	3.72	3.62	3.52	3.42	3.37	3.31	3.26	3.20	3.14	3.08
11	6.72	5.26	4.63	4.28	4.04	3.88	3.76	3.66	3.59	3.53	3.43	3.33	3.23	3.17	3.12	3.06	3.00	2.94	2.88
12	6.55	5.10	4.47	4.12	3.89	3.73	3.61	3.51	3.44	3.37	3.28	3.18	3.07	3.02	2.96	2.91	2.85	2.79	2.72
13	6.41	4.97	4.35	4.00	3.77	3.60	3.48	3.39	3.31	3.25	3.15	3.05	2.95	2.89	2.84	2.78	2.72	2.66	2.60
14	6.30	4.86	4.24	3.89	3.66	3.50	3.38	3.29	3.21	3.15	3.05	2.95	2.84	2.79	2.73	2.67	2.61	2.55	2.49
15	6.20	4.77	4.15	3.80	3.58	3.41	3.29	3.20	3.12	3.06	2.96	2.86	2.76	2.70	2.64	2.59	2.52	2.46	2.40
16	6.12	4.69	4.08	3.73	3.50	3.34	3.22	3.12	3.05	2.99	2.89	2.79	2.68	2.63	2.57	2.51	2.45	2.38	2.32
17	6.04	4.62	4.01	3.66	3.44	3.28	3.16	3.06	2.98	2.92	2.82	2.72	2.62	2.56	2.50	2.44	2.38	2.32	2.25
18	5.98	4.56	3.95	3.61	3.38	3.22	3.10	3.01	2.93	2.87	2.77	2.67	2.56	2.50	2.44	2.38	2.32	2.66	2.19
19	5.92	4.51	3.90	3.56	3.33	3.17	3.05	2.96	2.88	2.80	2.72	2.62	2.51	2.45	2.39	2.33	2.27	2.20	2.13
20	5.87	4.46	3.86	3.51	3.29	3.13	3.01	2.91	2.84	2.77	2.68	2.57	2.46	2.41	2.35	2.29	2.22	2.16	2.09
21	5.83	4.42	3.82	3.48	3.25	3.09	2.97	2.87	2.80	2.73	2.64	2.53	2.42	2.37	2.31	2.25	2.18	2.11	2.04
22	5.79	4.38	3.78	3.44	3.22	3.05	2.93	2.84	2.76	2.70	2.60	2.50	2.39	2.33	2.27	2.21	2.14	2.08	2.00
23	5.75	4.35	3.75	3.41	3.18	3.02	2.90	2.81	2.73	2.67	2.57	2.47	2.36	2.30	2.24	2.18	2.11	2.04	1.97
24	5.72	4.32	3.72	3.38	3.15	2.99	2.87	2.78	2.70	2.64	2.54	2.44	2.33	2.27	2.21	2.15	2.08	2.01	1.94
25	5.69	4.29	3.69	3.35	3.13	2.97	2.85	2.75	2.68	2.61	2.51	2.41	2.30	2.24	2.18	2.12	2.05	1.98	1.91
26	5.66	4.27	3.67	3.33	3.10	2.94	2.82	2.73	2.65	2.59	2.49	2.39	2.28	2.22	2.16	2.09	2.03	1.95	1.88
27	5.63	4.24	3.65	3.31	3.08	2.92	2.80	2.71	2.63	2.57	2.47	2.36	2.28	2.19	2.13	2.07	2.00	1.93	1.85
28	5.61	4.22	3.63	3.29	3.06	2.90	2.78	2.69	2.61	2.55	2.45	2.34	2.23	2.17	2.11	2.05	1.98	1.91	1.83
29	5.59	4.20	3.61	3.27	3.04	2.88	2.76	2.67	2.59	2.53	2.43	2.32	2.21	2.15	2.09	2.03	1.96	1.89	1.81
30	5.57	4.18	3.59	3.25	3.03	2.87	2.75	2.65	2.57	2.51	2.41	2.31	2.20	2.14	2.07	2.01	1.94	1.87	1.79
40	5.42	4.05	3.46	3.13	2.90	2.74	2.62	2.53	2.45	2.39	2.29	2.18	2.07	2.01	1.94	1.88	1.80	1.72	1.64
60	5.29	3.93	3.34	3.01	2.79	2.63	2.51	2.41	2.33	2.27	2.17	2.06	1.94	1.88	1.82	1.74	1.67	1.58	1.48
120	5.15	3.80	3.23	2.89	2.67	2.52	2.39	2.30	2.22	2.16	2.05	1.94	1.82	1.76	1.69	1.61	1.53	1.43	1.31
∞	5.02	3.69	3.12	2.79	2.57	2.41	2.29	2.19	2.11	2.05	1.94	1.83	1.71	1.64	1.57	1.48	1.39	1.27	1.00

续附表 5

$\alpha = 0.01$

k_2 \ k_1	1	2	3	4	5	6	7	8	9	10	12	15	20	24	30	40	60	120	∞
1	4052	4999.5	5403	5625	5764	5859	5928	5982	6022	6156	6106	6157	6209	6235	6261	6287	6313	6339	6366
2	98.50	99.00	99.17	99.25	99.30	99.33	99.36	99.37	99.39	99.40	99.42	99.43	99.45	99.46	99.47	99.47	99.48	99.49	99.50
3	34.12	30.82	29.46	28.71	28.24	27.91	27.67	27.49	27.35	27.23	27.05	26.87	26.69	26.60	26.50	26.41	26.32	26.22	26.13
4	21.20	18.00	16.69	15.98	15.52	15.21	14.98	14.80	14.66	14.55	14.37	14.20	14.02	13.93	13.84	13.75	13.65	13.56	13.46
5	16.26	13.27	12.06	11.39	10.97	10.67	10.46	10.29	10.16	10.05	9.89	9.72	9.55	9.47	9.38	9.29	9.20	9.11	9.02
6	13.75	10.92	9.78	9.15	8.75	8.47	8.26	8.10	7.98	7.87	7.72	7.56	7.40	7.31	7.23	7.14	7.06	6.97	6.88
7	12.25	9.55	8.45	7.85	7.46	7.19	6.99	6.84	6.72	6.62	6.47	6.31	6.16	6.07	5.99	5.91	5.82	5.74	5.65
8	11.26	8.65	7.59	7.01	6.63	6.37	6.18	6.03	5.91	5.81	5.67	5.52	5.36	5.28	5.20	5.12	5.03	4.95	4.86
9	10.56	8.02	6.99	6.42	6.06	5.80	5.61	5.47	5.35	5.26	5.11	4.96	4.81	4.73	4.65	4.57	4.48	4.40	4.31
10	10.04	7.56	6.55	5.99	5.64	5.39	5.20	5.06	4.94	4.85	4.71	4.56	4.41	4.33	4.25	4.17	4.08	4.00	3.91
11	9.65	7.21	6.22	5.67	5.32	5.07	4.89	4.74	4.63	4.54	4.40	4.25	4.10	4.02	3.94	3.86	3.78	3.69	3.60
12	9.33	6.93	5.95	5.41	5.06	4.82	4.64	4.50	4.39	4.30	4.16	4.01	3.86	3.78	3.70	3.62	3.54	3.45	3.36
13	9.07	6.70	5.74	5.21	4.86	4.62	4.44	4.30	4.19	4.10	3.96	3.82	3.66	3.59	3.51	3.43	3.34	3.25	3.17
14	8.86	6.51	5.56	5.04	4.69	4.46	4.28	4.14	4.03	3.94	3.80	3.66	3.51	3.43	3.35	3.27	3.18	3.09	3.00
15	8.68	6.36	5.42	4.89	4.56	4.32	4.14	4.00	3.89	3.80	3.67	3.52	3.37	3.29	3.21	3.13	3.05	2.96	2.87
16	8.53	6.23	5.29	4.77	4.44	4.20	4.03	3.89	3.78	3.69	3.55	3.41	3.26	3.18	3.10	3.02	2.93	2.84	2.75
17	8.40	6.11	5.18	4.67	4.34	4.10	3.93	3.79	3.68	6.59	3.46	3.31	3.16	3.08	3.00	2.92	2.83	2.75	2.65
18	8.29	6.01	5.09	4.58	4.25	4.01	3.84	3.71	3.60	3.51	3.37	3.23	3.08	3.00	2.92	2.84	2.75	2.66	2.57
19	8.18	5.93	5.01	4.50	4.17	3.94	3.77	3.63	3.52	3.43	3.30	3.15	3.00	2.92	2.84	2.76	2.67	2.58	2.49
20	8.10	5.85	4.94	4.43	4.10	3.87	3.70	3.56	3.46	3.37	3.23	3.09	2.94	2.86	2.78	2.69	2.61	2.52	2.42
21	8.02	5.78	4.87	4.37	4.04	3.81	3.64	3.51	3.40	3.31	3.17	3.03	2.88	2.80	2.72	2.64	2.55	2.46	2.36
22	7.95	5.72	4.82	4.31	3.99	3.76	3.59	3.45	3.35	3.26	3.12	3.98	2.83	2.75	2.67	2.58	2.50	2.40	2.31
23	7.88	5.66	4.76	4.26	3.94	3.71	3.54	3.41	3.30	3.21	3.07	3.93	2.78	2.70	2.62	2.54	2.45	2.35	2.26
24	7.82	5.61	4.72	4.22	3.90	3.67	3.50	3.36	3.26	3.17	3.03	3.89	2.74	2.66	2.58	2.49	2.40	2.31	2.21
25	7.77	5.57	4.68	4.18	3.85	3.63	3.46	3.32	3.22	3.13	2.99	3.85	2.70	2.62	2.54	2.45	2.36	2.27	2.17
26	7.72	5.53	4.64	4.14	3.82	3.59	3.42	3.29	3.18	3.09	2.96	2.81	2.66	2.58	2.50	2.42	2.33	2.23	2.13
27	7.68	5.49	4.60	4.11	3.78	3.56	3.39	3.26	3.15	3.06	2.93	2.78	2.63	2.55	2.47	2.38	2.29	2.20	2.10
28	7.64	5.45	4.57	4.07	3.75	3.53	3.36	3.23	3.12	3.03	2.90	2.75	2.60	2.52	2.44	2.35	2.26	2.17	2.06
29	7.60	5.42	4.54	4.04	3.73	3.50	3.33	3.20	3.09	3.00	2.87	2.73	2.57	2.49	2.41	2.33	2.26	2.14	2.03
30	7.56	5.39	4.51	4.02	3.70	3.47	3.30	3.17	3.07	2.98	2.84	2.70	2.55	2.47	2.39	2.30	2.21	2.11	2.01
40	7.31	5.18	4.31	3.83	3.51	3.29	3.12	2.99	2.89	2.80	2.66	2.52	2.37	2.29	2.20	2.11	2.02	1.92	1.80
60	7.08	4.98	4.13	3.65	3.34	3.12	2.95	2.82	2.72	2.63	2.50	2.35	2.20	2.12	2.03	1.94	1.84	1.73	1.60
120	6.85	4.79	3.95	3.48	3.17	2.96	2.79	2.66	2.56	2.47	2.34	2.19	2.03	1.95	1.86	1.76	1.66	1.53	1.38
∞	6.63	4.61	3.78	3.32	3.02	2.80	2.64	2.51	2.41	2.32	2.18	2.04	1.88	1.79	1.70	1.59	1.47	1.32	1.00

续附表5

$\alpha=0.005$

k_2 \ k_1	1	2	3	4	5	6	7	8	9	10	12	15	20	24	30	40	60	120	∞
1	16211	20000	21615	22500	23056	23437	23715	23925	24091	24224	24426	24630	24836	24940	25044	25148	25253	25359	25465
2	198.5	199.0	199.2	199.2	199.3	199.3	199.4	199.4	199.4	199.4	199.4	199.4	199.4	199.5	199.5	199.5	199.5	199.5	199.5
3	55.55	49.80	47.47	46.19	45.39	44.84	44.43	44.13	43.88	43.69	43.39	43.08	42.78	42.62	42.47	42.31	42.15	41.99	41.83
4	31.33	26.28	24.26	23.65	22.46	21.97	21.62	21.35	21.14	20.97	20.70	20.44	20.17	20.03	19.89	19.75	19.61	19.47	19.32
5	22.78	18.31	16.53	15.56	14.94	14.51	14.20	13.96	13.77	13.62	13.38	13.15	12.90	12.78	12.66	12.53	12.40	12.27	12.14
6	18.63	14.54	12.92	12.03	11.46	11.07	10.79	10.57	10.39	10.25	10.03	9.51	9.59	9.47	9.36	9.24	9.12	9.00	8.88
7	16.24	12.42	10.88	10.05	9.52	9.16	8.88	8.68	8.51	8.38	8.18	7.97	7.75	7.65	7.53	7.42	7.31	7.19	7.08
8	14.69	11.04	9.60	8.81	8.30	7.95	7.69	7.50	7.34	7.21	7.01	6.81	6.61	6.50	6.40	6.69	6.18	6.06	5.95
9	13.61	10.11	8.72	7.96	7.47	7.13	6.88	6.69	6.54	6.42	6.23	6.03	5.83	5.73	5.62	5.52	5.41	5.30	5.19
10	12.83	9.43	8.08	7.34	6.87	6.54	6.30	6.12	5.97	5.85	5.66	5.47	5.27	5.17	5.07	4.97	4.86	4.75	4.64
11	12.23	8.91	7.60	6.88	6.42	6.10	5.86	5.68	5.54	5.42	5.24	4.05	4.86	4.76	4.65	4.55	4.44	4.34	4.23
12	11.75	8.51	7.23	6.52	6.07	5.76	5.52	5.35	5.20	5.09	4.91	4.72	4.53	4.43	4.33	4.23	4.12	4.01	3.90
13	11.37	8.19	6.93	6.23	5.79	6.48	5.25	5.08	4.94	4.82	4.64	4.46	4.27	4.17	4.07	3.97	3.87	3.76	3.65
14	11.06	7.92	6.68	6.00	5.56	5.26	5.03	4.86	4.72	4.60	4.43	4.25	4.06	3.96	3.86	3.76	3.66	3.55	3.44
15	10.80	7.70	6.48	5.80	5.37	5.07	4.85	4.67	4.54	4.42	4.25	4.07	3.88	3.79	3.69	3.58	3.48	3.37	3.26
16	10.58	7.51	6.30	5.64	5.21	4.91	4.69	4.52	4.38	4.27	4.10	3.92	3.73	3.64	3.54	3.44	3.33	3.22	3.11
17	10.38	7.35	6.16	5.50	5.07	4.78	4.56	4.39	4.25	4.14	3.97	3.79	3.61	3.51	3.41	3.31	3.21	3.10	2.98
18	10.22	7.21	6.03	5.37	4.96	4.66	4.44	4.28	4.14	4.03	3.86	3.68	3.50	3.40	3.30	3.20	3.10	2.99	2.87
19	10.07	7.09	5.92	5.27	4.85	4.56	4.34	4.18	4.04	3.93	3.76	3.59	3.40	3.31	3.21	3.11	3.00	2.89	2.78
20	9.94	6.99	5.82	5.17	4.76	4.47	4.26	4.09	3.96	3.85	3.68	3.50	3.32	3.22	3.12	3.02	2.92	2.81	2.69
21	9.83	6.89	5.73	5.09	4.68	4.39	4.18	4.01	3.88	3.77	3.60	3.43	3.24	3.15	3.05	2.95	2.84	2.73	2.61
22	9.73	6.81	5.65	5.09	4.61	4.32	4.11	3.94	3.81	3.70	3.54	3.36	3.18	3.08	2.98	2.88	2.77	2.66	2.55
23	9.63	6.73	5.58	4.95	4.54	4.26	4.05	3.88	3.75	3.64	3.47	3.30	3.12	3.02	2.92	2.82	2.71	2.60	2.48
24	9.55	6.66	5.52	4.89	4.49	4.20	3.99	3.83	3.69	3.59	3.42	3.25	3.06	2.97	2.87	2.77	2.66	2.55	2.43
25	9.48	6.60	5.46	4.84	4.43	4.15	3.94	3.78	3.64	3.54	3.37	3.20	3.01	2.92	2.82	2.72	2.61	2.50	2.38
26	9.41	6.54	5.41	4.79	4.38	4.10	3.89	3.73	3.60	3.49	3.33	3.15	2.97	2.87	2.77	2.67	2.56	2.45	2.33
27	9.34	6.49	5.36	4.74	4.34	4.06	3.85	3.69	3.56	3.45	3.28	3.11	2.93	2.83	2.73	2.63	2.52	2.41	2.29
28	9.28	6.44	5.32	4.70	4.30	4.02	3.81	3.65	3.52	3.41	3.25	3.07	2.89	2.79	2.69	2.59	2.48	2.37	2.25
29	9.23	6.40	5.28	4.66	4.26	3.98	3.77	3.61	3.48	3.38	3.21	3.04	2.86	2.76	2.66	2.56	2.45	2.33	2.21
30	9.18	6.35	5.24	4.62	4.23	3.95	3.74	3.58	3.45	3.34	3.18	3.01	2.82	2.73	2.63	2.52	2.42	2.30	2.18
40	8.83	6.07	4.98	4.37	3.99	3.71	3.51	3.35	3.22	3.12	2.95	2.78	2.60	2.50	2.40	2.30	2.18	2.06	1.93
60	8.49	5.79	4.73	4.14	3.76	3.49	3.29	3.13	3.01	2.90	2.74	2.57	2.39	2.29	2.19	2.08	1.96	1.83	1.69
120	8.18	5.54	4.50	3.92	3.55	3.28	3.09	2.93	2.81	2.71	2.54	2.37	2.19	2.09	1.98	1.87	1.75	1.61	1.43
∞	7.88	5.30	4.28	3.72	3.35	3.09	2.90	2.74	2.62	2.52	2.36	2.19	2.00	1.90	1.79	1.67	1.53	1.36	1.00

附录2 课后拓展

1. 2012 高教社杯全国大学生数学建模竞赛题目（A 题 葡萄酒的评价）

确定葡萄酒质量时一般是通过聘请一批有资质的评酒员进行品评. 每个评酒员在对葡萄酒进行品尝后对其分类指标打分，然后求和得到其总分，从而确定葡萄酒的质量. 酿酒葡萄的好坏与所酿葡萄酒的质量有直接的关系，葡萄酒和酿酒葡萄检测的理化指标会在一定程度上反映葡萄酒和葡萄的质量. 附件 1 给出了某一年份一些葡萄酒的评价结果，附件 2 和附件 3 分别给出了该年份这些葡萄酒的和酿酒葡萄的成分数据. 请尝试建立数学模型讨论下列问题：

（1）分析附件 1 中两组评酒员的评价结果有无显著性差异，哪一组结果更可信?

（2）根据酿酒葡萄的理化指标和葡萄酒的质量对这些酿酒葡萄进行分级.

（3）分析酿酒葡萄与葡萄酒的理化指标之间的联系.

（4）分析酿酒葡萄和葡萄酒的理化指标对葡萄酒质量的影响，并论证能否用葡萄和葡萄酒的理化指标来评价葡萄酒的质量?

（附件请同学们到网上下载）

2. 2012 高教社杯全国大学生数学建模竞赛题目（C 题 脑卒中发病环境因素分析及干预）

脑卒中（俗称脑中风）是目前威胁人类生命的严重疾病之一，它的发生是一个漫长的过程，一旦得病就很难逆转. 这种疾病的诱发已经被证实与环境因素，包括气温和湿度之间存在密切的关系. 对脑卒中的发病环境因素进行分析，其目的是为了进行疾病的风险评估，对脑卒中高危人群能够及时采取干预措施，也让尚未得病的健康人或者亚健康人了解自己得脑卒中风险程度，进行自我保护. 同时，通过数据模型的建立，掌握疾病发病率的规律，对于卫生行政部门和医疗机构合理调配医务力量、改善就诊治疗环境、配置床位和医疗药物等都具有实际的指导意义.

数据（见 Appendix-C1）来源于中国某城市各家医院 2007 年 1 月至 2010 年 12 月的脑卒中发病病例信息以及相应期间当地的逐日气象资料（Appendix-C2）. 请你们根据题目提供的数据，回答以下问题：

（1）根据病人基本信息，对发病人群进行统计描述.

（2）建立数学模型研究脑卒中发病率与气温、气压、相对湿度间的关系.

（3）查阅和搜集文献中有关脑卒中高危人群的重要特征和关键指标，结合（1）、（2）中所得结论，对高危人群提出预警和干预的建议方案.

（附件请同学们到网上下载）

3. 2017 年高教社杯全国大学生数学建模竞赛题目（C 题 颜色与物质浓度辨识）

比色法是目前常用的一种检测物质浓度的方法，即把待测物质制备成溶液后滴在特定的白色试纸表面，等其充分反应以后获得一张有颜色的试纸，再把该颜色试纸与一个标准比色卡进行对比，就可以确定待测物质的浓度档位了．由于每个人对颜色的敏感差异和观测误差，使得这一方法在精度上受到很大影响．随着照相技术和颜色分辨率的提高，希望建立颜色读数和物质浓度的数量关系，即只要输入照片中的颜色读数就能够获得待测物质的浓度．试根据附件所提供的有关颜色读数和物质浓度数据完成下列问题：

（1）附件 Data1. xls 中分别给出了 5 种物质在不同浓度下的颜色读数，讨论从这 5 组数据中能否确定颜色读数和物质浓度之间的关系，并给出一些准则来评价这 5 组数据的优劣．

（2）对附件 Data2. xls 中的数据，建立颜色读数和物质浓度的数学模型，并给出模型的误差分析．

（3）探讨数据量和颜色维度对模型的影响．

（附件请同学们到网上下载）

4. Python 中的 scipy. stats 统计分析包

Scipy 是 Python 中用于数学、科学、工程领域的常用软件包，虽然 numpy 也能生成一定概率分布的随机数，但 Scipy. stats 模块可以得到更具体的概率密度和累积概率，通常人们使用它来做统计推断．

（1）二项分布

```
> > > import numpy as np
< < < list_ a = np. random. binomial (n, p, size = None)
#n 为试验次数
#p 为出现正例（试验成功）的概率
#size 为取样次数，即重复进行此二项试验的次数
#函数返回值为每次取样出现的成功试验的次数
```

ⅰ）研究 n 取不同值对结果的影响

```
import numpy as np
from scipy. stats import binom
import matplotlib. pyplot as plt

n1 = 10
n2 = 50
n3 = 100
p = 0. 5
x = np. arange (max ( [n1, n2, n3]) +1)
plt. plot (x, binom. pmf (x, p = 0. 5, n = n1), 'o -', label = 'n = 10')
plt. plot (x, binom. pmf (x, p = 0. 5, n = n2), 'o -', label = 'n = 50')
plt. plot (x, binom. pmf (x, p = 0. 5, n = n3), 'o -', label = 'n = 100')
plt. legend ( )
plt. title (' 二项分布：n 对结果的影响 ')
plt. show ( )
```

ⅱ）研究 p 取不同值对结果的影响

```
import numpy as np
from scipy. stats import binom
import matplotlib. pyplot as plt

num_ trials = 60
x = np. arange（num_ trials）
plt. plot（x，binom（num_ trials，0. 1）. pmf（x），'o -'，label = 'p = 0. 1'）
plt. plot（x，binom（num_ trials，0. 3）. pmf（x），'o -'，label = 'p = 0. 3'）
plt. plot（x，binom（num_ trials，0. 8）. pmf（x），'o -'，label = 'p = 0. 8'）
plt. legend（）
plt. title（'二项分布：p 对结果的影响'）
plt. show（）
```

（2）泊松分布

```
import numpy as np
import scipy. stats as st
import matplotlib. pyplot as plt

rv = st. poisson（）
num = [ ]
x = range（）
plt. xlim（[ , ]）
plt. ylim（[ , ]）
plt. show（）
```

（3）均匀分布

```
np. random. uniform（low，high，size）
#low 和 high 为分布范围
#size 为样本数目
```

```
import numpy as np
import matplotlib. pyplot as plt
list_ c = np. random. uniform（0，20，1000）
plt. hist（list_ c，bins = 10，color = 'r'，alpha = 0. 5，edgecolor = 'g'）
#bins 是条状的个数
#alpha 是图形的透明度
plt. show（）
```

（4）指数分布

```
import numpy as np
import matplotlib. pyplot as plt
import math
```